I0214208

La aŭtoroj dankas Trevor Steele pro lia helpo ĉe provlegado kaj tradukado de anglaj esprimoj.

GALERIO DE ESPERANTISTOJ EN AŬSTRALIO

Charles Stevenson - Katarina Steele

Redaktis: Katarina Steele
Teknika redaktanto: Joanne Johns
Eldonis: Aŭstralia Esperanto-Asocio
Eldonjaro: 2022
Presado: IngramSpark
Eldonkvanto: 100
ISBN:

© AEA

Enhavo

Enkonduko - Charles Stevenson

Atentokapta estas la ekscitoplena vivosperto de multaj esperantistoj. Iuj lernis Esperanton sekrete por neniel perfidi, ke en la hejmkelo ili kaŝas judajn esperantistojn. Pluraj fuĝis for de la cara kaj la bolŝevisma Ruslando, multegaj de naziismo kaj faŝismo. Multaj plenaĝiĝis en malriĉeco kaj senlaboreco dum la Monda Depresio, sed luktis sukcesoplene kontraŭ tiuj kondiĉoj.

Multaj lernis Esperanton en sia junaĝo, aliaj post emeritiĝo. Aparte laŭdindaj estas personoj kiuj devis vivi senhelpaj, aŭ kriplaj, aŭ blindaj. Esperantistoj venas aŭ de simpla laborista klaso, aŭ povas esti impone edukitaj – ili povas esti ambasadoroj aŭ cirko-magiistoj! Tamen, plej oftas inter ili instruistoj. Entute kreiĝis unu granda rondo familia. La vera kialo de la negranda nombro da movadanoj antaŭe en Aŭstralio estas tio, ke la ĝenerala amaso de homoj ne interesiĝas pri Esperanto. La malamiko estas indiferenteco.

En ĉiu epoko sindediĉaj esperantistoj kuraĝe strebis propagandi la lingvon per radio, tagĵurnaloj kaj aliaj gazetoj, sed sen daŭre efika rezulto. Rimarkinda fenomeno de ĉiu epoko estas, ke multegaj homoj eklernas Esperanton sed tiam malaperas el la Esperanto-mondo. Ekzemplo estas la ekzameno honore al Pyke, kiun rajtis fari homoj kiuj studis Esperanton dum unu jaro aŭ malpli: ĝi ekzistis ĉirkaŭ tridek jarojn, sed nur kelketo el la ekzamenintoj restis en la movado. Dua ekzemplo estas la radio-dissendoj (1932-1941) fare de Roy Rawson, laŭ kiu el la 5,000 leteroj ricevitaj de li, 50% el la homoj eklernis Esperanton; sed neniu Esperanto-klubo kreskis pere de tiu rimedo. Fay Koppel post dudekjara agado en 1964 skribis pri la Pyke Honoriga Premio: "Troviĝas inter la gejunuloj multaj, kiuj tre facile povus gajni la premion, sed ne plu interesiĝas pri la studtemo". En 1999 Svetislav Kanaĉki diris: "Ni povas kalkuli per la fingroj de unu mano tiujn, kiuj komencis studi Esperanton en la pasintaj dek jaroj kaj kiuj ankoraŭ restas."

Alia pli ĝenerala kialo pro la malsukceso de Esperanto estas, ke ofte klubo prosperas pro entuziasma ĉefa organizanto, kiu bedaŭrinde poste aŭ mortis aŭ translokiĝis, precipe pro sia laboro. Ĝuste tio estis la situacio en Hobart, Kalgoorlie kaj kamparaj grupoj kiel ekzemple en Benalla; nur la kluboj en Toowoomba kaj Manlio daŭras ĝis nun. Eĉ grupoj en ĉefurboj, escepte de Melburno kaj Sidnejo, de tempo al tempo ĉesis funkcii, ĝis ili estis restarigitaj. Oni fondis kaj refondis la Adelajdan Esperanto-Societon kvar fojojn (1908, en la 1920-aj, 1960 kaj 1980)!

Pluraj tagĵurnaloj subtenis Esperanton, ĉefe *Mercury* de Hobarto, kies redaktoro, s-ro Nicholls, estis fervora esperantisto. Inter aliaj ĵurnaloj, kiuj subtenis Esperanton, estis *Kalgoorlie Miner*, *Adelaide Register*, Port *Pirie Advocate* kaj *Rockhampton Morning Advertiser*. En Sidnejo *World's News* dufoje kondukis semajnajn Esperanto-leicionojn. Jen pensiga paradokso: konkursĉevalo nomata Esperanto ricevis multege da reklamado dum la malfruaj 1930-aj kaj fruaj 1940-aj jaroj, pli ol la Esperanto-movado mem. Dum dekoj da jaroj ĝi gajnadis la Caulfield-Pokalon. Oni ne scias, de kie venis la nomo de tiu ĉevalo!

Oni ne vere povas verki historion de la Esperanto-movado en Aŭstralio. Historio signifas tezon bazitan sur kritika esploro kaj analizo de fontoj, kiujn oni uzas por sia rakonto. Kunmeti diversajn pecojn de informoj kreas kronikon, ne historion. Tiu kroniko konsistus el kuniĝo de grupoj en klubon, de kluboj en asocion, de asocioj en ligojn! – sed vere el la sama membraro.

En siaj klubkunvenoj la membroj parolis pri indaj temoj, sed el tiuj fariĝis nur enuiga listo: multoblaj proponoj al edukaj institucioj pri enkonduko de Esperanto en lernejojn, multoblaj artikoloj pri Esperanto en tagĵurnaloj, ktp. Plej inda prihistoria demando estas: kiu estis kiu? Kiaj estis la ege interesaj homoj? La ekscitaj vivofonoj? La variaj vivokupoj? Jen kuŝas kaj kaŝiĝas la vera historio.

D-ro Zamenhof deziris, ke Esperanto estu tute neŭtrala kaj samtempe, ke ĝi havu specialan utilon por subpremataj popoloj, precipe por la judoj. Esperanto en Aŭstralio kreskis en la kadro de la franca influo dum la unuaj jardekoj de la 20-a jarcento – kun praktika utileco de Esperanto por komerco kaj turismo. Rimarkindas, kiom multe el la fruaj aŭstraliaj esperantistoj mondvojaĝis, kaj ankaŭ pro komerco-utilo Esperanto altiris multajn aliajn. Ido ne serioze damaĝis Esperanton en Aŭstralio; ĝi nur iom ĝenis la movadon.

Verki pri kiu estis kiu havas siajn malfacilaĵojn. Ofte ne eblas scii, ĉu homoj el antaŭaj jaroj nomitaj en listoj venis por lerni Esperanton nur dum kelkaj semajnoj, aŭ daŭris en la movado dum kelkaj jaroj. Mankas klubaj protokoloj tra la jaroj. *La Suda Kruco* pli koncentriĝis pri gramatikaj aferoj kaj tradukaĵoj, ol pri nekrologoj kaj klubaferoj. Tamen ekzistas gravega fonto, la tagĵurnaloj, kiuj en pasintaj jaroj estis pli bonaj ol hodiaŭ. Ofte ili informis pri la novaj Esperanto-oficuloj elektitaj dum la tiujara Zamenhofa Festo. Multaj homoj tiam agis por Esperanto, kelkfoje donacinte grandajn kontribuojn, antaŭ ol aŭ lasi la movadon aŭ resti en ĝi kiel neaktivaj anoj. Tiu pasiveco havis plurajn kialojn: ŝanĝo de laborloko,

translokiĝo al alia urbo aŭ tro da aliaj devoj kaj respondecoj. Tiuj homoj similis aŭtunajn foliojn, kiuj falas sub la arbon. La fruaj Esperanto-gazetoj ne mencias la morton eĉ de elstaraj esperantistoj. Sed poste tio ŝanĝiĝis. Ni estu dankemaj al Faye Koppel kaj Arthur Cocking pro iliaj biografiaĵoj. Ofte nur la unua nomo de homo aperas en la tekstoj, do, estas preskaŭ neeble identigi kaj postspuri ties vivon. Du aliaj problemoj estas, ke troveblas pli da informoj pri fruaj esperantistoj ol pri tiuj kiuj sekvis ilin, kaj ni ne scias kiom seriozaj esperantistoj tiuj unuopuloj estis. Eble ĉi tiu verko, laŭ la vortoj de Len Newell, revenigu nin (la Aŭstralian Esperanto-Asocion) en nian junecon denove.

Redaktaj notoj - Katarina Steele

Antaŭ vi estas nekonvencia biografiaro. Krom la faktaj informoj ĝi celas montri la homan dimension de la unuopuloj: la ŝatokupojn, kelkajn personajn ecojn, iom pri la familio, interesajn okazaĵojn. Ĉe la samtempuloj vi foje trovos iliajn iom filozofiajn pensojn.

Ĝi havas du ĉefajn partojn. La biografiojn en la unua parto kompilis, krom kelkaj esceptoj, Charles Stevenson. Li fosis pri la plejaj komencoj de Esperanto en Aŭstralio kaj sekvis la vivojn kaj agadojn de pioniroj kaj fruaj aktivuloj. Vi trovos tie biografiojn de aktivuloj ankaŭ de la pli aktuala tempo, forpasintaj antaŭ oktobro de 2021.

La verkintoj de ĉi-libro konsideris grave konservi la haveblajn detalojn pri la plej unuaj esperantistoj de Aŭstralio, eĉ se tiuj ne en ĉiu kazo estis gravaj movadanoj kaj ni scias pri ili eble nur la nomon kaj la urbon, en kiu ili vivis. Menciitaj estas ankaŭ esperantistoj, kiuj restis en Aŭstralio nur portempe.

En la dua parto de la libro estas biografioj de aktivuloj vivantaj en la fino de la 20-a kaj komenco de la 21-a jarcento, kiujn vi eble konas persone, sed scias pri ili nur malmulte. Temas ĉefe pri aŭtobiografioj. La diversaj detaloj donos al vi ne nur pli kompleksan konon pri la kronologiaj okazaĵoj de ilia vivo, sed espereble helpos ankaŭ pli profundan komprenon de iliaj karaktero kaj motivoj. Se ŝajnos al vi, ke mankas iuj detaloj, la verkinto de la biografio verŝajne ne konsideris ilin gravaj.

Al la anglalingvaj nomoj de institucioj, ekzamenoj, postenoj k.s. ni aldonis laŭvortan aŭ laŭsignifan esperantan tradukon ĉefe por neaŭstraliaj aŭ neanglaparolantaj legantoj.

Ĉe la kompilo de la listo de kongresoj kaj somerkursaroj ni renkontis plurajn malklaraĵojn. Estis jaroj kun ekstervicaj kunvenoj ĉe kiuj ne klaras, ĉu temis pri jarkunveno, kunsido aŭ kongreso.

Biografioj de pluraj homoj mankas el la libro. Kaze de la pioniroj mankis fontoj por trovi pli kaj el la vivantaj movadanoj ne ĉiu deziris enesti en la libro aŭ ne trovis tempon por la kunlaboro. Sed tiu ĉi estas, espereble, nur la unua versio de la libro, kiun ni volonte vidus iam en la estonto kompletigita. Se ne en surpapera versio, almenaŭ virtuale. En tio la aŭtoroj petas vian helpon: se vi vidas malĝustan informon, mankantan detalon, se vi havas bonan foton, se vi rekonas la numerigitajn vizaĝojn sur skizo ĉe la komunaj fotoj – bonvolu fari notojn (ni proponas aldoni paperfolion en la libron) kaj informi nin ĉe *esperanto.org.au/ galerio-de-esperantistoj-en-australio*.

Tiu ĉi libro helpu nin lerni el la agoj de aliaj esperantistoj, helpu aprezi la grandan laboron faritan, inspiru nin agi same aŭ eĉ pli bone, helpu nin ne forgesi...

ACS, s-ro FRANCISKO (FRANK)
Vivis 70 jarojn.

Esperantistiĝis en Hungario de kie li poste fuĝis. Fervora kontraŭkomunisto. Aktivis en Manlio (1969-1970) kaj Orange, NSK (1970).

ADDIS, f-ino WINIFRED ELLEN
(n. 18 aprilo 1910, Londono - m. 23 decembro 1984, Adelajdo, SA)

Lernis E-n dum longdaŭra resaniĝo de malsano en 1930. Ŝi multe korespondis kun eksterlandanoj kaj gastigis multajn, kiuj vizitis SA. De 1940 ĝis 1978 Win estis delegito de UEA por Aŭstralio. En 1939 ŝi eklaboris en la Registara Imposta Departamento, skribis Faye Koppel en la nekrologo (*The Australian Esperantist*, januaro 1985).

Kiam la viroj rekrutiĝis por la dua mondmilito, nur la virinoj restis en la adelajda E-grupo. Poste ankaŭ ili ĉesis kunveni, ĉar ili ekaktivis en la Ruĝa Kruco. Tamen en la hejmo de Lydia Bailey, Win Addis kaj Birdie Telfer presis gazeteton *Inter Ni* (de novembro 1939) por teni kontakton inter la membroj. Ĝi estis 4-paĝa ĵurnaleto kun eltiraĵoj el eŭropaj E-ĵurnaloj. Redaktis Win Addis, tajpis Lydia Bailey. Bedaŭrinde, neniu kopio de *Inter Ni* konserviĝis. En oktobro 1940 Reg Banham komencis eldoni en Melburno revuon *La Rondo* por la tuta Aŭstralio. Do, *Inter Ni* ĉesis, sed Win Addis laboris plu tre konscience kiel kasistino de *La rondo*. Same konscience Lydia Bailey daŭrigis kaj la tajpadon kaj la desegnadon dum la 1940-aj jaroj.

Win Addis estis elstara membro de la adelajda grupo ĝis sia morto. Ŝi multe faris ankaŭ por la tutlanda movado. Ŝia korespondado montras, ke ŝi intime konis la E-movadon en Aŭstralio, ekzemple "Diru al Vilĉo ke en la konferenco ni parolos rigore nur Esperante, tio devus forigi lin, alie mi certas ke li mem forigos aliulojn." Ĝenas ke ŝiaj leteroj havas nur la daton "merkredo" aŭ "sabato", sen indiki monaton aŭ jaron.

Post surstrata akcidento ŝi plurfoje falis, kaj la vundoj plirapidigis ŝian morton.

Fontoj: La Rondo. The Australian Esperantist. News (Adelajdo). Tamen Plu.

AGACHE, d-ro ALFRED
(n. 24 februaro 1875, Tours, Francio – m. 4 majo 1959)

Agache legis en iu E-gazeto pri konkurso por dezajni la urbon Kanbero. La artikolon verkis supozeble Maurice Hyde kaj Gerald Whiteford tradukis en E-n la dekunu-paĝan regularon pri la konkurso. La konkursaĵo de Agache gajnis la trian premion. La unuan gajnis Burley Griffin, kiu poste mem esperantistiĝis. Agache estis fluparola esperantisto, kiu multe prelegis pri sia urbarkitekta laboro en Dunkirko, Rio-de-Ĵanejro ktp. Samtempe li faris multajn paroladojn pri E en diversaj landoj.

Fontoj: Enciklopedio de Esperanto. La rondo. The Australian Esperantist. Multaj aŭstraliaj ĵurnaloj.

ALCORN, d-ro kolonelo ROBERT GEORGE

(n. 26 februaro 1852, Cashel, graflando Tipperary, Irlando – m. 20 februaro 1926, East Maitland, NSK)

Zamenhof-Adresaro 1908. Registara medicina oficiro en Maitland dum 50 jaroj.

Fonto: Maitland Daily Mercury.

ALEXANDER, d-ro LILIAN H.

(n. 15 marto 1861 – m. 18 oktobro 1934)

Zamenhof-Adresaro 1906.

La tutan vivon loĝis en St. Kilda, VK.

Aktivis en melburna E-klubo dum multaj jaroj.

Ŝi estis inter la unuaj virinoj, kiuj diplomiĝis en la Universitato de Melburno kiel kuracistino. En epoko, kiam la ĝenerala vidpunkto estis, ke virinoj maltaŭgas kiel kuracistinoj, ŝia enskribiĝo en la universitaton akceptiĝis nur post ega oponado. La persistemo de Lilian helpis akceptiĝon de virinoj al medicinaj studoj en la posta tempo. Lilian estis unu el la fondintoj de Hospitalo Queen Victoria , "malsanulejo por virinoj funkciigata de kuracistinoj". Tio ege necesis en epoko kiam viraj kuracistoj ofte konsideris malsanojn de virinoj bagatelaj.

Fontoj: Australasian. Age. Argus (Melburno). Australian Dictionary of Biography. Protokoloj de la Melburna Esperanto-Klubo.

ALMGREN, s-ro G.

Zamenhof-Adresaro 1908.

Esperantistiĝis en 1907, kiam li loĝis en Casterton, VK.

Vic-prezidanto de la Adelajda E-Asocio en 1909. Post pluraj jaroj en Aŭstralio li reiris al sia hejmlando, Norvegio. La Adelajda E-Asocio bedaŭris lian foreston, ĉar lia "simpatio kaj entuziasmo altigis lin inter la membroj de la E-movado."

Fonto: Advertiser (Adelajdo).

AMIES, s-ro WILLIAM

(m. pro tumoro 45-jara, 8 julio 1975, Kanbero)

Entuziasma esperantisto en Kanbero. Iama sekretario kaj vicprezidanto de la loka klubo. Instruisto pri tekniko ĉe la Kanbera Teknika Kolegio. Sperta fotografisto.

Fontoj: Canberra Times. The Australian Esperantist.

AMIET, s-ro BILL

(n. junio 1890, Geelong – m. 13 aprilo 1959 MacKay, KV)

En 1919, dum li resaniĝadis de militaj vundoj, li lernis E-n kaj samtempe studis ĉe King's College University en Londono. Li advokatiĝis en Mackay (KV). Ne estas spuroj pri lia posta E-agado.

ANDRES, f-ino FAYE, vidu: KOPPEL

ANDRES, s-ro WILLIAM CHARLES
(n. 1888 – m. 29 septembro 1970)

Li eklernis E-on sub la influo de sia filino Faye (poste Koppel) jam 66-jara (1953). Fidela membro de la adelajda E-grupo, ĝis malsano malebligis al li ĉeesti kunvenojn. Laboris ĉe la Sudaŭstraliaj Fervojoj.

Fontoj: The Australian Esperantist. Advertiser (Adelajdo).

ARCHER, s-ro F.
(m. 31 januaro 1947)

Sperta kaj fidela esperantisto de 1925 ĝis sia morto. Sekretario de E-klubo en Hobarto (1929-1932).

ASTON, f-ino MATILDA ANN (TILLY)
(n. 11 decembro 1873, Carisbrook, centra VK – m. 1 novembro 1947, Windsor, Melburno)

Esperantistiĝis en 1907.

Tilly Aston estis elstara esperantistino, kiu multe korespondis kaj verkis por E-ĵurnaloj.

"Neniu Krono sen Kruco" estis kanto, kiun ŝi ofte kantis, kune kun "Ho ĉi-tiu ĝojiga vivo". Tiuj versoj bone esprimas ŝian vivon. Dum jaroj ŝi kantis esperante dum E-koncertoj, kaj oni diris, ke ŝi havas neordinare dolĉan voĉon. Lerta pianistino, ŝi instruis muzikon dum multaj jaroj. Tio estas vere miriga, rimarkinda kaj laŭdinda, ĉar Tilly Aston blindiĝis sepjara.

Ŝi multe verkis en la angla lingvo: romanojn, poezion kaj sian aŭtobiografion *Memoirs* (1947), kio igis ŝin bone konata en VK. Tilly komencis studi en universitato, sed pro manko de tekstoj en brajlo ŝi devis rezigni pri la daŭrigo. Ŝi iĝis instruistino por blinduloj kaj estrino de lernejo por blinduloj. Krome Tilly starigis brajlan bibliotekon kaj ankaŭ societon por plibonigi la vivon de blinduloj. Grave estis, ke la ŝtato subtenu la Instituton por Blinduloj.

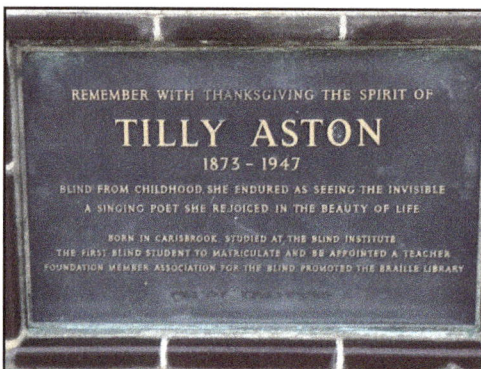

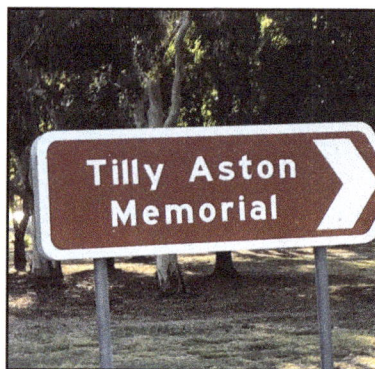

REMEMBER WITH THANKSGIVING THE SPIRIT OF
TILLY ASTON
1873 – 1947
BLIND FROM CHILDHOOD, SHE ENDURED AS SEEING THE INVISIBLE
A SINGING POET SHE REJOICED IN THE BEAUTY OF LIFE
BORN IN CARISBROOK, STUDIED AT THE BLIND INSTITUTE
THE FIRST BLIND STUDENT TO MATRICULATE AND BE APPOINTED A TEACHER
FOUNDATION MEMBER ASSOCIATION FOR THE BLIND PROMOTED THE BRAILLE LIBRARY

Tilly Aston Memorial

"Sinjorino (Tilly) Aston, estas unu el la plej mirindaj uloj, kiujn oni povus imagi." diris la adelajda tagĵurnalo *Advertiser*. "Ŝatata de kunularo, ŝi malkovris, ke la mondo estas plena de amo kaj afableco". Ŝi ĉeestis la unuan Aŭstralian E-Kongreson, (Adelajdo, oktobro 1911), kie ŝi ricevis multe da atento. Ŝia kongresa prelego "Kion Esperanto signifas al blinduloj" eldoniĝis en pluraj E-ĵurnaloj. Tilly estis unu el pluraj, kiujn oni nomis la unua esperantisto en Aŭstralio! Estis d-ro Samuel McBurney, kiu enkondukis ŝin kaj May Harrison al E.

Honore al ŝi oni nomis ŝian balot-distrikton Aston.

Fontoj: Advocate (Melburno). *La Rondo. La Suda Kruco.* Protokoloj de Melburna Esperanto-Klubo. *Advertiser* (Adelajdo). *Argus* (Melburno). *Dictionary of Australian Biography* ktp.

ATKINSON, s-ro ROBERT
(m. julio 1950, Kew, VK)

Forlasis E-on kaj forte subtenis Idon. Post tio li ĉiam kontraŭis ĉian mencion pri E en la hobartaj tagĵurnaloj.

Dum multaj jaroj li estis muzika kaj drama recenzisto de la hobarta tagĵurnalo Mercury. Unu el la fondintoj de la Hobart Symphony Orchestra.

AUWART, s-ro ALEXANDER
(n. ĉirkaŭ 1891, Estonio)

Migris al Aŭstralio. E-n lernis verŝajne pro la influo de sia amiko Alexander Saar. Auwart laboris kiel teĥnikisto pri telefonoj en Perto (OA). Li estis ateisto. En 1916 li estis arestita sen oficiala akuzo; lia "krimo" estis "agado malavantaĝa al militagado". La afero kaŭzis grandan tagĵurnalan histerion, speciale ĉar Auwart estis ano de la IWW (Workers of the World International) (Laboristoj de la Mondo), kiu subtenis, ke laboristoj ne devu rekrutiĝi por la militoj de la kapitalistoj. Auwart diris: "Mi neniam konsentos iĝi fridsanga murdisto, por ke edzinoj, vidvinoj kaj orfoj blasfemu pri mi" (*Daily News*, Perto, 10 novembro 1916.) La ĵurio trovis lin kulpa pri ribelo, sed li ne eniris malliberejon pro promeso pri bona konduto. Post tio Auwart vagis tra Aŭstralio de provinco al provinco. En 1923 li gvidis grupon en Moonah, TAS. En 1925 li ĉeestis la Aŭstralian E-Kongreson en Melburno. En 1926 iĝis vic-prezidanto de la Sidneja E-Klubo.

Fontoj: Western Mail (Perto). *Daily News* (Perto). *Esperanto en Aŭstralio* (Ray Ross).

BAGOT, s-ro C. V. LINDSAY

"Unu el la ĉefaj adeptoj de Esperanto en la suda hemisfero" laŭ *Sydney Times* (9 aŭgusto 1925).

Privata sekretario de pluraj kasistoj de la federacia registaro de Aŭstralio.

BAILES, s-ro JOHN

Zamenhof-Adresaro 1908. Instruisto en Pambula (NSK), kiu multe korespondis esperante. Sian kolekton de multaj poŝtmarkoj el dudek landoj li donacis al AEA.

BAILEY, f-ino LYDIA ELEANOR

Fervora esperantistino. De novembro 1939 kune kun Win Addis presis kvar-paĝan gazeton *Inter Ni*. Redaktis Win Addis, tajpis Lydia Bailey. Bedaŭrinde kopioj de *Inter*

Ni ne plu ekzistas. Kiam Reg Banham komencis eldoni *La Rondo* por la tuta Aŭstralio (1940), *Inter Ni* ĉesis aperi. Tiam Lydia Bailey, tre konscienca, transprenis la tajpadon kaj la dezajnadon de la nova revuo kaj presis ĝin per hektografia maŝino ĝis 1946, kiam ŝi transloĝis al Perto (OA). Kun Win Addis kaj Birdie Telfer ŝi ankaŭ distribuis *La Rondo*, en kiu ofte aperis ŝiaj tradukaĵoj kaj plurfoje ŝiaj originalaj verketoj. Dum 15 jaroj la Zamenhof-festo en Adelajdo okazis ĉe Lydia Bailey kaj Birdie Telfer.

En sia junaĝo ŝi studis en la Konservatorio de Muziko Elder.

Fontoj: leteroj de Win Addis. *Esperanto en Aŭstralio* (Ray Ross). *Advertiser* (Adelajdo). *West Australian* (Perto).

BALLARD, s-ro CHARLES WILLIAM
(n. 12 junio 1866 - 23 aprilo 1954, Caulfield, Melburno)

Esperantistiĝis en 1912. Fondinto kaj redaktinto de *The Australian Esperantist* (1921-1927) en Melburno. Ĉefdelegito de UEA (1922). Prezidanto de AEA (1923). Ĉeestis la unuan Aŭstralian E-Kongreson (Adelajdo, oktobro 1911). Prezidanto de la 4-a Aŭstralia E-Kongreso (Sydnejo, Pasko 1923). Unu el la fondintoj de la Melburna Komerca Klubo en oktobro 1911. Multe verkis por *La Rondo*. Vic-prezidanto de la melburna E-klubo (1928-1929).

Dum 30 jaroj laboris en la melburna tagĵurnalo Age. Poste estis kontisto.

Fonto: The Australian Esperantist. The Age (Melburno).

BANHAM, s-ro FRANK REGINALD
(n. 11 aprilo 1898, Lowestoft, Suffolk, Anglio – m. 30 aŭgusto 1974, Melburno)

Pseŭdonimo: Robo.

Lia patrino estis sveddevena. Kiam ŝi mortis, Frank iris al sia onklo en norfolka farmbieno. Dektrijara li forlasis la lernejon kaj havis diversajn laborojn. Venis al Aŭstralio kun siaj patro kaj vic-patrino en 1914. Laboris denove en diversaj lokoj, ekzemple en laktobieno en Gippsland. Dudekunujara li estis kopiisto, poste provlegisto por *The Age*, kaj de 1946 ĝis emeritiĝo ĉef-korektisto. Edziĝis al esperantistino Hilda Dawes. E-n lernis aŭtodidakte (1922) pro William N. Vogt kaj baldaŭ iĝis elstarulo en la aŭstralia E-movado. Redaktoro de *La Suda Kruco* (1929 -1934), nomata poste *La Rondo* (1940-1957) kaj poste *The Australian Esperantist* (1957 ĝis sia morto). Verkis multajn originalajn artikolojn, tradukis artikolojn kaj skizojn el la angla por la aŭstraliaj E-ĵurnaloj. Komence ĉiu eldono de la ĵurnalo enhavis multajn artikolojn pri la gramatiko de E. Tamen li evoluis kiel redaktoro. Verkis artikolojn ankaŭ por internaciaj E-gazetoj (*Literatura mondo, Oomoto*). Kunlaborinto de la *Enciklopedio de Esperanto* (1933). Ekde 1925 gvidis

Registered at G.P.O., Melbourne, for Transmission by Post as a Periodical.

The Australian Esperantist

Oficiala Organo de la Aŭstralia Esperanto Asocio.

Membership, including this periodical: $3.

Advertisements: 25 cents per line.

Editor (Redaktoro): F. R. Banham, 31 St. Andrew's Ave., Rosanna, Vic., 3084
Treasurer (Kasisto). F-ino A. Dennys, 9 Cathers Court, 41 Frenchs Road Willoughby, N.S.W., 2068
A.E.A. Press Officer: H. V. Petley, 32a Lindsay Street, Toowoomba, Q., 4350
Address of A.E.A.: Box 415, P.O. Manly, N.S.W., 2095.

N-ro. 81(161)   MELBURNO   Jan.-Feb. 1970

la E-grupon de Mount Albert (antaŭurbo de Melburno). Dum multaj jaroj estis unu el la plej gravaj membroj de la Melburna E-Asocio, en kies klubo li ofte prelegis pri diversaj temoj.

Li sukcesis ĉe la klereca ekzameno de AEA.

Audrey Hutton verkis *Frank Reginald Banham. Biografio* (1991).

Tutkore servis la movadon. Mortis pro koratako.

Fontoj: The Age. La Suda Kruco. La Rondo. The Australian Esperantist. Enciklopedio de Esperanto. Ordeno de Verda Plumo.

BANHAM, s-ino HILDA
(m. 81-jara, 28 julio 1982, Albany Creek, KV)

Fraŭline Hilda Dawes. Ŝi konatiĝis kun Reg Banham en tramo, hejmenirante post E- klaso. Ili geedziĝis en 1931 kiel E-paro. Verkis *A Translation Course: E* (redaktis Alan Towsey, 1979) surbaze de la koresponda kurso de la edzo.

BANKSTON, s-ro LESTER THERMAN
(n. Dolores, Kolorado, Usono - m. 65-jara en 1976)

Venis al Adelajdo en 1966, kie li esperantistiĝis. Reiris al Usono en 1970, sed li forte inspiris la Aŭstralia-Pacifikan E-Kongreson de 1975. "Ni tenos lin en la memoro pro bonhumoro kaj optimismo pri la estoneco de E."

Inĝeniero pri atmosfer-fiziko, li inventis parton de jet-motoroj dum deĵorado ĉe misilpafejo en Kalifornio (1960-1964).

Fonto: The Australian Esperantist.

BARLOW, f-ino GRACE, poste KIRKWOOD
(n. 11 aprilo 1904, Anglio – m. 18 aprilo 1987, Bellineen, NSK)

Esperantistiĝis en Adelajdo ĉirkaŭ 1945. Instruistino ĉe Methodist Ladies' College (Metodista Jun-Virina Kolegio) en Adelajdo (1947). Fondis kaj gvidis prosperan E-klubon ĉe la adelajda WEA (Asocio Por Edukado de Laboristoj) 1948 ĝis 1954. Instruistino ĉe knabina lernejo en Woodlands, kie ŝi gvidis E-grupon. Verkis artikolojn pri E por tagĵurnaloj. Sekretariino de la Adelajda E-Societo.

Transloĝiĝis al Sidnejo, kie ŝi iĝis prezidantino de la loka klubo (1958). Prelegis ĉe AEA- kongreso (1958). Ŝi "kapablas teni la intereson de la aŭskultantoj". Sekretariino de AEA (1958). Kune kun Wre Chandler malsukcese klopodis persvadi la estraron de la Eduka Fako de NSK pri la enkonduko de E en lernejojn.

Tradukis Esperanten Treasure Island de R.L. Stevenson: Trezorinsulo (1977). Transloĝiĝis al Coffs Harbour, NSK (1971).

En Adelajdo ŝi estis sekretariino de la ligo aganta por plena pago al virinoj kaj aktivis en la Sudaŭstralia Porpaca Konsilio.

Fonto: Advertiser (Adelajdo). *The Australian Esperantist.*

BARRINGTON, d-ro ARTHUR E.
(n. 1862, Dublino, Irlando – m. 57-jara, 19 aŭgusto 1919)

Kiam li diplomiĝis kiel kuracisto en la universitato de Dublino (Irlando), Arthur

Barrington migris Aŭstralien. Li laboris unue en Castlemaine kaj de 1890 en Benalla (VK), kie li aktive partoprenis en multaj institucioj. En 1907 li starigis E-klubon kaj fondis la unuan aŭstralian E-revuon *The Australian Esperantist* (en majo 1908). Ĉi tiu ĉesis aperi en aprilo 1909 "ĉar ne ekzistis sufiĉo de antaŭpagoj, mendoj por pravigi tutnacian gazeton". Du stratoj en Benalla estis nomitaj je lia memoro Barrington- kaj Esperanto-Stratoj.

Fontoj: Benalla Standard. The Australian Esperantist.

BAUER, f-ino CLARA ELIZABETH (s-ino STOPE)
(n. 1881 – m. 3 junio 1960)

Zamenhof-Adresaro 1908. De domo Clairheim en Milbrulong (NSK). Ŝi estis fonda ano de la Melburna Komerca Klubo en 1911 kaj aktivis dum multaj jaroj. Lojala esperantistino. En 1919 ŝi edziniĝis.

Fontoj: The Australian Esperantist. Wagga Wagga Advertiser.

BEASLEY, s-ro ROBERT TYNEMOUTH (BOB)
(m. 58-jara, 23 junio 1919)

Li tiom favoris E-n, ke li nomis sian paŝtigan kaj agraran bienon "Esperanto". Kiam li transloĝiĝis al Parramatta, li nomis ankaŭ sian hejmon "Esperanto".

Fontoj: Cowra Free Press. The Methodist (Sidnejo).

BECK, profesoro

Instruis E-n en puntenejo (1941).

Kiam komenciĝis la Dua Mondmilito, la brita registaro arestis ĉiun germanon kiel "malamikan alinacianon", eĉ se temis pri germana judo, kiu eskapis el nazia Germanio. En Aŭstralio oni enfermis ilin unue en Hay (NSK) kaj poste je Tatura (VK), ĝis la registaro ekkonstatis, ke ĉi-tiuj junaj germanoj ne estas nazioj, sed fakte tre ofte intelektuloj (kiuj post la milito grave influis multajn fakojn en Aŭstralio). Dum la tagoj en la kaptejo, kiam oni povis fari nenion, ili sin instruis kaj lernis ekz. E-n.

Fonto: persona kono de Charles Stevenson.

BECK, s-ino H. (RIETTE)
(m. 8 junio 1985)

Esperantistiĝis en 1954 kaj laboris por la movado dum dek jaroj.

BECKETT, f-ino ANNIE

Sekretario de la hobarta E-grupo (1922-1938). Verkis poemon *Fraŭlineto*, kiu estis bone akceptita en Hobarto. Ŝi estis intruistino.

BEECHY, s-ro HAROLD

Aktivis unue en 1963 en Brisbano, poste en Melburno (1969).

BEECHEY, s-ro ARNOLD

Aktivis en Melburno.

BEHNCHEN, s-ro OSKAR HUGO
(m. 20 oktobro 1984, Brisbano)

Esperantistiĝis en Warwick kun amiko Doornbusch. Havis multajn oficojn en la brisbana E-klubo (ekz. bibliotekisto, vicprezidanto, kasisto en 1930-1933).

BELCHER, f-ino MONICA (poste s-ino McKENZIE)

Esperantistiĝis en 1925, edziniĝis al Edward McKenzie en Melburno (1931). Ili konatiĝis en la E-klubo.

BENEDICTA, f-ino ALICE IRENE

Zamenhof-Adresaro 1907. Vivis en Sofala (NSK).

BENNEMANN, s-ro OTTO
(n. 27 septembro 1903, Brunsviko, Germanio – 22 majo 2003, Germanio)

Lia adreso en februaro 1941 estis "Compound 1, Hut 21, No 7 Camp, Eastern Command NSW", kio indikas puntenejon en Hay (NSK). Tie li lernis E-n kaj poste starigis E-klason.

Bennemann eskapis el nazia Germanio al Anglio, post kiam iu avertis lin pri aresto. Li estis unu el multaj kontraŭfaŝistoj, kiuj estis arestitaj kiel "malamikaj alinacianoj" de la brita registaro kaj deportitaj al Aŭstralio sur la ŝipo Dunera. En Aŭstralio ili estis arestitaj. Kiam la aŭstralia registaro ekkomprenis, ke ĉi tiuj junaj viroj kontraŭstaris naziismon kaj ke ili estas ege bone edukitaj, oni liberigis ilin. La edzino de Bennemann restis en Britio dum la milito. Post la milito Bennemann revenis al Brunsviko (Germanio), kie li iĝis urbestro (1948-1959). Poste li iĝis ministro por internaj aferoj en la registaro de Malsupra Saksio.

Fontoj: La Rondo. Vikipedio.

BENNETT, s-ro P. J.

Ĉeestis la 4-an Aŭstralian E-Kongreson (Sidnejo, Pasko 1923). Enkondukis E-n al la sindikato de instruistoj (1923). Sekretario de Headmasters Conference (Asocio de Lernejestraj Konferencoj). Emeritiĝis en 1932 kiel direktoro de la Lernejo Gladesville.

BENNETT, s-ro STEVE
(m. 27 oktobro 1966.)

Prezidanto de la E-klubo en Sidnejo (1948-1952). Unue loĝis en Melburno, poste en Sidnejo. Fidela esperantisto.

BEUZEVILLE, f-ino RUTH

Sekretariino de la E-klubo en Tumut (1908).

BEVAN, s-ro A.G.

Arda ano de E-klubo en Ballarat dum multaj jaroj, speciale dum 1940-1950.

BIBRON, s-ro PAUL
(n. 1865 Tours, Francio – m. 14 januaro 1951, Melburno)

Kvankam esperantisto, li ne multe partoprenis en la movado. Tamen li ĉeestis la duan Aŭstralian E-Kongreson en oktobro 1912.

Migris al Aŭstralio (Sidnejo) en 1883 sed ne povis trovi taŭgan laboron. Do li revenis al Eŭropo, studis dancadon, revenis al Aŭstralio, komencis doni lecionojn de dancado en Sidnejo ĝis 1921, kiam li transloĝiĝis al Melburno, kie li estis bone konata. Lia studio *Admiralty House* iĝis la unua noktoklubo de Melburno. Kiam li emeritiĝis en 1940, lia moŝto generalo Blamey organizis tie sian adiaŭan feston kun 400 partoprenantoj.

BIGELOW, s-ino R. B.

Loĝis en Melburno. Ĉeestis plurajn aŭstraliajn E-kongresojn en la 1920-aj jaroj. Sekretario de la E-grupo "Iru Antaŭen" en Oakleigh, 1922. Prezidantino en 1923-1925.

Tradukis *Tales of Australian Exloration* (*Historieto pri esplorado de Aŭstralio*) de C. R. Long de la Viktoria Eduka Departemento (1925).

Instruis E-n al Walter Burley Griffin.

Fontoj: La Rondo. La Suda Kruco. The Australian Esperantist.

BISDEE, f-ino MARY HELENA
(n. 14 oktobro 1860, Hutton Park, Tasmanio – m. 16 aprilo 1941, Hobarto)

Membro de la hobarta E-grupo de la komenco en oktobro 1906. Ŝi starigis la unuan kunvenon kaj enmetis reklamon en *Mercury*.

Tre aktivis en la klubo Lyceum kaj la Nacia Konsilio de Virinoj.

BLOM, s-ro

Gvidis E-klubon en Scarborough, OA (1974-1978).

BLOORE, s-ro F. W.
(n. en Mauricio - m. 72-jara, 25 decembro 1920, Fosterton, NSK)

Prezidanto de E-klubo en Maitland (1910). Migris Aŭstralien en 1880. Instruisto en Dugong kaj Maitland (23 jarojn).

Fonto: Kuogle Examiner.

BLOWER, s-ro J.

Fonda membro de la E-klubo en Devonport,Tasmanio (1953).

BLUETT, s-ro EDWARD CAMPBELL
(n. 10 oktobro 1874, Wagga Wagga – m. 22 majo 1958, Ulladulla, NSK)

Zamenhof-Adresaro 1907.

Utiligis E-n por korespondado kun eksterlandanoj por la unu-instruista lernejo ĉe Murrumbateman (1908-1909). Komencis E-grupon ĉe Wolumla, de kiu d-ro Howie el Bega estis la vicprezidanto. Poste instruis E-n al skoltoj ĉe Metropolitan Business College en Sidnejo.

La unua sekretario de la Local Government Clerks' Association (asocio por oficistoj de lokaj magistratoj).

Fontoj: Australian Dictionary of Biography. The Star (Sydney).

BLYTH, f-ino BEATRICE KITTY
(n. Hobarto 1849 – m. 14 januaro 1948)

Esperantistiĝis en 1912. Kiam ŝi transloĝiĝis al Surrey Hills (VK), ŝi helpis fondi la E-grupon en Mount Albert. Vigla esperantistino, kiu "radiis optimismon kaj toleremon". Instruis E-n en metodista junulara societo (1926).

Verkis unu el la plej ambiciaj E-eldonaĵoj: ŝi tradukis en brajlon la kompletan esperantigitan *Novan Testamenton* (1914).

Fonto: La Rondo.

BOOGAARD, s-ino VAN DEN, THEA
(n. en Nederlando)

Lernis E-on kaŝe, ĉar gravis ne altiri atenton al la ĉeesto de la kaŝitaj judoj en la familia kelo dum la nazia okupado de Nederlando.

Helpis organizi la AEA-kongreson en Adelajdo en januaro 1982. Ŝia morto estis "grandega perdo por ni. Ni pasigis multajn vesperojn en ŝia hejmo Esperanton parolante, trinkante kaj manĝante." Sperta esperantistino, kies ĉefa kontribuo al la movado estis ŝia amikeco kaj gastamo al esperantistoj. Ŝi aparte interesiĝis pri junuloj, ĉar ili estas "la estoneco de Esperanto".

Fontoj: The Australian Esperantist. Tamen Plu. Malgrava historio de mia vivo (de Bob Felby).

BOOTH, f-ino DAISEE

Zamenhof-Adresaro 1905.

Ĉeestis la preparan kunvenon, 10 februaro 1905, kiam oni decidis starigi E-klubon en Melburno. Verkis artikolon por Women's Exhibition (ekspozicio pri virinaj atingoj) (1908).

Fonto: Sydney Morming Herald.

BOOTH, f-ino FLORENCE

Zamenhof-Adresaro 1905.

Ĉeestis kunvenon (10 februaro 1905), kie estis decidite starigi E-klubon en Melburno. Loĝis en domo Oakover, Coburg (antaŭurbo de Melburno).

BOOTH, s-ro JOHN
(m. 63-jara, 26 julio 1920)

Esperantistiĝis antaŭ 1905.

En lia hejmo okazis la kunveno, kie oni decidis starigi la E-klubon en Melburno - la unuan E-klubon en Aŭstralio. Dum la unuaj jaroj la klubkunvenoj okazis ĉe s-ro Booth (25 Rathdown-Strato, Carlton), kiu ankaŭ prezidis la klubon dum 1906-1910.

Prelegis pri E en la melburna Trades Hall (metiista ĉambro, majo 1906). Booth ĉeestis la trian UK-n en Kembriĝo (Anglio, 1907) kaj la UK-n en Vaŝingtono (Usono, 1910). Li estis unu el tiuj, kiujn oni nomis "la patro de Esperanto en Aŭstralio". Certe li estis la patro de E en VK, kaj certe li starigis la unuan aŭstralian E-klubon.

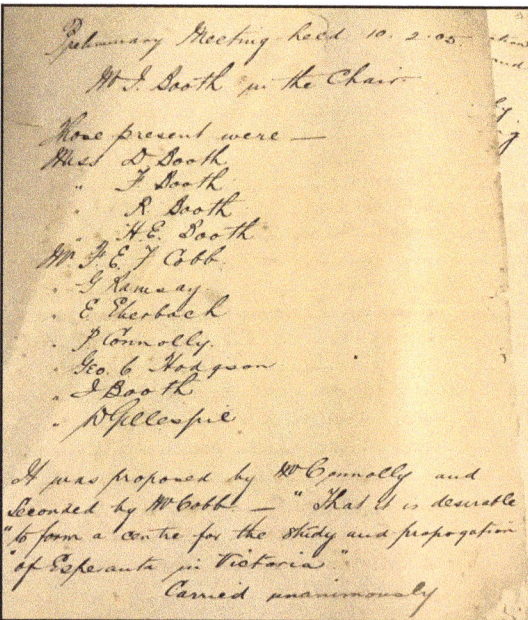

Lia patro estis unu el la plej fruaj enmigrintoj al Port Phillip Bay, kiel VK estis nomata antaŭ apartiĝo de NSK en 1850. Edziĝis al Marian Parker (1 julio 1879). Dum pluraj jaroj li estis konsiliano de la Universitato de Melburno. Bone konata en Melburno kiel inĝeniero pri konstruado.

En la unua E-eldono de Grand Concert Programme (koncerta programo), eldonita por la unua Zamenhof-festo en Aŭstralio (decembro 1909), John Booth parolis pri E:

"Mi volonte parolos al vi pri tio, kio ŝajnas al mi la vera kaŭzo de tiu sukceso [de Esperanto]. Tiun kaŭzon mi pensas trovi en du principoj, kiujn akceptas ĉiuj veraj kaj progresemaj amikoj de la ideo pri internacia lingvo. La unua, kaj mi kredas la pli grava, estas la principo de helpemo... La dua principo estas tiu de internacieco, tio estas la uzado de tiaj lingvaj formoj, ĉu de vortoj ĉu de esprimoj, kiaj estas kiel eble plej konataj de la diversnacianoj. La unua principo subtenas akceptindecon; la dua facilecon. Esperanto estas konstruita sur tiuj ĉi principoj, kaj estas precize pro tio, ke ni fidoplene ĝin rekomendas al via atentego."

Fontoj: *Argus* (Melburno). *Suda Kruco. La Rondo.* Protokoloj de la Melburna Esperanto-Klubo.

BOOTH, f-ino RUBY

Zamenhof-Adresaro 1905.

Ĉeestis la prepar-kunvenon (10 februaro 1905) por starigi E-klubon en Melburno.

BOOTH, s-ino MARIAN ALICE (s-ino JOHN BOOTH), naskita PARKER
(n. en Wycheproof, VK - m. 3 oktobro 1932, Hawthorn, Melburno)

Zamenhof-Adresaro 1905.

Estas interese, ke la edzino de la fondinto de la unua E-klubo en Aŭstralio ne restis ĉe Esperanto! Ŝi ne aperas en la protokoloj de la melburna E-klubo. Ŝajne ŝi posedis sendependan menson.

Ŝi okupiĝis pri du asocioj: ŝi estis dum multaj jaroj prezidantino de la Travellers' Aid Society (societo por helpi vojaĝantojn); dum 12 jaroj kasistino de la Viktoria Nacia Virina Ligo, kaj prezidantino de ĝia filio en Hawthorn (1915-1932).

Oni diris, ke ŝi posedas "unikan personecon". La Nacia Virina Ligo estis konservativa politika propaganda movado, forte kontraŭsocialisma, kaj subtenanta virinojn, kiuj kandidatiĝis por parlamento.

Fontoj: *Argus. Age. Australasian* (Melburno).

BOWLES, s-ro HERBERT ROY
(n. 1892, Tipperary, Irlando – m. 11 junio 1939, Woollahra, NSK)

Zamenhof-Adresaro 1908.

Esperantistiĝis 16-jara, kiam li loĝis en Mulwala, apud Yarrawong ĉe la rivero Murajo. Ĉeestis la unuan Aŭstralian E-Kongreson en Adelajdo (oktobro 1911).

Dudekunujara, "junulo kun senlima impertinenteco", fondis la Fruitgrowers Co-operative (kooperativo de fruktokultivistoj). Kandidatis por la politika Laborista Ligo en la elektodistrikto de Wirriwa, kaj poste por la Aŭstralia Kampara Partio.

Post la Dua Mondmilito arde kontraŭbatalis la grandan alkoholismon de tiu tempo. Tragike, ĉi tiu homo de senlima energio, kaj "eleganta lango kaj facila plumo" mortis en banujo, kvardeksepjara.

Fontoj: *Sydney Morning Herald. Daily Advertiser* (Wagga Wagga).

BRENDEL, s-ro HANS
(m. 31 marto 1988, Brisbano)

Aktivis dum 1968-1973, kiam akcidento malsanigis lin. Instruis E-n al diversaj skoltaj grupoj.

BRENNAN, s-ro CHRISTOPHER JOHN

(n. 1 novembro 1870 - m. 5 oktobro 1932)

Bone konata poeto (en la angla), klasika klerulo, kaj lingvisto, kiu interesiĝis ankaŭ pri E.

Fontoj: Evening News (Rockhampton). *Dictionary of Australian Biography.* Vikipedio.

BRIGGS, f-ino A. E.

Anino de la propaganda komitato de la brisbana E-klubo (1936). Instruis muzikon, kontadon kaj sportan edukadon en pluraj lernejoj en KV.

BRKIC, s-ro DMITRI

(n. en la iama Jugoslavio)

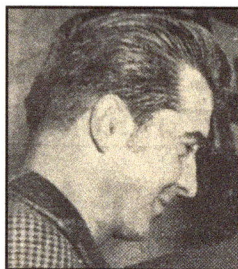

Ĵurnalisto, kiu migris Aŭstralien post la Dua Mondmilito. Starigis grandan kaj viglan klubon en Ballarat en 1950. La klubo malkreskis, kiam Brkic subite forlasis Aŭstralion.

BROADBENT, pastro R.

Gvidis la E-grupon en Nairne, SA (1913).

BROADRIBB, s-ro DONALD

(n. 3 aŭgusto 1933, Rochester, ŝtato Novjorko, Usono – m. 13 otobro 2012, York, OA)

Psikanalizisto. Magistriĝis en Universitato de Illinois (1956). Fariĝis magistro de teologio en Union Theological Seminary en urbo Novjorko (1956). Doktoriĝis en Universitato de Melburno (1962). Diplomon de analiza psikologo ricevis en Instituto C. G. Jung en Zuriko, Svislando (1974). Esperantistiĝis en 1946. Dufoje membro de la Akademio de Esperanto (1972-1981, 1992-2001).

Redaktoro de pluraj gazetoj kaj revuoj: *Kristana bulteno* (Usono, 1956-1960), *Nordamerika Esperanto-revuo* (organo de ELNA, 1959-1964), *Biblia revuo* (1964-1973), *Nigra cigno* (bulteno de la E-Asocio de OA, 1985-1988). *The Australian Esperantist* (alinomita al *Esperanto sub la Suda Kruco*, ekde 1993 organo de aŭstralia kaj novzelanda E-asocioj) de 1989 ĝis 2008.

Verkis esperante aron da rakontetoj kaj artikoloj, plejparte aperintaj en *The Australian Esperantist* kaj *Esperanto sub la Suda Kruco*. Anglalingvaj verkoj libroformaj: *An attempt to deliniate the characteristic structure of classical (Biblical) hebrew poetry* (doktortezo, 1974). *The Dream Story* (pri la interpretado de sonĝoj, 1989), *The mystical chorus* (pri la psikologio de religioj, 1995). Anglalingvaj artikoloj plejparte en la revuo *Abr-Nahrain* kaj *Milla wa-milla.*

Tradukis en E-n ĉirkaŭ 25 romanojn el la angla kaj du librojn de Platono el la helena. Verkis la esperantlingvan interfacon de la porverkista komputila programo Mellel por komputiloj Macintosh, kaj plu reviziadis ĝin, kiam aperis ĝisdatigoj de tiu programo.

De Ĉikago transloĝiĝis al Melburno (1962). Unu el la grupo, kiu tradukis por la *Aŭstralia Antologio*.

Verkis *The Academy of E* en speciala eldono de *The Australian Esperantist* por la jarcenta datreveno de E.

Fonto: Ordeno de la Verda Plumo.

BROCKWAY, s-ino E. M.

Zamenhof-Adresaro 1906.

Ano de la Brisbana E-klubo de 1906. Edzino de kuracisto.

BROINOWSKI, s-ro ROBERT ARTHUR

(n. 1 decembro 1877, Balwyn, VK – m. 16 aŭgusto 1959, Sidnejo)

Vic-prezidanto de la E-klubo en Kanbero (de 1929). Ceremoniestro de Black Rod (nigra sceptro, 1920-1932) kaj kontisto por la parlamenta senato. Dum multaj jaroj prezidanto de la Arta kaj Literatura Societo en Kanbero.

BROWN, s-ro W. FREDERICK

Ĉeestis la 4-an Aŭstralian E-Kongreson (Sidnejo, Pasko 1923). Skribis pri E en *Armidale Chronicle* (20 februaro 1926).

BROWN, s-ro R.

Adelajda tramŝoforo (de 1941). Kelkfoje aperis liaj artikoloj en *La Rondo*.

BROWNE, s-ro M. A., B. A. (bakalaŭro)

Vic-prezidanto, poste prezidanto (1912) en Perto. Instruis E-n en la tiea klubo "La Nigra Cigno" (de 1912). Gajnis la unuan premion en poezia konkurso por la poemo *Venĝo* dum la dua Aŭstralia E-Kongreso (oktobro 1912).

BROWNE, s-ro GERALD

(25 februaro 1891, Anglio – 14 julio 1975, Sidnejo)

Oni parolis pri lia "bonkora kaj aminda personeco, speciala humursento". Li migris al Sud-Afriko (1911), kaj al Sidnejo (1962). Ambaŭloke li partoprenis en la E-movado.

Fonto: The Australian Esperantist.

BRUTON, f-ino AUDREY

Verkis 36-paĝan biografion de Frank Banham (redaktis ĝin Marcel Leereveld).

BRYAN, s-ino EDITH, naskita LLOYD

(n. 29 junio 1872, Derby, Anglio – m. 29 marto 1963, Ascot, Brisbano)

Zamenhof-Adresaro 1906.

Diplomiĝis pri instruado de surdmutuloj. En 1895 migris al SA, kie ŝi edzigis alian instruiston de surdmutuloj, Cecil Charles Bryan. Kiam la edzo mortis (1897), ŝi reiris al Anglio.

En 1901 ŝi estriĝis en la lernejo por surdmutuloj en Brisbano kaj laboris tie ĝis sia emeritiĝo. En 1950 starigis la Edith Bryan Hostel por surduloj, por honorigi unu el la plej gravaj aktivuloj por surduloj en la tuta mondo.

Fontoj: Australian Dictionary of Biography. Brisbane Telegraph. Courier-Mail.

BUCHAN, s-ino LENA

Prezidantino de la E-klubo en Toowoomba (1972). Instruis E-n en Range High School (gimnazio).

BUCKERIDGE, s-ro J.

Frua esperantisto en Perto (1911). Laboris en la poŝta departamento kaj poste iĝis kapitano de motora ŝipo Koolinda.

Fonto: Daily News (Perto).

BUDGE, s-ro EDWARD ALLEN

Sekretario kaj kasisto de la E-grupo en Hobarto (1911-1912), dum li studis sciencon en la Universitato de Tasmanio.

BUDZUL, s-ro ROBERT

(n. 4 februaro 1957 – m. 9 julio 2016, Hobarto)

Li serioze eklernis E-n en 2004.

Varbis, organizis E-kunsidojn, kiuj poste ŝanĝiĝis al lingvaj kunsidoj. Unu el liaj ideoj estis krei kviz-grupon, kiu konkursadis en hoteloj Waratah kaj Respublika (Hobarto). Tiel li havis grandan reklamon por E.

Li estis unu el la ĉefaj organizantoj de la E-kongreso de AEA en Hobarto (2008).

Mortis pro kancero neatendite en sia hejmo en Hobarto.

Ofte gastigis eksterlandajn esperantistojn, ĉeestis kongresojn, instruis E-n al grupeto de interesiĝantoj kadre de la Universitato de la Tria Aĝo.

Fonto: Esperanto sub la Suda Kruco.

BUKI, s-ro JOHN

Instruis E-n en lernejo en Katoomba, NSK (1961).

BULL, f-ino E.

Aktivis en Perto de 1951. Sekretario de la loka E-klubo (1953).

BURGESS, leŭtenanto J. C.
(m. 40-jara en milito, 1917)

Vic-prezidanto de la E-grupo en Maitland (1910). Instruisto en East Maitland High School (duagrada lernejo). Volontule soldatiĝis en 1916 kaj mortis la sekvantan jaron.

BURKETT, f-ino SYLVIA

Esperantistiĝis en 1981. Arda esperantistino, bona instruistino de E.

Plenkreskis en la norda landinterno de SA. Lernis E-n pere de la koresponda kurso nomata Church Mailbag Service (eklezia poŝta servo). Rekrutiĝis kiel anino de la armeo (1942) kie, ĉar ŝi sciis pri ĉifroj, laboris en spionaj servoj en Novgvineo, aŭskultante al mesaĝoj de la Japanoj. Post la milito faris postdiploman studadon en Muzeo de Artoj kaj Sciencoj.

BURT, s-ro THOMAS
(n. Edinburgo, Skotlando – m. 74-jara, 16 aŭgusto 1955)

Prelegis pri E (novembro 1910) en la Literary Institute Hall (salono de literatura instituto) kaj His Majesty's Theatre (teatro de la reĝo) en Perto. De 1911 ĝis 1948 instruis E-n ĉe Stott & Co's Business College (komerca instituto).

Migris al OA (1910), post kiam li rezignis kiel prezidanto de la Edinburga E-Asocio. Li venis por "lukti por la motivo de Esperanto" (*Daily News*, 25 majo 1911). Nur Stott & Co's Business College (komerca instituto) subtenis lin. Kompreneble, li instruis aliajn lingvojn, precipe la francan kaj forte subtenis the King's English (la norman anglan). "Iun tagon," li skribis, "niaj universitatoj ... konstatos la genion de Esperanto, kiu, taŭge instruata, pli bone uzeblos ol aliaj eŭropaj lingvoj post jaroj de studado." (*West Australian*, 2 januaro 1932).

Fontoj: West Australian. Daily News.

BUSWELL, leŭtenanto HARRY W.

Esperantistiĝis en 1937 kaj gajnis la specialan Pyke Memorial Prize (premio honore al Pyke) la saman jaron. Multe laboris por E. De tempo al tempo publike prelegis pri E. Korespondis kun esperantistoj tra la mondo, kio donis al li mirindan poŝtmarkan kolekton. Estis grava ano de la adelajda E-grupo.

En 1938 estis serĝent-majoro en la Aŭstralia Instrua Korpuso en Port Pirie. Dum la Dua Mondmilito servis ĉe la Britaj Reĝaj Fuzilistoj en Meza Oriento. Poste, en Adelajdo, li deĵoris kiel tramŝoforo kie li laboris ĝis 12.30 meznokte kaj poste li biciklis hejmen. Estis ankaŭ ŝipmodelanto.

BUTTON, s-ro T. C.

Prelegis pri E ĉe la Rotaria Asocio de Devonport (Tasmanio, 1941). Solicitoro.

BYATT, s-ro HENRY

(m. 81-jara, 18 decembro 1945)

Pseŭdonimo: Hobo. Multe verkis por *La Suda Kruco* kaj *La Rondo*. Prezidanto de E-Asocio de Okcidenta Aŭstralio (1928-1939 , 1941-1945). Ofte skribis pri E por okcident-aŭstraliaj tagĵurnaloj kaj multe prelegis publike pri E (1941-1945). En Melburno li estris la Armadale-grupon (1922-1927). Profesie li kontrolis la laboron ĉe gravaj konstruaĵoj en Melburno, ekzemple tiujn de Capitol Building. En 1928 li estis komisiita kiel registristo de konstruado en la Universitato de OA, ekzemple de Hackett Buildings. Laboris ankaŭ por blinduloj. Frato de John Byatt.

Fontoj: Suda Kruco. West Australian.

BYATT, s-ro JOHN

(m. 67-jara, 4 septembro 1930)

Laboris por E dum pluraj jaroj. En 1900 estris la Sloyd-movadon en la Eduka Fako de VK. Iĝis la ĉefa inspektisto de la Eduka Fako. Membro de la Astronomia Societo kaj de la Framasonoj. Entuziasme kolektis poŝtmarkojn. Fine, sekretario de Teologia Kolegio Ridley.

Fontoj: Suda Kruco. Age. Argus (Melburno).

CADELL, s-ro JOHN (JACKO) HEYBURN

(n. julio 1880, Brisbano – 30 aprilo 1923, Sidnejo)

Zamenhof-Adresaro 1906.

Unu el la plej unuaj esperantistoj de la Brisbana E-Klubo, ĝia kapabla kaj sindediĉa sekretario ekde la starigo de la klubo ĝis 1916, kiam li varbiĝis al la Aŭstralia Sanitara Korpuso dum la Unua Mondmilito. Li ĉeestis la unuan E-kongreson en Adelajdo (1911), kaj la duan en Melburno (oktobro 1912). Li laboris por la publikaj servoj, en la geologia fako, kaj de 1905 en la mineja fako. Tamen lia plej grava atingo estis kiel pejzaĝa kaj impresionista pentristo, unu el la gravuloj de KV. Foje li sukcesis konvinki la Brisbanan Turisman Oficejon eldoni poŝtkarton en E. Li mortis pro longdaŭra nervomalsano kaŭzita de militaj travivaĵoj en Francio, postlasante junan vidvinon.

Fonto: Telegraph (Brisbano).

CAINE, s-ro CHRIS

Multe laboris por E en OA, prelegis publike, skribis al tagĵurnaloj kaj partoprenis en klubaj aferoj. Sekretario dum 1916-1922. Multe vojaĝis.

Fonto: West Australian.

CALDERA, d-ro CYRUS JOHN
(n. 19 decembro 1886, Brussoleno (Torino), Italio – m. 9 aŭgusto 1984, Perto)

Esperantistiĝis en 1939, instigita de Isor Masel. Li revivigis la movadon en OA, fakte iĝis ĝia motoro. Sekretario de la perta E-klubo (1943-1944). Instruis dum 1970-1973. Verkis artikolon "Vivo en Aŭstralio" (1945) . En la estraro de AEA li estis sekretario (1946-1950), poste prezidanto (1950-1951). Multe laboris por organizi la unuan postmilitan E-kongreson en Aŭstralio (Melburno, 1950). Li forte strebis pri starigo de ekzamena komisiono de AEA kaj prezidis la komisionon de 1958 ĝis 1962. Sukcese trapasis la Klerecan Ekzamenon (1956).

Iom autokrata en iuj situacioj, li ĉiam abomenis koruptadon, precipe la politikan, kaj tute ne toleris malhonestecon en religioj kaj aliaj aspektoj de la vivo. Tim Einihovici diris, "Li edukis min kiel sperta majstro kaj fidela amiko". Laŭ onidiroj li estis instruisto senkompara, neortodoksa, sed tre inspira.

Lia vivstilo estis tre ekonomia kaj modesta kaj li ofte kuracis senpage.

Doktoriĝis ĉe la Universitato de Torino (1910). Kapitano en milit-sanitara servo en la Unua Mondmilito. Dufoje ricevis medalon pro kuraĝo. Ĉefa fakulo ĉe hospitalo en Verono (Italio) dum kvar jaroj. Profesoro en Universitato de Pavia (Italio), kie li organizis tre modernan klinikon. Pro faŝista reĝimo en Italio fuĝis al Perto (OA, 1926). Li ricevis multajn proponojn de katedroj en Norda kaj Suda Amerikoj, sed pro politikaj kialoj li malakceptis ilin. En la hospitalo en Fremantle (Perto), kie li starigis la unuan klinikon por la kuraco de orel-naz- kaj gorĝmalsanoj, li renkontis sian estontan edzinon Irene, flegistinon (ili geedziĝis en 1939).

Fontoj: Ray Ross: Esperanto en Aŭstralio. The Australian Esperantist.

CALDERA, s-ino IRENE

Aktivis en Perto (1945-1969). Subtenis sian edzon.

CALDWELL, s-ro JAMES

Zamenhof-Adresaro 1907.
Samaria (VK).

CALLAGHAN, s-ino NELLIE

Esperantistiĝis en 1969. Sektretariino, Brisbano 1974.

CALWELL, f-ino GLENNYS

Kasistino de la AEA-kongreso en Melburno (1958). Ŝi laboris ĉe loka radio-stacio 3DB kaj aranĝis intervjuojn pri E dum la kongreso.

CAMERON, s-ro ROBERT

Entuziasmis pri E en Bendigo (1908). Laboris ĉe la orkampoj.

CAMMUS, grafo LONGEVILLE, s-ro C. C.

Kasisto de la E-klubo de Goldfields en Kalgoorlie de ĝia starigo (junio 1907). Tiam aktuala lernolibro *The Whole of Esperanto* (La tuta Esperanto) estis vendata en la butiko de Cammus en Hannan-Strato, Kalgoorlie. Li estis horloĝfaristo kaj prizorgis la urban horloĝon. En 1910 post kiam foriris la du ĉefaj esperantistoj de Karlgoorlie: Skurrie kaj Lee, Cammus forlasis E-n kaj starigis nelongedaŭran New Esperanto-Society, fakte Ido-grupon. Li forlasis Kalgoorlie en 1911.

CAMPBELL, f-ino ALICE

Zamenhof-Adresaro 1907.

Interesiĝis pri E kiam ankoraŭ lernantino. Mortis verŝajne en 1924 kaj oni nomis ŝian financan postlasaĵon Fonduso Alice Campbell, kiu estis uzata por subteni eldonadon en Brajlo. Loĝis en domo Ottawa, Toorak (Melburno).

CARDALE, f-ino FLORA

En la grupo de Manlio (Sidnejo) ŝi instruis kaj komencantojn kaj altgradulojn (1969).

CARDY, f-ino CYNTHIA

Ŝi venis de Londono en 1948 kiel instruistino kaj laboris en Port Pirie (SA), kie ŝi strebis starigi E-grupon. Ŝajne ŝi baldaŭ reiris al Londono.

CARLYON, s-ro JOHN

Ekmarŝis tra la mondo por E en 1928, kiam li havis 25 jarojn.

CARMODY, s-ro JAMES
(m. 23 decembro 1906, KV)

De 1903 gvidis E-klasojn en Winton.

Dum dudek kvin jaroj instruis en la Eduka Fako de KV kiel alte estimata instruisto.

Fonto: Queensland Times.

CARRICK, f-ino ELIZABETH BARLOW
(m. 13 aprilo 1973, Brisbano)

Esperantistino ĝis la vivfino. Valore servis la E-movadon.

Sekretariino de la Brisbana E-Klubo (1926-1950), kaj ankaŭ bibliotekistino. Eldonis *Brisbana Bleko* (1928-1930). Organizis E-lecionojn en mez-lernejoj de norda kaj suda Brisbano.

Estrino de la telegraf-oficejo ĉe la Brisbana Ĉefpoŝtejo.

CARRICK, f-ino GERTRUDE

Aktivis en Brisbano (1927-1937). Ŝi vigligis la Zamenhof-festojn per kantado. Fratino de Elizabeth Carrick.

CARRUTHERS, s-ino RUTH

Fonda membro de la manlia E-grupo. Ĉiam amikema kaj gastama.

CARRYER, s-ro NORMAN

Esperantistiĝis en Nov-Zelando. Arde subtenis E-n en Hobarto de 1910 kun longaj leteroj al la tagĵurnaloj Mercury kaj Critic. Interpretisto por la registaro de TAS (1914-1918). Forte kaj lerte defendis E-n kontraŭ Ido, ĝis li mem iĝis idisto!

En sia junaĝo batalis en la Bura Milito en la Regimento de Norda Staffordo. Ludis klarineton. Prezidanto de la Sud-Tasmania Damluda Asocio. Arĥitekto en la Public Works Department (departemento por publikaj konstrulaboroj) de TAS.

Fonto: Mercury (Hobarto).

CASELEYR, s-ino DOREEN

Esperantistino en Britio kaj Belga Kongolando, kie ŝi multe korespondadis kun esperantistoj. Enmigris Aŭstralien (1950). Instruis E-n ĉe Yeppoon, KV (1973).

Fontoj: persona kono de Charles Stevenson. *The Australian Esperantist.*

CASEY, s-ro WILLIAM THOMAS
(m. 1 aŭgusto 1949)

Aktiva esperantisto ĝis la vivofino. Prezidanto de la Perta E-Socio (1920-1923).

CARSWELL, s-ino L.

Sekretariino de la E-klubo en Loncestono, Tasmanio (1975).

CECIL, s-ro R. L.

Multe propagandis E-n en Melburno, kvankam ne povis ĉeesti la klubajn aktivaĵojn.

CETTIRI, s-ro C.

Aktivis en Perto ĝis 1956. Ĉeestis la UK-n en Parizo (1952).

CHALDECOTT, s-ino MARGARET
(n. 23 junio 1926, Northbridge, Sidnejo – m. 25 marto 2019)

Ŝi lernis stenografion kaj tajpadon kaj utiligis siajn kapablojn en privata vendofirmao, en oficejo de brita militmilitaristaro, en kineja firmao, en flugkompanio Qantas. De 1953 dum naŭ jaroj ŝi laboris en Londono (Britio). Tie ŝi eklernis E-n. Post reveno al Aŭstralio (1954) ŝi aliĝis al la Sidneja E-Societo kaj al la E-Federacio de NSK, kie ŝi fariĝis sekretariino. Ŝi bonvenigadis la gastojn de la sidneja E-Domo, prizorgis la gastoĉambron, la korespondadon, la libroservon, la mastrumadon. Ŝi havis diversajn rolojn, foje kiel prezidantino, vicprezidantino, kasistino, redaktantino de la monata novaĵletero *Telopeo*. Ŝi ankaŭ instruis E-n (en

Hornsby kaj en Wesley School for Seniors (verŝajne ĉirkaŭ 1980).

Dum la jaroj de la Dua Mondmilito Margaret komencis triki por la soldatoj kaj instruis trikadon al aliaj virinoj. Ŝi estis oficirino de VAD (Volontula Asista Taĉmento de la Ruĝa Kruco).

Margaret estis delegitino kaj fakdelegitino pri trikado kaj adventismo por UEA (laste en 2012). En Belartaj Konkursoj de UEA ŝi ricevis laŭdan mencion por teatraĵo *La ĝemo de ĝemeloj* (1981).

Ŝi laboris en la estraro de AEA (2012 – 2016).

Ŝi partoprenis plurajn UK-jn (en Islando, Aŭstrio, Kubo, Norvegio, Ĉinio, Brazilo, Litovio).

CHAMBERLAIN, s-ro A.

De 1941 multe kontribuis al E en OA. Sekretario de la Perta E-Asocio (1941-1944).

CHANDLER, s-ro EDWIN WREFORD (RAY)
(n. 7 junio 1905, The Basin, VK – m. 9 novembro 1984, Sidnejo)

Plumnomo: Revanto.

Nur 12-jara aŭtodidakte lernis E-n, sed ne kuraĝis aliĝi al klubo, ĝis li estis 21-jarulo. En 1936 edziĝis al samideanino May Merrick. Ilia geedziĝa ceremonio estis tute en E. Li estis pastro de Churches of Christ. Li eksiĝis el la pastreco kaj post jaroj da serĉado li aniĝis en la Komunisma Partio de Aŭstralio.

Elstara ano de la aŭstralia E-movado. Parolis pri E radie kaj en multaj Rotariaj kluboj. Prezidanto (1941 kaj 1947) kaj vicprezidanto (1958) en Sidnejo. Prezidanto de la Ornitologia Rondo E-lingva pri naturscienco, ĉefe de birdoj (1974-1981). Verkis E-biologian nomenklaturon pri aŭstraliaj birdoj. Redaktis Klerigo por la E-Federacio de NSK, en 1970 ŝanĝis ĝian nomon al Telopeo.

"Kredeble, E estas iom neperfekta, eĉ malperfekta. Tamen, se ni – en maleleganta angla esprimo – "bugger about" kun la lingvo, ĝi baldaŭ pereos en miloj da dialektoj, kaj neniu komprenos alian aŭ konversacie aŭ skribe" (1981).

Organizis ekspozicion de infanaj artverkoj el la tuta mondo en la sidneja urbodomo (1951). Tuta klasĉambro ĉe la lernejo Waterloo dediĉiĝis al korespondado kun alilandaj lernantoj kaj interŝanĝis poŝtmarkojn, poŝtkartojn, ludilojn kaj fotojn (1947). Estas pluraj rakontoj pri tio, kiel Chandler kapablis kompreni la sonojn de birdoj. Li povis distingi inter la lokaj dialektoj de pigoj.

Verkis kurson de naturscienco por la koresponda lernejo (por tiuj, kiuj loĝis en foraj lokoj kaj ne povis frekventi regulajn lernejojn). Prezidanto de Epileptic Welfare Association (asocio por helpi epilepsiulojn).

Fontoj: Persona kono de Charles Stevenson. *The Australian Esperantist.* Pluraj tagĵurnaloj.

CHANDLER, f-ino E.

Kasistino (Perto, 1945-1947). Estraranino (1951-1952).

CHAPPEL, s-ro G. H.

Aktivis unue en Sidnejo kaj poste en Perto. Partoprenis plurajn E-kongresojn en Aŭstralio. Recitis E-poemon ĉe la publika kunveno en Sidnejo por kolonelo Pullen, (aprilo 1910).

CHATTERTON, s-ro GORDON

Sekretario de la hobarta E-grupo (1944-1956).

CHERRETT, f-ino FREDA

Lernis E-n en Stott's Business College (komerca instituto Stott) en Perto. Poste ŝi mem instruis tie E-n. Sekretariino de la E-grupo en Perto (1923-1927).

CHILDS-MEE, s-ino AUDREY
(n. 1920 - m. 16 majo 1990, Kibworth, Leicester, Anglio)

Brita esperantistino (de 1962). Talenta lingvoinstruistino. Laboris en la Centra Oficejo de UEA en Roterdamo (Nederlando). En 1979 vizitis Aŭstralion kiel gasto de AEA por propagandi E-n, kaj samtempe konigi al aŭstraliaj grupoj la rektametodan instruadon (la Cseh-metodon). Vigle parolis pri E en la tuta Aŭstralio per televido, radio kaj gazetaro. Tradukis esperanten *The Magic Pudding* (La Magia Pudingo) de aŭstraliano Norman Lindsay kaj la aŭstralian nacian himnon.

Fontoj: The Australian Esperantist. Vikipedio.

CHILDS, s-ro R. B.

Forte propagandis E-n en novsudkimriaj laboristaj ĵurnaloj (1925). Sindikatano.

CHISHOLM, f-ino JEAN
(m. 6 oktobro 1929)

Dum pluraj jaroj anino de la Melburna E-Klubo.

CLARK, majoro CHARLES LEIGH
(m. 25 septembro 1936)

Partoprenis la duan Aŭstralian E-Kongreson en Melburno (oktobro 1912). Prezidanto de la Melburna E-Grupo (1925). Prezidanto de E-Asocio de Kanbero (de 1929).

Laboris en la Commonwealth Public Service (federacia ŝtatservo), Works Department (departemento de konstrulaboroj de la federacia registaro). Aktivis en la Arta Societo de Kanbero.

CLARKE, s-ro GEORGE

(n. Orroroo, SA – m. 16 januaro 1984)

En 1976 transloĝiĝis el Orroroo al Adelajdo, kie li dum multaj jaroj instruis komencantojn. Prezidanto de la adelajda E-grupo (1979-1985). Prezidanto de la 23-a Aŭstralia E-Kongreso (2-9 januaro 1982) ĉe Lincoln-Kolegio, Norda Adelajdo, kiam 141 gesamideanoj ĉeestis. Li estis farmaciisto. Ofte parolis pri la historio kaj utilo de E en radio-elsendoj. Prelegis ĉe Rotario en Peterbotough (1973).

CLARKE, s-ino VERONICA

Kasistino kaj sekretariino de la Brisbana E-Klubo 1959-1970. Prezidantino de la E-klubo en Redcliffe (1970).

CLARKE, s-ro J. R.

Prelegis publike pri E en Bendigo (aŭgusto 1907). Min-termezuristo dungita de la ŝtato.

CLEMES, s-ro SAMUEL

Esperantistiĝis surŝipe, instruite de Cedric White. Deziris starigi E-grupon en Hobarto (novembro 1911).

CLEMINSON, s-ino BETTY

(n. Norfolk Broads, Anglio)

Ŝia patro estis oficiale sendita por labori en Aŭstralio.

Esperantistiĝis laŭ instruado de Marjorie Duncan. Fonda membro de la E-grupo de Manlio kaj dum multaj jaroj ĝia sekretariino, instruistino kaj prezidantino. Uzis E-n por vojaĝi, precipe al Tajlando, kie ŝi lernis la ĉinan pentroarton. Organizis vojaĝojn al Tajlando. Transskribis anglajn tekstojn en brajlon.

COBB, s-ro F. E. T.

Zamenhof-Adresaro 1906.

Li estis unu el la samideanoj, kiuj subtenis la starigon de E-klubo en Melburno en 1905. Kiel fonda membro de la klubo, li estis vic-prezidanto (1907). Li estis inĝeniero pri konstruado: de 1900, dum 20 jaroj, la asista, kaj por aliaj 20 jaroj, ĉefinĝeniero de Public Health Department (publika sanitara departemento) de VK.

Fontoj: Protokoloj de la melburna E-klubo. *Argus* (Melburno).

COBBE, f-ino JOAN WILMETT SCHIELDS

Zamenhof-Adresaro 1907.

Muzikistino el Sofala, NSK.

COBBIN, s-ro J. L.
(m. Kaburbo, Sudafriko, 1897)

Esperantistiĝis en 1889 aŭ frue en 1890.

La unua esperantisto de Sidnejo. "Esperanto estas unu el la plej gravaj elpensaĵoj de la jarcento kaj mi intencas popularigi ĝin en ĉi tiu kolonio," li skribis ŝajne al Zamenhof; sed mankas indiko, ke lia entuziasmo daŭris. Ie li skribis ankaŭ, ke li "jam lernis la lingvon, sen studi ĝin." Stenografo, ĵurnalisto kaj arĥitekto. Redaktis la *Shorthand Magazine* (NSK). Verkis *The People's Shorthand* (1880).

Fontoj: Sydney Morning Herald. British Esperantist. The Australian Esperantist.

COCK, s-ro CHARLES

Zamenhof-Adresaro 1905.

Fak-administristo por la melburna tagĵurnalo *Age*.

COCKING, s-ro ARTHUR JAMES
(n. Mayfield, NSK - m. 1 novembro 1989, Manlio, NSK)

Esperantistiĝis en Manlio (1969) kaj baldaŭ instruis klasojn. Vigla membro kaj estrarano de la klubo. Ĉiumonate estris E-studgrupon pri la Sankta Biblio. Verkis serion en *The Australian Esperantist* "Kiu estas kiu".

Instruisto ĉe pluraj kamparaj lernejoj, fine lernejestro de mezgrada lernejo en Mosman. Dum li studis ĉe la universitato, li estis muzikisto en la militista muzikistaro de Petersham. Aliĝis al la baptista eklezio.

Fine estro de vespera lernejo.

Fonto: The Australian Esperantist.

COHEN, s-ro ALFRED ROY
(n. 1 julio 1897, Fitzroy, Melburno – m. 16 junio 1977, Tweed Heads, NSK)

Esperantistiĝis 18-jara en 1915. Vic-prezidanto de la melburna E-grupo (1922). Kasisto kaj sekretario (1918-1919). Prezidanto de AEA (1923). Ĉeestis la trian Aŭstralian E-Kongreson (Sidnejo, Pasko, 1920). Aŭstralia agento por vitaminoj kaj dentistaj bezonaĵoj. Vaste korespondis en E.

COHEN, s-ro HENRY W.
(m. 85-jara, 26 aŭgusto 1962)

Esperantistiĝis en la aĝo de 70 jaroj. Patro de Herbert Marshall Cohen.

COHEN, s-ro HERBERT MARSHALL (MARSH)
(n. 19 novembro 1902 – m. 15 septembro 1984, Fairfield, Melburno)

Esperantistiĝis 17-jara, kiam lia kuzo Ray Cohen estis sekretario.

Kasisto de la Melburna E-Klubo (1921-1939), sekretario-kasisto (1939-1959). Faris grandan kontribuon al la movado.

COLLIER, s-ro NORMAN A.

(n. 1895, Surrey, Anglio – m. 11 majo 1985, KV)

Aliĝis al E- klubo de la cirko Ludgate ("circus" signifas tie vojkruciĝo) en Londono 1912. Fervora esperantisto dum 73 jaroj. Legis multajn eksterlandajn revuojn.

Esperantistiĝis en 1912. Migris Aŭstralien en 1920. Laboris en Gippsland (VK), kie li edziĝis. Poste laboris en Chinchilla (1930), Buderim kaj Bowen (KV). Multe uzis E-n por korespondado kaj vojaĝado.

COLLINGRIDGE (DE TOURCEY), d-ro GEORGE ALPHONSE

(n. 29 oktobro 1847, Goddington Manor, graflando Oksfordo, Anglio - m. 1 junio 1931, Sidnejo)

Zamenhof-Adresaro 1908.

Nelacigebla kaj entuziasma esperantisto. Starigis la E-klubon en Gosford (1908). (Unu el tiuj, kiujn oni nomis "la unua klubo en Aŭstralio" en tempoj, kiam oni ne facile povis ricevi novaĵojn de aliaj lokoj). Verkis, ilustris kaj eldonis *La Aŭstralia Verda Stelo*. Laŭ Bill Chapman: *La Aŭstralia Verda Stelo*, tre malofta kaj kurioza dokumento, manskribita kaj stencile multobligita periodaĵo en la angla kaj E, kun multaj desegnaĵoj kaj kun listo de la membroj de la E-klubo de Gosford.

Partoprenis la unuan Aŭstralian E-Kongreson en Adelajdo (1911). Verkis multajn artikolojn por pluraj ĵurnaloj, speciale por *Sydney Morning Herald*.

Kune kun sia frato fondis Royal Art Society of NSW (Reĝan Artan Societon de NSK). Instruis ĉe Sydney Technical College (Sidneja Teknika Kolegio) kaj kiel ligno-gravuristo laboris por *Illustrated Sydney News*, *Australian Town and Country Journal* (periodaĵo pri aŭstraliaj urboj kaj kamparo) kaj la *Sydney Mail*. Pli frue, en Londono, li laboris por *Graphic and the Illustrated London News*. Pentris pejzaĝojn. Liaj plej gravaj verkoj estas *Discovery of Australia* (malkovro de Aŭstralio, 1895), kaj *First Discovery of Australia and New Guinea* (Unua malkovro de Aŭstralio kaj Nova Gvineo, 1906). Parolis sep lingvojn. Soldatis en la Garibalda armeo dum la italaj militoj de 1867. Ricevis kavaliran honoron de Portugalio kaj Hispanio.

Elstara kaj energia homo, kun multaj interesoj, inter ili E.

Fontoj: Sydney Morning Herald. Sydney Sun. Gosford Times. Dictionary of Australian Biography. The Library of New South Wales. Vikipedio. Bill Chapman.

COOPER, s-ro GEORGE

Aktiva esperantisto en Hobarto. Estis sekretario kaj kasisto. Edziĝis al Hilda C. Locke, esperantistino.

COOPER, s-ino HILDA CONSTANCE, naskita LOCKE
(m. septembro 1990, Hobarto)

Aktiva kaj kompetenta esperantistino. Sekretariino de la E-klubo de Hobarto (1964-1966).

Instruistino de hejmaj sciencoj en duagradaj lernejoj de TAS. Edzino de George Cooper (de 1947).

CORLETTE, d-ro CYRIL ERNEST
(n. 1868 – m. 1960)

Zamenhof-Adresaro 1906.

Vic-prezidanto de la Sidneja E-Klubo ekde ĝia starigo en novembro 1908. Unu el la du unuaj kuracistoj de la Universitato de Sidnejo (1895). City Health Officer (sanitara oficisto de la urbo). Pioniro en la uzo de neĝenerala anestezo. Unu el la fondintoj de la Royal Australasian College of Surgeons (Reĝa Aŭstral-Azia Kolegio de Ĥirurgoj).

Fontoj: Founders of the Royal Australasian College of Surgeons. Maitland Daily Mercury.

CORRIGAN, f-ino I.

Vic-prezidantino de la E-klubo de Sidnejo (1923).

COTTON, d-ro LEO ARTHUR, D.Sc. (doktoro de sciencoj)
(n. 11 novembro 1883, Nymagee, NSK – m. 12 julio 1963, Newport, NSK)

Zamenhof-Adresaro 1906.

Profesoro pri geologio ĉe la Universitato de NSK. Membro de Shackleton-ekspedicio al Antarktiko (1907).

Fonto: Australian Dictionary of Biography.

COUCHE, s-ino M. IVY (VEE)

Esperantistiĝis en 1937.

Entuziasma esperantistino. En 1937 ŝi vojaĝis al Germanio kun nederlandaj esperantistoj kaj forte kritikis hitlerismon.

En Adelajdo prezidantino de Asocio de Dommastrinoj. Membro de WCTU - Womens' Christian Temperance Union (Kristana Virina Abstinada Asocio), ALP (Aŭstralia Laborista Partio), Women's Non-Party Association (Asocio de Senpartiaj Virinoj), kaj la metodista eklezio. Redaktis paĝon en la *Workers' Weekly Herald* (Semajna Heroldo de Laboristoj) pri virinoj.

En 1939 ŝi transloĝiĝis al Hobarto, kie ŝi multe laboris por la Hobarta E-Associo.

Prezidantino de la hobarta WCTU, aktivis en la Auxiliary Institute for the Blind (asocio por helpi blindulojn) kaj en aliaj grupoj, precipe en la Marriage Guidance Council (asocio por konsili geedzojn).

COUCHE, majoro JACK

Esperantistiĝis en 1937 en Adelajdo kaj entuziasmis pri E.

En 1939 transloĝiĝis al Hobarto, kie li estris E-klason por junuloj ĉe WEA (Eduka Asocio por Laboristoj).

Prezidanto en Hobarto (1944-1952), membro de la komitato de AEA (1941).

COURTENAY, s-ino IRENE, naskita FINK

Vidu Fink.

COVERDALE, f-ino JULIA HELEN
(m. 44-jara, 26 oktobro 1930, Glenorchy, TAS)

Membro de la Hobarta E-Klubo ekde ĝia starigo en oktobro 1906.

COWLING, pastro CEDRIC C.

Sukcese trapasis la klerecan ekzamenon. Vigla kaj tre fervora esperantisto.

En 1928 trovis libron pri la E-gramatiko kaj la saman posttagmezon parolis esperante kun vizitanto el Devonport. En 1933 verkis plurajn longajn artikolojn pri E en *Burnie Advocate*. En 1935 eldonis en E *Pri la Iamaj Tasmanianoj*, kiu eldoniĝis ankaŭ en la rusa lingvo. Longe "batalis por la starigo de nacia asocio ... kaj fine venkis pri tio en majo 1939" (Ray Ross: *Esperanto en Aŭstralio* (1905-1985). Prezidanto de la E-grupo en Hobarto (1938). Prezidanto de AEA (1939-1941).

Pastro de la anglikana eklezio en TAS kaj VK (Ballarat-distrikto, 1958-1963, St. Mary's Church, Caulfield, Melburno 1963-1978).

COWLING, s-ino NANCY, naskita LAWSON
(m. junio 1999)

Sekretariino de la hobarta E-grupo (1934-1940) kaj sekretariino de AEA (1939-1941). Edziniĝis al pastro Cedric C. Cowling (aŭgusto 1940), kiam li estis pastro de la anglikana eklezio sur insulo King en markolo Bass. Bone subtenis sian edzon kaj en la E-movado kaj en la eklezio, kelkfoje kiel orgenistino. En la 1940-aj jaroj ŝi estis Commissioner of Girl Guides (komisionestrino por skoltinoj) en norda TAS.

COX, f-ino VIRGINIA

Aktivis en Melburno dum pli ol 45 jaroj. Partoprenis en la 5-a kongreso de AEA en Melburno (1925). Dum 14 jaroj prizorgis ekspedadon de la *The Australian Esperantist*.

CRABBE, f-ino MINNIE

Esperantistiĝis en sia junaĝo kaj subtenis sian onklinon, May D. Harrison, kiu ankaŭ estis esperantistino. Dum 37 jaroj ŝi estis la sekretariino kaj bibliotekistino de la Brajla Instituto.

Fontoj: Argus (Melburno). Protokoloj de la Melburna E-Klubo.

CRAGO, s-ro E.

Zamenhof-Adresaro 1908.
Mulwala (NSK).

CRAIGIE, s-ro H. W.

Tre aktivis en Rokhamptono dum 1961-1962. Fondis la E-grupon de Rokhamptono (1961) kaj samtempe, post 50-jara laboro, eksiĝis el publika servo.

CRAWFORD, s-ro E. J. B.

Fonda membro de la Melburna E-Klubo en 1905.

CROSS, f-ino H. E.

Zamenhof-Adresaro 1906. El Beechworth (VK), kie ŝi loĝis dum multaj jaroj. Kantistino.

CRUICKSHANK, f-ino MERLE

Aktivis dum la 1920-aj jaroj en Melburno. Ŝia granda kontribuo al la E-movado estas ke ŝi instruis Ken Linton.

CURRLE, s-ro H.

Fonda membro de la Sidneja E-Klubo (oktobro 1909).

CUVET, s-ro C. B.

Aktivis en Brisbano (1933-1948). Renkontis sian ontan edzinon pere de E. Inĝeniero-muntisto.

CUVET, s-ino MARIE A.
(n. ĉirkaŭ 1922)

Blindulino. Edziniĝis al esperantisto, kiun ŝi renkontis pere de alia blindulino. Organizis por la blinduloj sistemon por telefoni deĵorantan kuraciston je semajnfino.

DACOMB, f-ino BEATRICE ELIZA
(n. 22 novembro 1863 Portland (VK) - m. 12 februaro 1947, South Yarra, Melburno, VK)

Zamenhof-Adresaro 1907.

Vigla esperantistino, kasistino de la Melburna E-Klubo. Kune kun sia fratino starigis en Melburno lernejon de stenografio, tajpado kaj librotenado nur por virinoj (1916). De 1935 ĉi tiu iĝis Dacomb College en South Yarra. Frue instruis E-n en sia lernejo laŭ la brita sistemo. Kune kun sia fratino ŝi inventis la stenografian metodon Dacomb.

Fonto: Argus (Melburno).

DACOMB, s-ino M. T.

Zamenhof-Adresaro 1907.

Patrino de f-ino B. E. Dacomb.

DAKIN, s-ro A. H.

Sekretario de E-grupo en Sidnejo (de majo 1907).

Sternografia instruisto en Sidnejo. Instruisto (1892) sur la ŝipo-pundomo por knaboj Sobraon, ankrita ĉe insulo Cockatoo en la sidneja haveno. Poste instruisto en Glen Innes (NSK), fine instruisto de stenografio en Sidnejo.

Fonto: Sydney Mail. Glen Innes Examiner.

DAVIDSON, s-ro JIM

Instruis lernantojn en la E-klubo en Brisbano (1961).

DAVIES, s-ro D.
(n. Kimrio)

Membro de la Zamenhof-Ligo. Prezidanto kaj instruisto de la okcident-aŭstralia klubo La Nigra Cigno (1911). Kiam li transloĝiĝis al la kamparo (1912), la klubanoj, kie li instruis, donacis al li cignan fontplumon. Li ĉeestis la UK-n en Antverpeno (1911). Ofte parolis publike pri E.

Fonto: West Australian (Perto).

DAVIES, s-ro HAROLD

Kasisto de la Sidneja E-Klubo (1927-1932).

DAVIES, f-ino DESLEY

Sektetariino de la E-klubo en Rokhamptono (1969-1972).

DAVIS, pastro D.

Instruis E-n ĉe Minlaton (duoninsulo Yorke, SA, 1912). Baptisto. Partoprenis AEA-kongresojn (1912, 1913).

DAVIS, f-ino

Membro de la E-grupo en Glenelg (Adelajdo). Verkis teatraĵon (1913).

DAWES, s-ino HILDA, poste BANHAM

Edziniĝis al Frank B. Banham (28 februaro 1931).

DEAN, s-ro CHRISTOPHER JAMES WILLIAM (CHRIS)
(n. Londono - m. 19 julio 2002, Perto)

Esperantistiĝis knabaĝe en Londono pere de E-klaso. Prezidanto de la klubo en Perto (1961-1962, 1965-1966 kaj 1968-1969). Sekretario (1978-1985).

Migris al OA el Anglio (1948). Ĝardenisto. Ŝoforo de traktoroj kaj buldozoj. Metodista laika predikanto.

DELANEY, s-ro G.

Membro de la E-grupo en Northcote, Melburno (1922-1925).

DEUTSCHER, s-ro ARTHUR

Instruis la klason por progresintoj ĉe la brisbana E-klubo (1971-1973).
Instruisto de lingvoj ĉe brisbana privata mezlernejo.

DEWSNAP, s-ro H. W.

Esperantistiĝis en 1917. Vigla ano de la melburna klubo ĝis sia edziĝo en la 1920-aj jaroj.

DIMO, s-ro JIM
(n. Serbio, Jugoslavio – m. 1996 Kvinslando)

Kiel infano parolis ses lingvojn. Dekkvarjara laboris en kafejo nokte, kaj studis tage. Krome estis magiisto en cirko. Gajnis plurajn premiojn per siaj pentraĵoj. Partizano en jugoslaviaj montaroj dum la Dua Mondmilito ĝis kaptiĝo. Tiam devige laboris en germana karbominejo dekses horojn tage. Migris Aŭstralion (1949), kie dum siaj unuaj ok jaroj en Ballarat estris la Konservatorion de Moderna Muziko de Jim Dimo.

Tie li iomete fanfaronis pri sia ĝistiama vivo en Eŭropo. En 1964 partoprenis kiel juĝisto de ĵazo en la novjorka mondfoiro. Asertis, ke li parolis en centkvindek E-kluboj dum mondvojaĝo, kaj parolis pli ol kvincent fojojn al membroj de Rotario, Amikoj de la Tero, Amnestio Internacia, skoltoj kaj nudistoj. Dufoje kandidatiĝis por la Aŭstralia Demokratia Partio. Koratako en 1978 kaŭzis lian malpliaktiviĝon. Estis tro individualisma por partopreni en E-estraro. Edzino: Jennifer.

Fontoj: Camperdown Chronicle, Argus (Melburno). *The Australian Esperantist.* Persona scio.

DOBSON, s-ino EMILY, naskita LEMPRIERE
(n. 1843, punejo Port Arthur, Tasmanio - m. 91-jara, 5 junio 1934)

Ŝia patro laboris kiel oficisto en Port Arthur. Ŝi neniam aktivis en E, sed volonte donis monon por la movado. Helpis unuigi la E-grupon de Sandy Bay kun la hobarta grupo en 1909; la du grupoj ne konis unu la alian. Forte rekomendis E-n al la Nacia Konsilio de Virinoj, kies prezidantino ŝi estis dum multaj jaroj.

Ege aktiva en komunumaj aferoj, fondis la Instituton por Blinduloj, la Lycium- klubon, la Alliance Française, ktp. Ŝia edzo estis iam la ĉefministro de TAS.

Fontoj: La Suda Kruco. Mercury (Hobarto).

DORNBUSCH, s-ro CONRAD COBDEN
(m. 17 junio 1949, Warwick, KV)

Vigla esperantisto. Starigis E-grupon en Warwick, KV (1910). Tradukis plurajn skribaĵojn el la hungara literaturo: rimarkinda estas B*atalo de Marathon*, verkita en 1770. Conrad Dornbusch gajnis la unuan premion por sia esperanta tezo en 1911. Li verkis en E multajn rakontojn pri la aŭstralia vivo, publikigitajn en diversaj E-revuoj.

Li estis arĥitekto.

Fontoj: Warwick Examiner. Courier (Brisbano). *The Australian Esperantist.*

DOUGAN, s-ino E.

Grupestrino de la E-klubo en Corrigin, OA (1945-1950).

DOUGLAS, s-ro A.
(m. Melburno, 1923)

Unu el la plej unuaj esperantistoj de Melburno. Laboris senlace por E, plej aktive dum 1915-1922. Fine ne povis ĉeesti la E-kunvenojn pro malbona sanstato.

DOUGLAS, s-ro A.

Prezidanto de la hobarta E-klubo (1943). Ankoraŭ aktivis en 1963.

Funkciulo en la tasmania fako de ŝipkomercado.

DOUGLAS, s-ino ALICE
(m. 1967)

Esperantistiĝis en 1937. Prezidantino de la E-grupo en Hobarto (1939-1943, 1953-1956 kaj 1962-1963), ĝia sekretariino (1937-1938 kaj 1961). "Ŝi pioniris la diskutojn post la propono de Joab Eljot por restarigi la nacian asocion". Kiam E enkondukiĝis en la studprogramon de tasmaniaj lernejoj, ŝi estis la unua oficiala ekzamenistino.

Aktivis en la Ruĝa Kruco.

Fonto: Ray Ross - *Esperanto en Aŭstralio* (1905-1985).

DOWNING, d-ro G.E.C.

Prezidanto de la Adelajda E-Societo (1952).

Li estis estrarano de la Adelajda Societo de Nova Penso.

DRAKE, s-ro STAN
(m. 10 marto 1968)

Prezidanto de la klubo en Sidnejo (1961), poste kasisto (1964-1967). Multe klopodis por la E-kongreso en Sidnejo (1962).

DROOP, s-ro F. L.

Sekretario de la E-grupo en Adelajdo (1933).

Laboris por kompanio Geo Wills & Co. Kritikisto, teatra aktoro.

DRUMMOND, s-ro WILLIAM JAMES
(m. preskaŭ 83-jara, 10 decembro 1964, Melburno)

Esperantistiĝis en januaro 1907. Frua kaj vigla membro de la Melburna E-Klubo. Kelkfoje prezidanto de la melburna grupo (de 1910 ĝis 1941). Fonda membro de la Melburna Komerca Klubo (1911). Sekretario kaj kasisto en Melburno (1915).

"Fidela sekvanto de Ludoviko Zamenhof. Li estis unu el la plej fidelaj laborantoj por la Esperanto-movado ... Li neniam perdis la esperon ke, finfine, paco ja regos, kaj al tiu celo li dediĉis la vivon. ... Li estis sperta, gaja, aminda samideano kaj li ĉiam restos en la memoroj" (Roy Rawson en nekrologo *The Australian Esperantist*, januaro-februaro 1965).

Sian hejmon nomis Esperanto Hall. Sekretario de la dua Aŭstralia E-Kongreso (1912). Ĉeestis la unuan Aŭstralian E-Kongreson (Adelajdo, oktobro 1911). Partoprenis plurajn internaciajn kongresojn. Multe propagandis pri E, ekzemple per artikoloj en la tagaj ĵurnaloj *Esperanto Aid to World Unity* (*Age*, Melburno 30 decembro 1949). Ano de la Aŭstralia Eklezio. Parolis pri E ĉe anglalingva radio-stacio 3LO (1926).

Fontoj: La Suda Kruco. The Australian Esperantist. Age. Argus (Melburno).

DRUMMOND, s-ino

Esperantistiĝis en 1915. Forte subtenis sian edzon, William Drummond.

Prezidantino de la Virina Internacia Ligo por Paco kaj Libereco dum la 1930-aj jaroj. De tempo al tempo prelegis ĉe la Aŭstralia Eklezio.

DUGDALE, f-ino DOROTHY

Entuziasmis pri E. Starigis lernoklason de E en Belair, Adelajdo, SA (1948). Instruistino ĉe la Ŝtata Eduka Fako. Interesigis pri E Grace Barlow. Bahaanino.

Fonto: Advertiser (Adelajdo).

DUNBAR, s-ro W.G.

Aktivis en la E-klubo de Rokhamptono (1963-1972).

DUNCAN, s-ro MARJORIE
(n. 18 marto 1912, Coventry, Anglio – m. 13 januaro 1988, Manlio)

Esperantistiĝis en 1947, rapide progresis kaj fondis kaj reaktivigis grupojn en suda Anglio.

Revenis al Aŭstralio (1959) kaj inaŭguris klasojn en Manlio. Fondis la E-klubon de Manlio (1961) kaj prezidis ĝin dum dek jaroj. Oni diris, ke ŝi estis nelacigebla organizantino. Aktivis ankaŭ en aliaj kluboj kaj kongresoj.

Instruistino en Anglio. Venis al Aŭstralio kiel interŝanĝa instruistino (1938). La militdeklaro malebligis ŝian revenon al Anglio, do ŝi membriĝis en la Nacia Defenda Ligo de la Aŭstralia Virina Armeo. Organizis E-somerlernejon (1987).

Fonto: The Australian Esperantist.

DUNLEVY, s-ro F.

Penis starigi E-grupon en Broken Hill (1923). Aktivis izolita, ne membris en E-grupo. Prelegis al la E-grupo en Sidnejo (1925) pri "Vivado okcidente de l'Darling Rivero".

EBERBACH, s-ro EUGENE FREDERICK
(n. en 1886, Sidnejo)

Fonda membro de la E-klubo en Melburno (1906). Ŝajne li dediĉis sin al E nur dum sia junaĝo, sed li estis fonda esperantisto (kaj oni ne povas trovi informojn pri multaj el la unuaj e-istoj).

Provinca inĝeniero en Swan Hill, asista urba inĝeniero en Adelajdo dum naŭ jaroj. Termezuristo kaj inĝeniero en Norwood kaj Kensington (SA). Havis gravan aŭto-akcidenton (1939). Sekretario en Walkool (VK).

Fontoj: Shepparton Advertiser. Riverine Grazier. Advertiser (Adelajdo). Protokoloj de la Melburna Esperanto-Klubo.

EDMANSON, s-ro WILLIAM LEAK
(n. 19 majo 1860 Tarrawingee, (nord-orienta VK) – m. 5 aprilo 1942 Velingtono, Nov-Zelando)

Li lernis E-n en 1909 "el libro ĉe la fajrejo iun vintron, sen instruisto aŭ alia helpo" - (Ora Ĉenero [pseŭdonimo] en *The Advertiser* [Adelajdo] 15 marto 1913). Li aliĝis al la Melburna E-Klubo en 1909 kaj starigis la Melburnan Komercan Klubon en 1911. Li ĉeestis la unuan Aŭstralian E-Kongreson en Adelajdo (1911).

En 1905 Edmanson estis la unua estro de la Metropolitan Business College (komerca altlernejo) en Melburno. La tiamaj komercistoj kredis, ke E estos grava por internacia komunikado. Li verkis longan artikolo en *The Age* kaj *The Argus* (26 februaro 1910), kiam li jam estis sekretario de la Melburna E-Klubo. Samtempe li gvidis delegacion al la Ministro por Edukado en VK dum la vizito de kolonelo Pullen, prezidanto de la Brita E-Asocio.

En 1911 Edmanson deziris ŝanĝi la kunvenan tagon al ĵaŭdo anstataŭ vendredo. Ĉar la klubanoj ne deziris ŝanĝi la tagon, Edmanson starigis novan klubon – la Komercan Klubon. Plue, Edmanson, kune kun sia frato, estis parcelmakleristo, kaj akiris grandan salonon apud la ĉefa poŝtejo (142 Elizabeth-Strato), nomita Esperanto Hall. Antaŭ la konstruaĵo estis surpavime enĉizita verda stelo. Esperanto Hall estis uzata de ambaŭ E-grupoj, multaj, ankaŭ neesperantistaj grupoj, kaj la dua Aŭstralia E-Kongreso okazis tie. En aprilo aŭ majo 1914 Esperanto Hall fermiĝis, verŝajne ĉar Edmanson migris al Velingtono, Nov-Zelando (en 1913, post sia vojaĝo al Eŭropo). Tie en 1915 li starigis novan Esperanto Hall. Edmanson aktivis en Nov-Zelando sed neniam tiel arde kiel en Melburno.

Al kiu apartenas Esperanto Hall? Nenio aperis pri tio en la protokoloj de la Melburna E-Klubo kaj ne plu ekzistas la protokoloj de la Komerca Klubo. Do, ĉar Edmanson estis parcelmakleristo, kaj ĉar Esperanto Hall malaperis, kiam li transloĝiĝis al Nov-Zelando, kie li starigis la novan Esperanto Hall, oni povas konkludi, ke Edmanson estis la posedanto de la melburna Esperanto Hall.

Alia demando estas, ĉu Edmanson kreis skismon, kiam li starigis la Komercan Klubon? Ŝajnas ke ne, ĉar ĝiaj estraranoj estis membroj ankaŭ de la Melburna E-Klubo, kaj ankaŭ de aliaj kluboj en diversaj antaŭurboj de Melburno.

Fontoj: Protokoloj de Melburna Esperanto-Klubo. *Argus. Age. Herald* (Melburno). *Advertiser* (Adelajdo). *Ovens and Murray Advertiser* (Beechworth).

EGLINTON, s-ro DUDLEY
(n. 1851 Durham, Anglio – m. 10 junio 1937, Brisbano)

Kasisto de la Brisbana E-Klubo (de februaro 1906).

Migris al KV en 1870 per ŝipo Storm King. Fondinto de la teknika edukado en KV. Lia granda hobio estis astronomio.

Fonto: *Telegraph* (Brisbano).

EINIHOVICI, d-ro AVRUM (TIM)
(n. 6 marto 1895, Balti, Besarabio, Rusio - m. 7 marto 1988, Floreat, Perto)

Ricevis tradician judan edukon. Dum la revoluciaj jaroj de Rusio, d-ro Tim (kiel oni nomis lin) fuĝis unue al Rumanio kaj poste al Italio, kie li daŭrigis siajn medicinajn studojn en la fama Universitato de Pavia. D-ro Caldera, tiea profesoro, multe helpis lin kaj fariĝis lia vera amiko kaj mentoro. Einihovici edziĝis en 1934. Iĝis orel-, naz- kaj gorĝ-kirurgo en Milano (ĝis 1939, kiam minacis milito). Mussolini kaj la faŝistaj nigraĉemizuloj malpermesis al li labori. Do, li sekvis d-ron Caldera al Perto, OA. Kiam eksplodis la Dua Mondmilito, Caldera konsilis Tim forlasi Perton kaj li transloĝiĝis al kampara vilaĝo Corrigan. "Caldera ankaŭ devigis ke mi organizu klubon en Corrigan, malgraŭ la fakto, ke mi tute ne sciis la lingvon, sed mi konvinkiĝis, ke la plej bona metodo por ellerni la lingvon estas la instruado al aliaj". En Corrigan li estis kuracisto, lernis la anglan lingvon, kaj gvidis malgrandan esperantan stud-rondon. En 1946 li establiĝis en Perto kiel orel-, naz- kaj gorĝ- kirurgo kaj aktivis en E-aferoj.

Prezidanto en Perto (1974-1975). Prelegis multe ĉe la Perta E-Ligo kaj E-kongresoj en Aŭstralio kaj ĉe UK-j pri pensigaj temoj. Verkis longan artikolon pri sia mondvojaĝo *Raporto pri Neordinaraj Vizitoj* (1976). Sukcesis kune kun sia edzino nomigi straton en Balga *Esperanto Way* (1983).

Unu el liaj diraĵoj al ĉiu estis "estu propra kuracisto". Ruth McGrath skribis pri li: "... tio kio elstaris estis lia milda bonkoreco, sed li ankaŭ povis esti firma, kiam tio bezoniĝis. Homo idealema li estis, ankaŭ praktike helpema kaj havis subtilan humursenton."

Ankaŭ framasono, membro de la Dante Alighieri-Societo, Rostrum kaj de liberpensaj eklezioj. Estis talenta aktoro kaj produktis multajn E-teatraĵojn.

Fontoj: *Dictionary of Australian Biography. The West Australian. The Australian Esperantist. Nigra Cigno.*

EINIHOVICI, s-ino IDYSS, naskita KLEYMAN

(n. Varsovio - m. 94-jara, 29 majo 1998)

Ĉeestis la entombigon de d-ro Zamenhof en 1917, starante dum horoj ĝis la homamaso preterpasis. Ŝi loĝis en domo proksima al tiu de Zamenhof. Ŝi aŭdis pri E de sia amiko, kiu partoprenis E-kurson en la lernejo. De tempo al tempo E-lernantoj promenis tra la stratoj, survoje al pikniko, kantante E-kantojn. Deknaŭjara ŝi iris al Germanio, Francio, Israelo, kaj al Italio (Milano), kie ŝi edziniĝis al Tim, kvankam al la novgeedzoj mankis komuna lingvo.

Aktivegis en Perto. Komencis klason en Floreat Park. En 1990 starigis Junularan Vojaĝan Fonduson kun pli ol $16.000. En 1996 ŝi financis instruadon de E en tri Montessori-lernejoj en Perto/Fremantlo (Trevor Steele instruis). Ŝiaj klopodoj influi edukajn instancojn favore al E ne sukcesis. Ofte skribis por *The Australian Esperantist* pri sano ktp. "Batalema kaj pasia pri sia granda amo – Esperanto".

Fonto: The Australian Esperantist. Trevor Steele.

ELIOT, s-ro JOHN

(n. en Hindio, 1878)

Li edukiĝis en Anglio kaj poste elmigris al Aŭstralio. Eksterordinara figuro, tre aktiva kaj fervora dum multaj jaroj. Li sentis sin paradokse ia "nereligia mistikulo", loĝanta en propre farita, fantazie imagata regno nomata "K", mallongigo de Konstancia. Rifuzis pagi imposton al kaj akcepti pension de la aŭstraliaj instancoj, li nur kontraŭvole uzadis poŝtmarkojn.

Esperantisto de 1932. Iniciatis la restarigon de la Aŭstralia Esperanto-Asocio en 1937. Prezidanto (1938). Ekde 1935 private eldonis la revuon *La Suda Kruco* kaj sub diversaj titoloj aliajn ĝis 1953. Moka, satira enhavo difektita de ia modera lingva reformismo. Li publikigis ankaŭ kelkajn atentindajn volumetojn, interalie *Versaĵoj* (1947).

Fonto: Vivo de Lanti (de Ed Borsboom).

ELLIOTT, s-ro TOM

(m. 19 junio 1999)

Esperantistiĝis en 1962 en Sidnejo. Kasisto en Sidnejo (1963), sekretario (1966-1969), prezidanto (1973). De 1971 dum 15 jaroj gvidis la libroservon de AEA. Presis kaj ekspedis *Telopeo* (ĵurnaleton de la E-Asocio de NSK). Enkomputiligis tradukon far Ken Linton de *Sur la Bordo* (romano de Nevil Shute). Transloĝiĝis al Perto.

ELLYARD, s-ino MARJORIE (MARGE)

(m. 21 decembro 2003)

Esperantistiĝis aŭtodidakte, sed ne multe aktivis ĝis la ĉeesto en Redfern. Post tiu sperto ĝisfunde klopodis por E. Sekretario de AEA. Partoprenis kongresojn kaj en Aŭstralio kaj internacie. Fine loĝis en Kanbero.

Instruistino kaj ludis hokeon.

ELLYARD, s-ro SAMUEL WILLIAM GEORGE (SAM)
(n. 1911, Jorkŝiro – m. 16 januaro 1984)

Instruisto, verkis lernolibron pri scienco. Emeritiĝis de kolegio de altgrada edukado. Partoprenis en kantado kaj amatora teatro. En 1934 esperantistiĝis kaj edziĝis al Marjorie. Aktivis en la E-klubo en Kanbero. Kasisto de AEA (1982-1984). Ĉeestis kongresojn en Aŭstralio kaj eksterlande.

ELY, s-ro W.T.

Ĉeestis la E-kongreson de 1920. Proprietulo de *Cumberland Times* kaj poste membro por Parramatta en la NSK-a parlamento.

ENDERBY, s-ro THOMAS LANCELOT
(n. Wollongong – m. 16 junio 1944, Wellington, NSK)

Entuziasma esperantisto, multe korespondis en E kun eksterlandanoj.

Fonto: Wellington Times (NSK).

ENDERBY, s-ro KEPPEL EARL (KEP)
(n. 25 junio 1926, Dubbo - m. 8 januaro 2015, M. Balmain, NSK)

Esperantistiĝis en 1987 kiam li emeritiĝis, per la helpo Ralph Harry. La koro de Kep, kiel tiu de Zamenhof, celis internacian akordon. Prezidanto de AEA (1992-1997). Prezidanto de UEA (1998-2001).

Estis aŭstralia politikisto kaj juĝisto. Membro de la House of Representatives (ĉambro de deputitoj) por la Aŭstralia Laborista Partio (1970-1975). Li estis unu el la gravaj membroj de la kabineto de la registaro de Gough Whitlam. Poste li iĝis ĉefjuĝisto de la Supera Tribunalo de NSK.

Li trejniĝis kiel piloto en la aŭstralia aerarmeo (RAAF, 1944-1945.) Li estis agnoskita kiel advokato en NSK en 1950. De 1950 ĝis 1954 laboris kiel advokato en Londono kaj studis ĉe la Universitato de Londono. Partoprenis en la britaj amatoraj golf-konkursoj (1951-1952).

Queen's Counsel (QC, la plej alta rango de advokato en la brita sistemo), 1973. Ĵuĝisto de la Supera Ĵuĝejo de NSK (1982-1992). Fondinto de la Council of Civil Liberties (konsilantaro pri civilaj rajtoj).

"Oni memoras lin kiel sindediĉan kaj lojalan servanton de la popolo de Aŭstralio," diris la vicestro de Aŭstralia Laborista Partio, Tony Burke.

"Entute rimarkinda homo. Adiaŭ Kep, sindediĉulo bonhumorplena, kun impertinenteca humurosenco kaj rideto neforgesebla," skribis Vera Payne.

Fontoj: Esperanto sub la Suda Kruco. Wikipedia. ABC News.

EDMONDS, s-ro JOHN NORTON
(m. januaro 1945)

Prelegis pri E en WEA (Eduka Asocio de Laboristoj) de Novkastelo, post kio komencis E-klason (1923). Organizis ses-semajnajn lecionojn de E ĉe radio-stacio 2KY

(1926). Instruis E-n ĉe publika lernejo en Campsie, kaj poste klason en la Universitato de Sidnejo.

Majoro ĉe Galipolo dum la Unua Mondmilito. Laboris en la Eduka Fako de NSK dum kvardek ses jaroj. Instruis lingvojn, speciale la japanan. Tre interesiĝis pri muziko, literaturo kaj orientologiaj studoj. Fervora katoliko.

Fonto: Catholic Weekly (Sidnejo).

EGLINTON, s-ro DUDLEY

Kasisto de la E-klubo en Brisbano (de 1906). Ŝajne forlasis Aŭstralion.

ELLENBERG, s-ro W.

Sekretario de la E-grupo en Adelajdo (1913). Oficisto en la ĉef-inĝeniera oficejo.

FAIRFIELD, f-ino V.

Kasistino de la klubo en Sidnejo (1926-1929). Verkis teatraĵon *La Malriĉa Kuzino*, prezentitan al la publiko en 1925 kaj *La Fotografisto*, surscenejigitan en 1928 en Sidnejo. Multe laboris en teatro.

FALLU, s-ro JACK
(n. Melburno 1907 – m. 2008)

Esperantistiĝis en 1968. Sekretario de AEA (1980-1981). Prezidanto de la E-Federacio de VK dum multaj jaroj. Libroperanto (1967-1970). Dum multaj jaroj ekspedis *The Australian Esperantist*. Vigla esperantisto precipe en la grupo de Oakleigh (antaŭurbo de Melburno).

Ĉeestis multajn kongresojn en Aŭstralio kaj transmare. Senlabora dum la ekonomia depresio de la 1930-aj jaroj, li luis parcelon kaj kreskigis 168 speciojn de gladioloj, subtenate de sia kvinslanda onklo. Dum la Dua Mondmilito servis en la aŭstralia armeo (AIF). Edziĝis al Ivy kaj laboris kiel poŝtisto.

FALLU, s-ino IVY

Tre aktiva esperantistino, edzino de Jack Fallu. Kasistino de AEA (1980-1981).

FANE, f-ino K. N.

Membro de Zamenhof - Ligo antaŭ 1909, Hobarto.

FANOS, SHIRLEY

Multe laboris por E. Vicprezidantino en la E-klubo de Sidnejo (1973).

FEKONJA, s-ro LOUIS
(n. Jugoslavio - m. 8 majo 1978, Sidnejo)

Esperantistiĝis en Jugoslavio. Alvenis en Aŭstralio tra Meksiko (1928). Fidela esperantisto en la sidneja E-grupo.

FELBY, s-ino AUDREY WINIFRED, naskita PERRIN
(n. 1 novembro 1935, Brixton, Londono - m. 24 junio 2012, Adelajdo)

Esperantistiĝis en 1956 kiam ŝi konatiĝis kun Bob Felby, al kiu ŝi poste edziniĝis en Danlando. Audrey kaj Bob vigle partoprenis la esperantan vivon en Kopenhago kaj Frederikssund (Danio), poste en Anglio, kaj fine en Adelajdo (de 1974). Ŝi helpis organizi la AEA-kongreson de 1982, multajn lokajn somerlernejojn kaj en 1997 kunpreparis la adelajdan UK-n. Ŝi estis unu jaron bibliotekistino kaj dum kelkaj jaroj estraranino en Adelajdo kaj dum 1982-1990 libroagento de AEA. Kune kun Bob, Audrey estis entuziasma esperantistino. Ĉiam amika, fidinda, "Ŝi neniam plendis, eĉ se ŝi de jaroj suferis pro diversaj malsanoj. Ŝia dorso kurbiĝis kaj ŝi malfacile marŝis, sed ŝi tamen regule venadis al la klubaj kunvenoj."

Post la lernejo Audrey laboris en magazeno (Civil Service Stores) en Londono kaj kiel ŝtatoficistino en la Ministerio pri Sano en Londono (1953-1956). En Danlando ŝi laboris en medikamentfabriko, vernisfabriko kaj ĉokoladfabriko. En Adelajdo ŝi laboris en kartonfabriko Hardy, kaj zorgis pri siaj tri infanoj.

Fonto: Katarina Steele.

FELDMEYR, s-ro ANTHONY
(m. 84-jara, 6 novembro 1971, Sidnejo)

Fidela ĉeestanto de E-kunvenoj dum multaj jaroj. Li ĉeestis la UK-n en Ĝenevo (1926). Aktivis de 1928 en Sidnejo.

Fonto: The Australian Esperantist.

FELDMEYR, s-ino JESSIE
(m. 29 julio 1977)

Multe helpis finance, praktike kaj morale dum fondo de E-Domo en Redfern, Sidnejo.

FENTON, f-ino F. A.

Membriĝis en la E-grupo de Glenelg, SA (1910). Gvidantino de la grupo (1916-1918).

Fonto: Glenelg Guardian.

FERGUSON, f-ino PENNY

Sekretariino kaj propagandistino de la E-grupo de Sidnejo (1958). Organizis AEA-kongreson (1962). Parolis al Rotario. En 1960 transloĝiĝis al Bell Bay (TAS), kie ŝi gvidis E-klason ĝis sia reveno al Sidnejo la sekvantan jaron.

FEWINGS, s-ro PRESCOTT POSTLETHWAITE
(m. 47-jara, 4 septembro 1917, Sidnejo)

Esperantistiĝis en 1906 (Zamenhof-Adresaro 1906). Li prezidis la unuan publikan kunvenon pri E en julio 1906, kiam stariĝis la Brisbana E-Klubo. Li estis prezidanto de la forta klubo ĝis 1911, post kiam li laboris kiel vic-prezidanto.

Kiel juna viro li iĝis advokato (1892). Dum multaj jaroj estis deputito de la magistrato de Redcliffe kaj dum ioma tempo eĉ urbestro. Li multe interesiĝis pri debatoj kaj dum multaj jaroj estis ano de la Brisbana Literatura Cirklo.

FIDGE, s-ro HAROLD W.
(m. 30 aprilo 1961)

Esperantistiĝis en Adelajdo (1955). Lernis E-n dum ses jaroj, iĝis kompententa, kaj multe laboris por la adelajda grupo. Li laboris en grandvendejo Miller Anderson, ofte partoprenis en pafĉampionecoj, kaj posedis licencon por uzi amatoran radion, per kiu li disvastigis E-n.

Fontoj: Ray Ross: *Esperanto en Aŭstralio. Advertiser* (Adelajdo).

FIELDER, d-ro SIDNEY
(n. 1860, Tichfield, Hampŝiro, Britio - m. 15 februaro 1924, Gosford, NSK)

Zamenhof-Adresaro 1908.

Frua membro de la E-klubo en Gosford.

La unua kuracisto de la Gosford-regiono (de 1895). Multe laboris por elimini tifon en la regiono. Magistratano por Gosford. Membro de la loka Lernejo de Artoj.

Fontoj: Gosford Times. Sydney Morning Herald.

FIELDER, f-ino; poste edzino de JAMES H. PAUL

Zamenhof-Adresaro 1908.

Filino de esperantisto d-ro Sidney Fielder. Lernantino en la lernejo de s-ino Downe, edzino de la gosforda apotekisto. Multe aktivis en publikaj aferoj, precipe en la Asocio de Kamparaj Virinoj (CWA).

FINCH, s-ro JACK
(m. 27 oktobro 1971, Perto)

Alvenis al Aŭstralio el Anglio (1952). Entuziasme aktivis pri E-aferoj. Prezidanto de la Perta E-Klubo (1966-1967), vicprezidanto (1970-1971). Lia vigla personeco mankis tie, kiam li transloĝiĝis al la kamparo. Li mortis en motorcikla akcidento.

Fonto: The Australian Esperantist.

FINK, s-ro IRENE, naskita IRENA TRAUMOWNA, poste COURTENAY
(n. 13 julio 1907, Tarnovo, Pollando - m. 4 januaro 1984, Melburno)

Esperantistiĝis 16-jara. En oktobro 1937 ŝi ekpioniris E-n en Maroko ĝis la malfacila tempo, kiam okupaciis Marokon unue la germanoj, poste la usonanoj. Prezidantino de la Maroka E-Asocio (1937). Redaktis *La Verda Plumo* (1940-1948). Tuj post la almigro al Aŭstralio (al Melburno, 1948) ekaktivis, speciale en antaŭurba grupo en Melburno, kiun ŝi starigis en 1962.

Edziniĝis al Benjamin Fink, turista agento en Kasablanko, Maroko, 1936 (divorco en 1961). Multe interesiĝis pri ĵurnalismo kaj pentrado.

Fontoj: The Australian Esperantist. Persona kono de Charles Stevenson.

FISHER, s-ro ARTHUR

Migris de Poole (Anglio) al Devonport (TAS) en julio 1952.

Sindediĉa esperantisto. Tuj je alveno li prelegis pri E al multaj grupoj, inkluzive ekleziojn kaj Rotarion. Gvidis kurson en WEA (Asocio por Eduki Laboristojn) en Devonport, sed kiam li reiris al Anglio, postlasis la klason de 48 lernantoj al s-ro W. Gerrard.

FISON, s-ino W.

Esperantistiĝis en 1906 (Zamenhof-Adresaro 1906). Ano de la E-klubo en Brisbano (de 1906).

Prezidantino de la New Settlers League (Ligo de Novalvenintaj Setlantoj).

FORD, s-ro THEO

Bedaŭrinde lia deziro starigi E-klubon en Euroa (VK) en majo 1907 ne sukcesis. Kiel multaj ĵurnalistoj, ankaŭ li interesiĝis pri E. Dum 34 jaroj (ĝis 1919) li estis posedanto de la ĵurnalo *Euroa Advertiser*.

Fonto: Euroa Advertiser.

FORD-LEWIS, PEG

Membriĝis en la E-grupo de Manlio (Sidnejo) en 1970 kaj baldaŭ aktiviĝis.

FORDHAM, s-ro MAURICE

Kune kun la edzino aktivis en Melburno (de 1963).

FORSHAW, s-ino J.

Entuziasmis pri E ekde 1923. Ŝia instruado de E ĉe WEA (Asocio por Eduki Laboristojn) de Novkastelo estis tiel sukcesa, ke necesis havi du klasojn. Tamen la E-lecionoj finiĝis en 1925.

Ŝi estis senĉesa leterskribantino pri E al tagĵurnaloj. Aperis ŝia longa artikolo en la ĵurnalo *Newcastle Morning Herald* (1 oktobro 1929).

Ludis tenison. Sekretariino de WILPF (Virina Internacia Ligo por Paco kaj Libereco).

Fonto: Newcastle Morning Herald.

FOSTO, s-ro L. E.

Sekretario de la E-klubo de Sidnejo (1922-1925). Ĉeestis aŭstraliajn E-kongresojn. Multe skribis al tagĵurnaloj pri E.

FOWLER-STEWART, f-ino HELEN

Ĉeestis plurajn aŭstraliajn E-kongresojn (inter 1912 kaj 1923). Membrino de la estraro de la adelajda grupo.

Multe vojaĝis.

FOXWORTHY, kapitano JOHN HENRY
(n. 1856 Dartmouth, Anglio - m. 3 oktobro 1927, Fremantle)

Kasisto de la vigla E-grupo en Fremantle (1911-1916).

Je la aĝo de dek tri metilernanto ĉe komercaj maristoj. Kapitano de ŝipoj Dawn kaj Sketty Bell. Loĝis en Fremantle dum kvardek jaroj.

FRANCJIC, s-ro F.

El Jugoslavio.

Membro de la E-grupo en Sidnejo (de 1961). Ludis mandolinon.

FRASER, f-ino MARION
(m. 29 aprilo 1925, hejmenirante el la 5-a Aŭstralia E-Kongreso en Melburno)

Esperantistiĝis en 1906 (Zamenhof-Adresaro 1906).

Kasistino en Brisbano (1908), sekretariino (1909-1912), prezidantino (1913-1923 kaj 1925).

En *La Suda Kruco* (julio 1925) aperis: "Dum multaj jaroj ŝi estis unu el la ĉefsubtenantoj de E en Brisbano. Per ŝia morto la movado perdis unu el la plej entuziasmaj kaj senlacaj laborantoj." Rilate la E-movadon en KV ŝi havas ege grandajn meritojn.

Fonto: Suda Kruco. La Rondo.

FRASER, damo VIOLET, naskita PRYKE
(m. 27 julio 1968)

Pasia esperantistino. Instruis E-n en la klubo de Brisbano dum 1958. Samloke sekretariino (1958). Inaŭguris E-klubon en Redcliffe (antaŭurbo de Brisbano, 1962). Baldaŭ tridek lernantoj aniĝis al tiu grupo. Por la malfermo venis kaj la loka parlamentano kaj la urbestro. *The Herald of Redcliffe* multe raportis pri la okazaĵo. Violet Fraser sukcesis persvadi la urbestraron nomi novan straton Esperanto Avenue – ĝi estis la unua strato en Aŭstralio nomita laŭ la internacia lingvo. Kune kun sia edzo, kavaliro Douglas, ofte gastigis esperantistojn. Post emeritiĝo mondvojaĝis kaj fine ekloĝis en Novzelando.

Fonto: The Australian Esperantist.

FRASER, kavaliro WERE DOUGLAS
(n. 24 oktobro 1899, Gympie, KV – m. 2 januaro 1988, Redcliffe, KV)

Dum multaj jaroj la Zamenhof-festo de Brisbano okazis en lia hejmo. Post lia emeritiĝo (1966) oni donis al li la titolon "kavaliro" (Sir).

Fontoj: The Australian Esperantist. Dictionary of Australian Biography.

FRIEDENBERGS, d-ro ANDREW
(n. Latvio – m. 9 septembro 1969, Melburno)

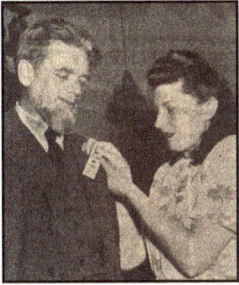

Esperantistiĝis ĉirkaŭ 1910. Sukcesis ĉe la klereca ekzameno de AEA. Migris Aŭstralien en 1949 kaj senĉese partoprenis en E- kunvenoj, ofte prelegis. "Kapabla juĝi, aprezi, pense-pesi, saĝe opinii pri aferoj," diris Reginald Banham pri sia aminda kolego kaj ege aktiva esperantisto.

Kriminala juristo en Latvio. Instruis en Danlando dum la Dua Mondmilito.

Apartenis al la bahaa komunumo.

Fontoj: The Australian Esperantist. The Age. The Argus (Melburno).

FULKOP, ge-sinjoroj

La E-grupo en Kanbero kunvenis en ilia hejmo (1961).

S-ino Fulkop estis bibliotekistino (1958).

FULTON, leŭtenanto-kolonelo DAVID
(n. 1 aŭgusto 1882, Skotlando – m. 8 julio 1965, Adelajdo)

Subtenis E-n de 1930. Li forte kredis, ke E akceptiĝos kiel la universala lingvo de la mondo. Vicprezidanto en Adelajdo (1932), sekretario (1933), prezidanto (1959 – 1963). Ofte prelegis pri Palestino kaj aliaj temoj.

Multe korespondis tra la mondo. Aktiva kaj fidela esperantisto. La adelajdaj esperantistoj kunvenis en lia hejmo, kiam ne ekzistis formala klubo.

Dum la Unua Mondmilito li iĝis, inter aliaj, la Commandant of the 3rd Australian Light Horse Regiment (komandanto de la tria aŭstralia kavaleria regimento) kaj ricevis plurajn honormedalojn: CBE (Commander of the Order of the British Empire), CMG (Companion of the Order of St Michael & St George), MiD. "Unu el la elstaraj sud-aŭstraliaj milit-personecoj de la Unua Mondmilito" aperis en *Advertiser*. En SA li ĉeestis la Roseworthy Agricultural College (agrikulturan altlernejon, 1902). Li havis diversajn profesiojn: parcelmakleristo, vinfaristo (Woodley Wines), laktobienisto kaj paŝtisto ĉe Currency Creek kaj Keith. Lia unua edzino mortis en 1913, la dua edziĝo nuliĝis. La tria edziĝo estis tre kontentiga. Li mortis pro aŭtoakcidento.

Fontoj: The Advertiser (Adelajdo). Roseworthy College Old Scholars' Association.

FULTON, s-ino WINIFRED

La edzino de David Fulton, pere de kiu ŝi esperantistiĝis. Afabla, vigla, ĉiam gaja, ŝi multe subtenis la adelajdan E-grupon.

GADSDEN, s-ro H.

Aĉetis E-lernolibron en 1907 kaj tuj entuziasme skribis leterojn al la tagĵurnaloj pri E. La unua sekretario-kasisto de la E-Klubo en Sidnejo ekde ĝia fondo (oktobro 1909).

Dum multaj jaroj li klopodis pri progresemaj aferoj por Bankstown.

Fontoj: Sydney Morning Herald. Maitland Daily Mercury.

GALE, brigadestrino de Sav-Armeo, ISOBEL

Esperantistiĝis kiel emeritino. Entuziasma membrino de la Waverley kaj Orrong Road (Melburno) grupoj.

Sian tutan vivon dediĉis al la Sav-Armeo. Iutempe redaktis *The Young Soldier* (La Juna Soldato; por la savarmeaj junuloj). Organizis la klubon de "pli-ol-50-jaruloj". Laboris ĉe la savarmea stabejo. Ricevis O.B.E. (Ordenon de la Brita Imperio).

Fonto: persona kono de Charles Stevenson.

GAMBLE, s-ro NOEL FREDERICK
(n. 7 septembro 1917, Melburno - m. 7 septembro 1989, Austinmer, NSK)

Esperantistiĝis en 1952 en la klaso de Harry Torr. Sindediĉa esperantisto. Multe laboris por la movado. Kolektis gazetarajn raportojn pri E por stimuli la membraron. Tre aktivis dum multaj jaroj en la E-klubo en Kanbero, kie li havis multajn rolojn, inter alie kiel prezidanto.

Studis lingvojn kaj la aŭstralian literaturon ĉe Dymphna Cusack. Ludis futbalon kaj tenison. Oficisto en la departamento de la ĉefministro, kaj poste en Ministerio de Justeco.

Fontoj: Canberra Times. The Australian Esperantist.

GARTNER, f-ino EDITH C.H.

Ŝi esperantistiĝis per la influo de Maynard Lanyon, la lernejestro de la ŝtata lernejo en Woodonga (1925). Ŝi sendis la korespondaĵojn de la infanoj kun alilandaj lernejanoj al Varvara Seriŝeva en Barnaul, Siberio, kiu intencis verki libron pri infanoj tra la mondo.

GASH, s-ino ANN

Je la aĝo de sesdek du, tute sole, veturigis 26-futan velboaton Ilimo de Sidnejo, norden, trans la Hindan Oceanon. De Durbano ŝi skribis dankante la multajn gesamideanojn. Post Akro (Ganao) alvenis al Falmouth (Anglio, 1976). Verkis angle *A Star to Steer Her By* (stelo por gvidi la boaton). Membro de la E-grupo de Manlio, daŭrigis E-studadon dum la vojaĝo.

Fontoj: Victor Harbor Times. The Australian Esperantist.

GATES, profesoro RONALD CECIL
(n. 8 januaro 1923, Melburno – m. 26 aprilo 2018, Armidale, NSK)

Esperantistiĝis en 1985, kiam li estis emeritiĝonta. La tiama prezidanto de AEA, Ralph Harry, invitis lin roli kiel honora patrono de la solenado de la jarcento de E, okazonta en 1987 dum la somerkursaro en Armidalo. Tiu devontigo instigis lin eklerni la lingvon.

Li estis prezidanto de AEA de 1998 ĝis 2001. En 1997, okaze de la UK en Adelajdo, li estis rektoro de la Internacia Kongresa Universitato.

Li legis romanojn originale verkitajn en Esperanto, inkluzive de krimfikcio. Post plua sperto de la lingvo, li decidis mem verki romanon. La rezulton, *La septaga murdenigmo*, Flandra Esperanto-Ligo eldonis en 1991. La agado lokiĝis en Armidalo (sub la nomo "Longvalo") kaj ĝia apuda universitato. Sekvis kvar pliaj verkoj kun la samaj loko kaj ĉefroluloj (1993, 1994, 2006 kaj 2014). La sesa libro en la serio aperis en 2017 titolita *Murdo en la teatro*. Dume la Internacia Esperanto-Muzeo en Vieno eldonis amromanon titolitan *La vidvino* kaj la profesoro (1997). Aldone, tri kolektoj da krimnoveloj estis eldonitaj de AEA (1993, 1994, 1996).

En 1942 li rekrutiĝis kiel volontulo en la aŭstralia armeo. Ĉe la fino de la milito li kompletigis universitatan kurson. En 1946 li ricevis la stipendion Rhodes por studado ĉe Oksfordo.

Reveninte al Hobarto fine de 1948, li havis la oficon de imposta taksisto.

Komence de 1952 li akceptis postenon ĉe University of Sydney kiel supera docento pri ekonomiko. Tie li edziĝis al Barbara Mann (1953). Li instruis, esploradis kaj multe aktivis en Economic Society of Australia and New Zealand. En 1966 li estis nomumita profesoro pri ekonomiko kaj dekano de la fakultato en University of Queensland. Fine de 1974 li elektiĝis kiel prezidanto de la profesora konsilio, kiun tuttempan oficon li plenumis dum tri jaroj.

En 1977 li iĝis rektoro de la Universitato de Armidale (NSK).

Li elektiĝis ano de Academy of Social Sciences in Australia en 1968, kaj en 2015 li fariĝis jubilee fellow (jubilea fratulo). Li estis prezidanto de Economic Society of Australia and New Zealand (1969-1972), kaj prezidanto de Industrial Relations Society of Queensland (1967-1973).

Inter 1956 kaj 1972 li tre ofte kontribuis kiel ekonomikisto al naciaj radio kaj televido, kaj de 1963 ĝis 1965 li kontribuis ĉiusemajne al Australian Financial Review la ĉefan artikolon. Li estis fonda membro de Australian Institute of Urban Studies (1972), kaj poste li gvidis por ĝi serion da riserĉprojektoj, el kiuj eldoniĝis influaj raportoj. De 1975 ĝis 1977 li estis la prezidanto de la instituto.

Li estis ofte petita partopreni en publikaj aferoj. Interalie, li estis la inaŭgura prezidanto de la statuta Consumer Affairs Council of Queensland (1971-1973) kaj poste li iĝis ekonomika konsilisto de la ŝtata registaro; li estis komisaro de Commission of Inquiry into Poverty in Australia (1973-1977), membro de Advertising Standards Council (1974-1979), membro de la ekonomika konsultgrupo de la nacia kasisto (1976-1982). En 1979 la nacia kaj ŝtataj ĉefministroj nomumis lin la inaŭgura prezidanto de Advisory Council for Inter-government Relations, kiu posteno daŭris kvar jarojn; kaj de 1983 ĝis 1992 li estis prezidanto de la nacia Local Government Training Council.

En 1977 la nacia registaro nomumis lin membro de Australian National Commission for UNESCO, kaj li prezidis en la komitato pri la sociaj sciencoj. En 1979 li fariĝis vicprezidanto de la komisiono, poste la prezidanto (1981-1984). Dum tiuj sep jaroj li reprezentis Aŭstralion en multaj konferencoj kaj specialaj komisionoj. Li partoprenis ankaŭ en naciregistaraj helpprojektoj en Novgvineo, Malajzio, Indonezio kaj Norfolkinsulo. En 1978 li estis nomumita Officer in the Order of Australia.

GAYE, s-ro N.
(m. novembro 1940, Melburno)

Fonda membro de la Melburna E-Klubo (1905).

Dum kvardek jaroj aktivis en la estraro de la Melburna Komerca Ĉambro, iame prezidanto.

Fontoj: The Age (Melburno) kaj multaj provincaj tagĵurnaloj.

GEENEN, s-ro CORNELIUS H.
(n. Nederlando – m. 20-jara, 8 decembro 1944, Sidnejo.)

"La Esperanto-movado en Aŭstralio multe suferos," diris *La Rondo* (februaro 1945) pri lia morto, ĉar li arde propagandis E-n, kien ajn li iris. "Ni … neniam forgesos lian ĉarman personecon – ĝentila, bonhumora kaj de vigla afableco" daŭrigis *La Rondo.*

Lia vigla entuziasmo kaj simpatia sinteno allogis centojn da aŭskultantoj en la sidneja Domain, ĝis oni malpermesis al li paroli publike. Do, li daŭrigis sian propagandan aktivadon en kluboj kaj lernejaj cirkloj.

Deksesjara, li kaŝe forlasis sian okupaciitan hejmlandon por iri al Francio, kie Gestapo kaptis lin kaj sendis lin al koncentrejo. Liberigite, li denove arestiĝis, suspektata pri spionado. Li estis mortkomdamnita, sed la aŭtoritatoj lastminute anoncis, ke la akuzato estas tro juna por esti spiono. Post pluraj aliaj arestoj Geenen fine atingis Anglion, kie oni rekrutis lin en la nederlandan submarŝiparon.

En la sidneja haveno li falis pro malsekaj ŝtupetoj de la submarŝipo, danĝere rompis sian kranion, kaj mortis du tagojn poste.

Fonto: La Rondo.

GERRARD, s-ro W.

Dum pluraj jaroj partoprenis la E-klasojn ĉe WEA (asocio por eduki laboristojn), kiujn Arthur Fisher starigis en 1953. Instruis E-n en la E-klubo en Devonport.

Lingvo- instruisto ĉe devonporta mezlernejo.

GERRARD, s-ino

Estraranino de la devonporta E-klubo (ekde 1953).

GIBSON, s-ro JACK

Alvenis en Aŭstralio el Anglio (1962). Vicprezidanto en Hobarto (1963), prezidanto (1965-1966), kiam li loĝis en Loncestono. Fervora esperantisto, kiu instruis plurajn eminentulojn. Sukcese enplantis E-n en mezlernejon en Wynyard (TAS).

GILES, s-ino S.

Instuistino de la E-grupo en Belgrave, VK (1923).

GLAISHER, s-ro EDWIN R.

Aktiva membro de la E-grupo en Coburg, VK.

GODFREY, f-ino AMY

(n. 7 novembro 1887, Londono - m. 25 aŭgusto 1979, Surrey Hills, VK)

Esperantistiĝis en Londono per Montague C. Butler. Migris al Melburno (1913) pro sanproblemoj. Tre aktiva dum multaj jaroj, verkis teatraĵojn por E-kunvenoj. Iomete sencedema. Laboris kiel tajlorino. Membrino de migrad-klubo.

Fonto: The Australian Esperantist.

GODFREY, f-ino ELSIE
(m. 3 aprilo 1969, Melburno)

Migris al Melburno en 1913. Lernis E-n en Londono kun Montague C. Butler, kun kiu ŝi interŝanĝis centojn da leteroj. Ŝi rapide progresis en la lingvo kaj tradukis poemojn, kantojn kaj teatraĵojn. Dum tri jaroj ŝi gvidis teatraĵan grupon en ĉambro de la Aŭstralia Eklezio en Russell-strato, Melburno.

Elsie Godfrey (fratino de Amy) estis elstare fidela esperantistino dum la tuta vivo; ĉiam ŝi ĉeestis E-kunvenojn, ofte paroladis pri diversaj temoj kaj estis aminda, estimata membro.

Fontoj: The Australian Esperantist. La Rondo. La Suda Kruco.

GOLDSMITH, s-ro CECIL CHARLES (TINY)
(n. 16 novembro 1889, Gloucester, Anglio - m. 2 marto 1972, Grenfell, NSK)

Esperantistiĝis kiel 18-jara en Birminghamo, Anglio.

Organizis Britan E-kongreson (1920). Dum kelkaj jaroj instruis E-n ĉe la ĉokolada fabriko Cadbury en Bourneville. En 1927 fondis la Esperanto Publishing Co Ltd, kiu multe helpis la libro-eldonadon de la E-movado. Sekretario de la Brita E-Asocio (de 1934). Organizis tri UK-jn de UEA: Oksfordo (1930), Londono (1938), kaj Bournemouth (1949). Emeritiĝis en 1954. Estis vere elstara brita esperantisto.

En 1965 venis al Aŭstralio kun granda kaj intima scio pri la E-movado. Li parolis en E-kluboj tra la tuta Aŭstralio kaj oni volonte aŭskultis pri lia riĉa primovada scio. Iĝis sekretario de AEA (1969). Instigis la manlian grupon organizi la kongreson de 1968. Lia kontribuo al E en Aŭstralio estis enorma.

Organizis propagandan kampanjon (1968-1971), kiu rezultigis 2054 informpetojn kaj el tiuj 43 AEA-membriĝojn. Iniciatis reklamon en revuo *Readers' Digest* (literatura periodaĵo).

Oficiro en la brita armeo dum la Unua Mondmilito. Grave vundita ĉe la batalo de la Somme, post kiu restis du jarojn en hospitalo. Edziĝis (10 marto 1971) al Lily Jullie.

Prelegante ĉe la agrikultura kongreso en NSK, li subite kolapsis. Li mortis baldaŭ poste en la hospitalo en Grenfell.

Fonto: The Australian Esperantist.

GOLDSMITH, s-ino LILY, naskita JULLIE
(m. 21 februaro 1991, Castle Hill, NSK)

Post sia emeritiĝo ŝi ekloĝis en Manlio, kie ŝi esperantistiĝis kaj edziniĝis al Tiny Goldsmith.

Flegistino el Brisbano, obstetrikistino ĉe Hospitalo por Virinoj en Paddington. Ĉefflegistino de kliniko por la sano de beboj en Wagga.

GOODY, s-ro E.

Esperantistiĝis en 1911. Unu el la fondintoj de E en OA, prezidanto dum 1924-1927. De 1926 la studentoj de E (progresantoj) kunvenis en lia hejmo (ĉar prezo postulata de la Komerca Kolegio Stott iĝis tro alta).

GORDON, s-ro WALTER GEORGE
(n. 22 februaro 1857, Gorey, Irlando – m. 18 januaro 1946, Christchurch, Nov-Zelando)

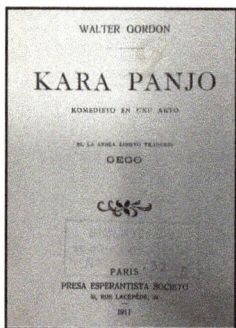

Zamenhof-Adresaro 1907.

Plumnomo: Gego.

En marto 1911 eldoniĝis lia traduko el la angla lingvo *Kara Panjo* de Walter Gordon. Tiu teatraĵo estas la unua esperantotraduko farita de aŭstraliano. Sekve li elangligis *La Kamena Angulo* (1913), *Alegorioj de la Naturo* (ankaŭ 1913) el la verko de Margaret Cathy, *Lia Lasta Ŝanco* (1915), *Indekso al Anglaj Vortoj* (1924).

Li verkis *Konsiletoj al Tradukontoj* (oni ne certas, ĉu ĝi estis eldonita). En ĝi li skribis: "Flulegebleco kaj tuja komprenebleco estas nepre karakterizaĵoj de bonega stilo. Antaŭ ĉio oni devas tiel konstrui, ke la leganto ne devu interrompi sian legadon por analizi nesimple konstruitan frazon aŭ strangan, ne tuj kompreneblan kunmetaĵon." Li partoprenis la UK-jn en Helsinko (1922) kaj Nurembergo (1923). Ofte tradukis el la angla por *La Suda Kruco*.

Estis bankisto ĉe Union Bank en Melburno, sed iam li transloĝiĝis al Christchurch, Nov-Zelando.

Fontoj: La Rondo. La Suda Kruco. Enciklopedio de Esperanto.

GORDONOFF, s-ro T.

Esperantistiĝis (1912) aŭtodidakte en Nairne (SA). Dum kvin jaroj oficiro en la ruslanda armeo en Sankt-Peterburgo, kondamnita al Siberio por dek kvin jaroj, sed eskapis post du jaroj – al Aŭstralio. Ne plu estas spuroj pri li – eble forlasis Aŭstralion.

Fonto: Daily Herald (Adelajdo).

GOSSLER, s-ro FRANK
(m. septembro 1924)

Ano de la E-grupo en Belgrave (Melburno, 1923).

GOTTLIEB, s-ro JOSEF
(n. 18 junio 1883, Minsk, Rusio – m. 7 oktobro 1962, Melburno)

Plumnomo: J. Diamo. Esperantistiĝis en 1893. La intermilitajn jarojn li pasigis en Kolonjo, post la Dua Mondmilito vivis en Hamburgo, ĝis li transloĝiĝis al Melburno, kie li partoprenis en E-kunvenoj. Lia morto venis post akcidento.

GRABHAM, s-ro PHILIP

Aktivis de 1963 en Kanbero.

GRAHAM, s-ino EUNICE
(n. 6 decembro 1918, Anglio - m. 9 aprilo 2019, Manlio, NSK)

Eunice amegis E-n kaj ties filozofion. Ŝi forte laboris por la movado, gastigante vizitantojn, instruante, kaj plej grave ĝuegante la E-rondon en Manlio, Sidnejo, tra Aŭstralio kaj en kongresoj eksterlandaj.

Ŝi laboris por Royal Far West (Reĝa Fora Okcidento) organizo en Manlio. Tiu estis organizo, kiu prizorgis la sanon kaj oportunojn de infanoj el la okcidenta regiono de NSK. Post sia emeritiĝo ŝi volontulis ĉe la naturprotekta centro en Manlio. Dum dek kvin jaroj ŝi prizorgis ties libraron kaj legaĵojn.

Ĉiuj memoris Eunice kiel ĝojplena kaj amema homo kun intereso pri ĉio kaj ĉiu, kiun ŝi renkontis.

Fonto: Esperanto sub la Suda Kruco.

GRAHOVAC, s-ro ILJA
(m. 27 aŭgusto 1983, Sidnejo)

Esperantistiĝis en Beogrado, Jugoslavio. En 1957 venis al Aŭstralio. Malavare subtenis la movadon en Sidnejo.

GRANT, s-ro ALAN
(n. 17 junio 1924, Newcastle Upon Tyne, Britio - m. 18 junio 2013, Brisbano)

Esperantistiĝis en 1955 dum li studis kontadon. En la brisbana klubo instruis E-n (1958-1962), estis sekretario kaj kasisto (1959-1963). Aktivis ĝis sia morto.

Migris Aŭstralien en 1949, kie li unue laboris kiel inĝeniero pri mekaniko kaj elektrotekniko. Edziĝis al Gloria Nonmus, instruistino (1955).

Fonto: lia filino Jay.

GRANT, s-ino Gloria

Dum kelkaj jaroj membro de la estraro en Brisbano.

GRANT, s-ro SYDNEY H. (Sid)
(m. 3 oktobro 2001)

Oni malmulte scias pri ĉi tiu izolita esperantisto, kiu loĝis en Port Lincoln. Li certe ĉeestis kelkajn AEA-kongresoj (1958-1964). Ŝajne li ligiĝis al BCA, anglikana helpasocio por homoj en foraj lokoj.

GRANT, s-ro NORMAN

Aktivis en Melburno dum la 1920-aj jaroj. Enkondukis Anna Hintze al E. Fidela esperantisto, sed neniam estis estrarano en la movado.

GREEN, s-ino HAZEL
(n. 1946, Toowoomba, KV - m. 23 aŭgusto 2021, KV)

Hazel naskiĝis kiel la plej juna el ok idoj en la familio Morwood. Dum infaneco kaj juneco ŝi loĝis en diversaj partoj de suda KV, krom tri jaroj (1956-1959) en Fiĝio.

En 1972 ŝi edziniĝis al Paul Green, bestokuracisto, kaj de tiam loĝas kun li en Oakey, KV. Ili havas tri infanojn.

Hazel studis en la Universitato de KV en Brisbano kaj diplomiĝis kiel bestokuracistino (1968). Ŝi laboris en kuracejoj en Oakey, Brisbane kaj Dunedin (Novzelando). Post la nasko de la tria infano (1977) ŝi ĉesigis la bestkuracistan laboron kaj ekvolontulis en diversaj kampoj en Oakey kaj Toowoomba.

Ŝi organizis aktivaĵojn en la loka filio kaj la regiono kadre de la Ruĝa Kruco kaj gvidis grupon por infanoj (*Junior Red Cross.*) Ŝi volontulis en loka flegejo por maljunuloj kaj organizis programojn, ofte muzikajn. En lernejoj ŝi helpis pri legado kaj matematiko kaj instruis E-n en elementa lernejo en la ŝtata lernejo en Kingsthorpe (2002, 2003, 2004) en duonhoraj lecionoj utiligante la Mazi-filmon. En organizo por mamnutrantaj patrinoj (*Nursing Mothers Association of Australia*, poste *Australian Breastfeeding Association*) ŝi estis grupgvidanto, konsilanto kaj trejnanto de konsilantoj. Ŝi helpis en pluraj lokaj organizoj, inter ili kelkaj naturprotektaj.

En 1987 Hazel legis en la loka ĵurnalo alineon pri la jubilea jaro de E, kiun aperigis la Toowoomba E-Societo. Tiam ŝi estis sekretario de la kampanjo kontraŭ nuklea energio en ĝia filio en Toowoomba kaj do ricevis la progreseman ĵurnalon *New Leaves* (*Novaj folioj*, redaktis kaj eldonis Trevor Steele). En ĝi ŝi trovis artikolon pri E kun gramatikaj klarigoj kaj ekzercoj, kiujn ŝi tute facile povis fari, sed nur post unu-du jaroj ŝi venis al la loka E-societo kaj renkontis vivantajn esperantistojn.

Hazel komencis lerni E-n per korespondaj kursoj de AEA kaj en 1996, sub gvido de Jennifer Bishop kaj Katalin Smidéliusz (poste Katalin Kováts), dum la somerlernejo en Adelajdo, ŝi iĝis parolanto de E. En la sekva jaro ŝi prenis respondecon por la korespondaj kursoj de AEA kaj helpis dum la UK-n en Adelajdo (1997).

Paul Green eklernis E-n en 1999 kaj kune kun Hazel ĉeestis 7 UK-jn kaj multajn aŭstraliajn kongresojn, kursarojn. Hazel instruis en la aŭstraliaj kursaroj de 2007 kaj 2017.

Ŝi aliĝis al UEA (estas ĝia dumviva membro) kaj al AEA en 1996; estis en la estraro de AEA dum 4 jaroj (1998; 2002-2004; help-sekretariino kaj vic-prezidantino); estas membro de Internacia Ligo de Esperanto-Instruistoj (ILEI) ekde 1999; en la Toowoomba E-Societo ŝi estis prezidantino aŭ vicprezidantino (proksimume de 2000) kaj nun estas ĝia sekretariino. Ŝi iĝis sekretariino de la E-Federacio de KV en 2003. Tio daŭris eble 2 jarojn ĝis oni decidis malfondi la Federacion pro malmultiĝo de lokaj kluboj. La respondecoj kaj mono iris al E-societoj en Toowoomba kaj Brisbano .

GREENHALGH, s-ino WINSOME
(m. 20 oktobro 1993, KV)

Esperantistiĝis en 1967 post la legado de artikolo de Marjorie Duncan en *Womens' Weekly* (semajna magazino por virinoj). Aŭtodidaktis. Ĉeestis E-kongreson, post kiu kreskis ŝia amo al E. Membris en la E-klubo de St Lucia (Brisbano). E-igis multajn bonkonatajn aŭstraliajn poemojn, el kiuj pluraj aperis en *Aŭstralia Antologio*, eldonita en 1988, okaze de la ducentjara jubileo de Aŭstralio. Ŝi tradukis ankaŭ *La somero de la deksepa pupo* (dramo de Ray Lawler), poemojn de Kath Walker, kaj kelkajn poemojn de Judith Wright.

Instruistino. Postdiplomiĝa studo pri Ruslando kaj la historio de sudorienta Azio, speciale Ĉinio kaj Japanio. Edziniĝis en 1939. Multe vojaĝis dum emeriteco.

Fontoj: The Australian Esperantist. Esperanto Sub la Suda Kruco.

GREGSON, s-ro GORDON
(n. 12 julio 1920, Dublino, Irlando - m. 22 aŭgusto 1992, Cottesloe Beach, OA)

Migris al Perto (1929). Esperantistiĝis kiel emerito (1980) kaj aktivis en la E-klubo en Perto. Partoprenis plurajn aŭstraliajn E-kongresojn.

Estis instruisto en pluraj kamparaj lernejoj kaj fine estis estro de la duagrada lernejo en Eastern Hills, Mount Helena (OA). Aktivis en repertuara teatro, inkluzive en operetoj de Gilbert kaj Sullivan. Membro de Rotario, la Dante-Alighieri-Societo, aktoris en radiodramoj ĉe ABC.

Fonto: Esperanto Sub la Suda Kruco. Katie Gregson (nevino).

GRIFFIN, s-ino E.

Sekretario en Perto (1931-1932).

GRIFFIN, s-ro WALTER BURLEY

Lernis E-n de s-ino R. B. Bigelow en Melburno kune kun edzino kaj bo-patrino (Mahony).

La urbo Kanbero estis konstruita surbaze de la plano de Griffin, kiu gajnis la unuan premion en internacia arkitekta konkurso.

GUENSTER, s-ro KARL D.

Prezidanto de la brisbana E-klubo (1961, 1966, 1969-1971). Li kelkfoje gastigis la Zamenhof-feston en sia hejmo.

GUILBERT, s-ro DOUGLAS
(m. 84-jara, 11 oktobro 1968)

Esperantisto dum 40 jaroj en Hobarto. Sekretario de la Hobarta E-Socio (1916-1919), poste prezidanto (1929-1932).

Li elkore klopodis por E dum multaj jaroj. Ĉiam vizitis lokan klubon, kiam li vojaĝis. Li restis lojala dum malfacilaj jaroj de la Ido-debato. Bonŝatata en la E-movado. Tre multe donacadis al diversaj bonaj aferoj.

Alvenis al TAS de Anglio (1892). Laboris en la departemento de parceloj. Mortis post aŭtomobila akcidento.

Fonto: Examiner (Launceston).

GULLETT, s-ro PHILLIP (PHIL) A.

Redaktis *Hamilton Spectator* (1897-1913). Juristo. Prelegis publike pri E sed malsukcesis en la starigo de E-klasoj. Forte kontraŭis la Laboristan Partion.

Fonto: Hamilton Spectator.

GUNARSSON, s-ro GUNAR
(n. ĉirkaŭ 1911)

Esperantisto de Islando, kiu resaniĝis unue en Hispanio (ĝis la enlanda milito), tiam en Aŭstralio (1936-1941) post grenada vundo dum milito en Abisenio, kie li laboris kiel inĝeniero pri konstruado. Vizitis multajn E-grupojn, unue en Adelajdo, kie li aĉetis motorciklon por vojaĝi tra Aŭstralio. Gunar akuziĝis pri fraŭdo en 1941.

Fonto: Herald (Adelajdo) kaj multaj enlandaj tagĵurnalo. *Truth* (Brisbano).

HAGGER, f-ino FLORENCE

Bibliotekistino de la E-klubo en Brisbano de ĝia komenco en februaro 1906. Dum multaj jaroj prezidantino de la Teozofia Societo. Ofte paroladis pri seriozaj aferoj kiel "Estonteco de la homaro".

HALLS, s-ro FRANK

Vojaĝis tra Eŭropo dum ok monatoj kaj kie ajn eblis, parolis pri E. Esperantistoj tradukis por li dum li pristudis la vivcirkontancojn de infanoj. Ĉeestis la UK-n en Oslo (1952). "Senlaca samideano." Edukisto kaj oficisto de la Kortumo por Adoleskantoj en Melburno.

HAMANN, s-ro W.

Edziĝis al esperantistino Hossmann en Sidnejo (1925).

HANKINS, d-ro GEORGE T.

Membro de E-klubo en Warwick, KV (1910-1914), ĝis li vojaĝis al Eŭropo en aŭgusto 1914. Dum dudek jaroj kirurgo en la reĝa hospitalo de princo Alfred en Sidnejo, ĝis li traslogiĝis al Warwick kiel orel-naz-kaj-ĝorĝo-specialisto (1906).

Fonto: Courier (Brisbano).

HANKS, s-ro ERNEST (ERNIE aŭ E.S.) SILVERTON
(n. 5 aprilo 1892, Melburno – m. 12 junio 1973, Melburno)

Esperantistiĝis en 1919. Dum multaj jaroj estis fervora esperantisto. Prezidanto de la E-klubo en Melburno (1948-1949). "Li faris gravan kaj ĝuindan kontribuon al ties programoj per altnivelaj, informplenaj prelegoj kaj vasta temaro rilate la naturan mondon". En 1938, kiam li revenis al Aŭstralio de la UK en Londono, li ricevis tutnacian reklamadon, ĉar li kaj lia edzino vojaĝis tra ok eŭropaj landoj, parolante nur E-n. Li sugestis en la 1940-aj jaroj, ke por komenci Aŭstralian Antologion en E oni devas ektraduki kelkajn poemojn. La sugesto pri la antologio realiĝis en 1988, por la ducentjara jubileo de Aŭstralio.

Lia alia pasio estis ornitologio, pri kiu li estis bonkonata kaj sperta. Ĉiam, kiam li paroladis pri ornitologiaj aferoj en multaj partoj de Aŭstralio, li menciis E-n. Dum kvardek kvin jaroj membris en la Field Naturalists Club (klubo por naturesplorantoj). Ankaŭ membro de la Ornitologia Societo, la Henry-Lawson-Societo, Birdoamantoj, *Australian Poetry Lovers* (aŭstraliaj poeziamantoj). Ano de *Royal Aust/Asia Ornotholigal Union* dum pli ol 20 jaroj. Ofte verkis artikolojn por *International Socialist* kaj por *Communist*, eldonitaj en Sidnejo. Ernie Hanks estis medioprotektanto; li pioniris la ideon, ke Melburno devus havi indiĝenajn arbojn – por altiri indiĝenajn birdojn. Sperta fotanto. Sukcese trapasis la klerecan ekzamenon de AEA.

Fontoj: Age (Melburno). *Emu* (ĵurnalo de ornitologiaj esploradoj). *The Australian Esperantist.*

HANKS, s-ino ISOBEL PEARLE, naskita GRAIT
(n. 1 marto 1888, VK - m. 24 decembro 1977, Brighton, VK)

Esperantistiĝis en 1919. Fervora esperantistino, kiu ofte prelegis pri E, kelkfoje per radio, sed ĉefe en la Aŭstralia Eklezio (al kiu multaj melburnaj esperantistoj apartenis), kaj ankaŭ je ornitologiaj konferencoj.

Edziniĝis en 1918. Senĉese studis pri la naturo. Havis multajn sciojn pri literaturo. Membriĝis al la samaj asocioj kiel ŝia edzo. Ili bone kunlaboris.

Fontoj: Age (Melburno), *The Australian Esperantist.*

HANNAFORD, f-ino CORA MARY
(m. 30 novembro 1934)

Dum multaj jaroj, ĝis 1929, lernejestrino de privata lernejo Eaton Bray en Hobarto, kie ŝi instruis E-n. De 1918 dum multaj jaroj la hobarta E-klubo kunvenis en ĉi tiu lernejo. Prezidantino de la hobarta grupo (1922-1928).

Fonto: Mercury (Hobarto).

HANSON, s-ro N. R. J.

Bibliotekisto de la adelajda E-grupo (1912). Li estis vundita dum la Unua Mondmilito.

HARCOURT, s-ino C. V.

Kasistino en Hobarto de la komenco en 1906. Sekretariino de la loka grupo (1907-1909).

HARRISON, s-ino MAY D.
(m. 2 oktobro 1912, Melburno)

"Alte respektata samideanino" diris pri ŝi la Melburna E-Klubo. "Nepre sindediĉa" al E (ekde 1908). Dum la unua Aŭstralia E-Kongreso en Adelajdo (1911) ŝi prelegis "Tra la Oriento kun la komunikilo de Esperanto". Forte kunlaboris kun Tilly Aston kaj ambaŭ elstare esperantistiĝis. Fakte, May Harrison iĝis signifoplena en la vivo de Tilly Aston, ĉar kiam ŝi aŭdis, ke Tilly retiriĝis de sia universitata studado pro la manko de lernolibroj en brajlo, May ekkomencis tradukadon en brajlon. Tiu laboro daŭris dum dekok jaroj ĝis ŝia morto. May Harrison iĝis entuziasma sekretariino de la Viktoria Asocio de Brajlaj Skribantoj. La premion, kiun ŝi gajnis de la popola Plain and International Costume Ball (balo por homoj kun aŭ sen internacia kostumo), okazinta dum la dua Aŭstralia E-Kongreso en Melburno (1912), ŝi donacis al la brajla biblioteko.

Post ŝia morto la brajla biblioteko estis nomita en ŝia honoro. Ŝia influo daŭris longe post ŝia morto. "Neniam mi renkontis virinon, kiu tuj pli allogis min ol s-ino May Harrison. Ŝia animo loĝis en la okuloj - kuraĝa, verama, aminda homo," skribis ĵurnalistino de *The Advocate* (29 marto 1913). Ŝi neniam havis fortikan sanon; ŝia morto estis bato por la E-movado kaj por la Viktoria Blindula Societo. La ŝildo je ŝia memoro diras "ŝi estis la okuloj de la blinduloj".

Ŝia edzo Harrison kaj ŝia nevino Minnie Crabbe ambaŭ laboris por la E-movado.

Fontoj: Argus. Advocate (Melburno). Protokoloj de la Melburna E-Klubo.

HARRISON, s-ro J. D. (JOSEPH DRAKE)
(m. 72-jara, 7 aprilo 1924)

Sekretario de la Melburna E-Klubo en 1913, kiam li multe laboris por la movado. Fonda membro de la Melburna Komerca Klubo (1911). Edzo de May D. Harrison.

Fontoj: Argus (Melburno). Protokoloj de la Melburna E-Klubo.

HARRY, s-ro RALPH LINDSAY

(n. 17 marto 1917, Geelong – m. 7 oktobro 2002)

Esperantistiĝis en 1934 gvidite de pastro C. C. Cowling. Oni diras, ke li lernis E-n en du tagoj. "Ĝisosta esperantisto". Prezidanto de la E-klubo en Kanbero (1961). Donis paroladon je la malfermo de la sidneja E-Domo en Redfern (17 decembro 1960). Instruis E-n ĉe la Internacia Lernejo en Ĝenevo (1953-1956). Tradukis en E-n *La Eta Princo* (1961). Kune kun Volo Gueltling eldonis *Aŭstralia-Esperanto-Vortaro* (1990), ege utilan vortaron pri aŭstraliaj vortoj, kiuj ne troveblas en Plena Ilustrita Vortaro. Fekunda verkanto por E-ĵurnaloj, precipe *The Australian Esperantist*. Kunlaboris en la preparo de ekspozicio en Nacia Biblioteko de Aŭstralio pri E-eldonaĵoj (1987). Kontribuis al *Aŭstralia Antologio* kaj verkis gravan artikolon por la speciala eldono de *The Australian Esperantist* honore al la centjariĝo de E. Parolis pri E al mil membroj de Rotario en Albany (OA, 1962). Reorganizis E-movadon en Suda Vjetnamio (1965). Prezidanto de AEA (1960-1961). Kunfondis la E-grupon en Kanbero (1950). Tradukis en E-n *Deklaracio de Homaj Rajtoj* kaj *This Land Australia* (1960), propagandan broŝuron pri Aŭstralio.

Gajnis kiel tasmania kandidato la stipendion Rhodes. Leŭtenanto en AIF (aŭstralia armeo) dum la Dua Mondmilito. Studis en Loncestono kaj Hobarto. Diplomiĝis ĉe la Universitato de Tasmanio kaj en Oksfordo. Diplomatia servo de 1949. Aŭstralia ambasadoro ĉe Unuiĝintaj Nacioj, Ĝenevo (1953-1956). Direktoro de ASIS (aŭstralia spionservo, 1957-1960). Ambasadoro en Belgio kaj ĉe la Eŭropa Komunumo (1965-1968). Ambasadoro en Federacia Respubliko de Germanio (1971-1975). Konstanta Reprezentanto ĉe Unuiĝintaj Nacioj (1975-1978). Ambasadoro en la Respubliko de Sud-Vjetnamio (1965-1967). Aŭstralia komisionestro en Singapuro (1958).

Prezidanto de la prepara komitato por la oka kunsido de la Unuiĝintaj Nacioj. Verkis: *The Diplomat Who Laughed* kaj en E *Diplomato kiu ridis*, *Internacia leĝo en Aŭstralio*, *Leĝo de la oceanoj kaj Antarktiko*, *Briĝo-terminologio*. Multe kontribuis al la *Internacia Deklaracio de Homaj Rajtoj*.

OBE (ordeno de la Brita Imperio) 1960. CBE (Commander of the Most Excellent Order of the British Empire, 1963). AC (Kunulo en la ordeno de Aŭstralio) en 1980.

Direktoro de la Aŭstralia Instituto de Internaciaj Aferoj (dum emeritiĝo).

Reprezentanto de Aŭstralio ĉe la festo okaze de sendependiĝo de Kenjo en Afriko.

La spacŝipo Voyager, lanĉita en 1977, kunportis en al kosmon oran diskon kun registritaj tekstoj en 55 lingvoj. La E-tekston iniciatis, verkis kaj prezentis Ralph Harry: "Ni strebas vivi en paco kun la popoloj de la tuta mondo, de la tuta kosmo."

Fontoj: The Australian Espertantist. Wikipedia. *Ordeno de Verda Plumo.*

HART, ges-oj E. kaj BETTY

Aktivis en Sidnejo (1930 kaj 1982). Vojaĝis tra Eŭropo pere de E.

HARVEY, CHARLOTTE
(m. 77-jara, 12 majo 1992, Deniliquin, NSK)

Esperantistiĝis en 1987. Instruis E-n al knabinoj en Toowoomba. Dum dudek kvar jaroj instruis muzikon en Mildura.

HARVEY, s-ino WINIFRED
(m. 1 marto 1973, Toowoomba, KV)

La unua prezidantino de la E-grupo en Toowoomba post ĝia fondiĝo en 1970. Blindulino, ŝi kompetentiĝis en E pere de brajlo, magnetofono kaj diskoj. Kvankam kvieta, ŝi transdonis elstaran praktikan entuziasmon.

Fonto: Toowoomba Chronicle.

HASLUCK, f-ino DOROTHY
(n. novembro 1896, Novzelando - m. 9 majo 1978, Jamberoo, NSK)

Transloĝiĝis al Sidnejo en 1934. Aktivis en la 1970-aj jaroj. Partoprenis la UK-n en Tokio (1965). Fidela esperantistino.

HAWKS, s-ro JACK
(m. 1988 survoje al E-kongreso en Brisbano)

Esperantistiĝis en 1946. Ege fidela membro. Forte laboris por la Perta E-Ligo. Sekretario (1951), prezidanto (1953-1954, 1956, 1960, 1963-1964), post longa mondvojaĝo (1972-1973, 1981-1982 kaj 1985). Ĉeestis la UK-n en Stokholmo (1980). Multe vojaĝis, partoprenis en E-kongresoj, multe korespondis.

En siaj fruaj jaroj laboris ĉe bieno kaj fruktoĝardeno, poste nokte ĉe gas-kompanio.

HAY, ROBERT SNOWDEN, episkopo de Tasmanio
(n. 24 septembro 1867, Bishop Auckland, Durham, Anglio - m. 3 februaro 1943, Hobarto)

Membro de E-grupo en Warwick (1910-1911), ĝis li transloĝiĝis al Brisbano.

Fonto: Mercury (Hobarto).

HEARNE, s-ro EDMUND (EDDIE)
(m. 91-jara en 1991)

Esperantistiĝis en 1918 en Melburno, sub la influo de Joseph Skurrie. Poste membriĝis en la E-grupo de Coburg, dum jaroj de senlaboreco, kaj tre aktivis.

Lia familio venis al Aŭstralio el Skotlando (1910). Deksepjara eklaboris en karbminejo en Epswich (KV).

HEBBARD, s-ro FRANK FURNEAUX
(n. ĉirkaŭ 1895)

Instruis E-n kiam li estis estro de la ŝtata lernejo en Croydon, Melburno (1932-1936). Sindediĉa kaj progresema edukisto.

HEHIR, s-ro JACK POWER

Reprezentanto de la E-movado en la or-fosejoj de OA dum 1944. Li kaj lia edzino de tempo al tempo publike parolis pri E, speciale al la Kontraŭfaŝisma Ligo. Aŭtovendisto kaj taksiisto en Kalgoorlie.

HELDZINGEN, s-ro IVAN
(n. 23 novembro 1943, Finley, NSK – m. 10 marto 2013, St Kilda, VK)

Ivan estis unu el dek infanoj de katolika familio. Li esperantistiĝis je la aĝo de dek ses. Li legis pri E en iu gazeto kaj tiom plaĉis al li la ideo, ke li telefonis al la melburna E-klubo kaj tiel renkontis sian postan instruiston, la longtempe fidelan esperantiston William Drummond. En 1965, kiam Ivan loĝis en la E-domo, (The Crofts, Richmond, Melburno), li organizis spritan junularan E-grupon kaj edziĝis al alia entusiasma juna esperantistino, Heather Clarke. Ivan kaj Heather starigis E-grupon en Boronia (antaŭurbo de Melburno, 1967). Kun pluraj lojalaj membroj la grupo floris, sed post fondo de familioj kaj pro premo de studado la grupo post kvar jaroj disfalis. En 2003, kiam Ivan instruis la anglan lingvon en Ĉinio, li renkontis ĉinajn esperantistojn en la sama universitato, kaj tio renovigis lian intereson pri E. Reveninte al Melburno, li aktivis en la melburna klubo kiel instruisto kaj prezidanto kaj ĉeestis ĉiujn universalajn kongresojn. En 2012 li sukcesis ĉe internacia E-ekzameno kun honoro.

Kiam Ivan esperantistiĝis, li laboris en la Commonwealth Bank en Elizabeth-Strato, Melburno, kune kun Danny Kane. Tiam li studis komputilan sciencon kaj estris plurajn komercojn, ekzemple la Egg Board (komitato, kiu respondecis pri komerco per ovoj). Li atingis magistrajn diplomojn en financkontrolado kaj komputila scienco. Li lernis la indonezian lingvon kaj flue parolis ĝin. Poste li lernis la mandarenan kaj pasigis plurajn jarojn en Ĉinio instruante la anglan. Reveninte al Melburno, Ivan instruis la anglan kiel duan lingvon al neanglalingvaj studentoj, ke tiuj akiru kvalifikon por studado ĉe la universitatoj Deakin kaj Monash.

La nomo Heldzingen venas el Sud-Afriko, de kie venis lia patro.

Fonto: Heather Heldzingen.

HELM, f-ino FLORENCE (Florrie)

Fonda membro de la Melburna Komerca Klubo (1911).

HELM, f-ino MAUD
(n. 1885 – m. 15 aŭgusto 1949, Melburno)

Plumnomoj: Umanto. Ne juĝo. Matildo. Direktilo.

Esperantistiĝis en 1912. Fervora, dediĉa esperantistino, kiu multe propagandis pri la lingvo. Verkis poemojn en E (1922-1923). Komitatanino de AEA ekde ĝia fondo (1918). Ĉeestis E-kongresojn: Melburno (1912), protokolantino dum kongreso en Sidnejo (1920), prelegantino dum la kongreso en Sidnejo (1923). Anino de la estraro de la E-grupo en Melburno dum multaj jaroj (de 1919). Ŝia tri-kolumna artikolo "Esperanto" aperis en *Argus* (Melburno, 7 marto 1925). Ofte ludis rolon dum E-kunvenoj en

Melburno. Ŝi instruis E-n en la Katedrala Halo en Melburno kaj ĉe Women's Social Guild Hall, Fitzroy (1923). Multfoje parolis radie pri E. Organizis monkolektadon por la malsataj samideanoj en centra Eŭropo (1920).

Ĵurnalistino kaj verkistino, instruistino kaj violonistino. Nacia direktorino en Aŭstralio de la Internacia Romkatolika Asocio. En la angla verkis poemojn *Bush Frolics* (Boŝaj petolaĵoj, 1922) kaj multajn novelojn (ekzemple *Aphrodite, Moonlight and Wine* (Lunlumo kaj vino), *Love and Smoke* (Amo kaj fumo). Kontribuis al *Centenary Gift Book* (Centjara jubilea donaclibro ĉe Robertson & Mullens), kaj *The Australian Spinner* (poemoj).

Fontoj: Age. Advocate. Australasian. Weekly Times (Melburno). *The Mail* (Adelajdo). *La Suda Kruco.*

HENRY, s-ro JAMES DODDS

Sekretario kaj kasisto en Kanbero (de 1929).

Registara oficisto pri enlandaj aferoj. Interesiĝis pri la historio de matematiko .

Fonto: Canberra Times.

HERITAGE, s-ro E. F.

Sekretario de la E-grupo en Hobarto (1920-1923). Ĉeestis la trian Aŭstralian E-Kongreson en Sidnejo (1920).

Estro de buterfabriko F. W. Heritage & Co.

HEWISON, s-ro FREDERICK EDMUND
(n. ĉirkaŭ 1850, Sidnejo – m. 15 julio 1914, Sidnejo)

Fervora socialisto kaj esperantisto en Sidnejo de 1912. Fervora spiritisto kaj kontraŭkonskripciisto. Instruisto, stenografisto, termezuristo, ĵurnalisto.

Fontoj: International Socialist. The Scutineer. Sydney Morning Herald.

HEWISH, f-ino JOAN

Izolita sed vigla esperantistino. Instruistino ĉe ŝafbieno "plej proksime al la fervojo al Perto". Kelkfoje vizitis Rocket Range (raketlanĉejo, testejo de atombomboj) ĉe Woomera, SA.

Fonto: Advertiser (Adelajdo).

HILLERMAN, s-ro GEORGE

Aktivis en la E-grupo de Hobarto (de 1938). Sekretario-kasisto de AEA (1941-1943). Eldonis adresaron por Aŭstralio en 1942. Transloĝiĝis al Devonport (1941), kie li publike parolis pri E, ekzemple al grupo de Rotario.

Arbitracianto por rugbi-unia futbalo.

HINTZE, s-ino ANNA CATHERINE (naskita GRANT)

(n. 7 aprilo 1883 Wangaratta, VK - m. 30 aprilo 1963, Melburno)

Esperantistiĝis en 1923, kiam kuŝante en hospitalo ŝi ricevis de sia frato E-lernolibron. Ŝi entuziasmis pri la idealo kaj restis fidela al E ĝis la fino de sia vivo.

Ŝi edziniĝis al Arthur Alexander Hintze (9 marto 1912). Ŝi starigis la tre aktivan E-grupon en Coburg, Melburno (1931) kaj estis la gvidantino kaj instruistino de la grupo ĝis 1941. Membrino de AEA-komitato (1941). Dum multaj jaroj faris la permanan ekspedadon de *La Suda Kruco*.

"Fidela partoprenantino en ĉiu tasko konforma al ŝia kapablo," diris *The Australian Esperantist* (majo-junio 1963), "senlaca korespondantino kun alilandaj esperantistoj, kaj konstanta praktikantino de Esperanto kiel lingvo de la ĉiutaga realo. Ŝia feliĉa personeco prilumis ĉiun klubkunvenon. Oni ne trovas ŝian nomon sur paĝoj de prestiĝaj gazetoj ... Ŝia nomo pli daŭre restas, gravurita sur la koro de mil amikoj." Tre radikala politike, E estis preskaŭ ŝia religio. Kripla je unu kruro en fera splinto kaj kun lambastonoj, ŝi tamen estis tre vigla. Dum someroj ŝi instruis naĝadon.

Fontoj: La Suda Kruco. La Rondo. The Australian Esperantist.

HIOB, s-ro L.

Pasigis eble tri jarojn en Aŭstralio, ĉefe ĉe Millicent en la sud-oriento de SA, kiel laboristo ĉe bieno kaj ankaŭ en la pinarbaroj. Li skribis pri siaj impresoj pri Aŭstralio en *La Suda Kruco* (marto 1933). En 1930 li estis nacia reprezentanto en kurado kaj partoprenis ankaŭ en atletiko. En 1933 li vojaĝis al la altebenaĵo Atherton (KV), poste ŝajne reiris al Latvio. Li skribis: "Sed plaĉis al mi melburnaj samideanoj. Mi estis kortuŝita pro amikeco kaj bonvenigo inter ili." Kiam Ernest Maguire travojaĝis Aŭstralion (1927), ĉe Millicent li "konatiĝis kun finna esperantisto, kiu ne scipovis la anglan lingvon, kvankam dum longa tempo li loĝis en tiu vasta lando". Ĉu li parolis tie pri L. Hiob, aŭ ĉu Hiob alvenis al Millicent pro iu alia nenomita finno, ne estas klare.

Fontoj: Suda Kruco. South Eastern Times (Millicent, SA).

HOCKING, f-ino MARGARET T.

Sekretariino en Sidnejo (1963).

HODGE, f-ino MARY

Esperantistino en Adelajdo dum multaj jaroj. Fidela sed kvieta subtenantino. Ŝi estis la kunulino de Win Addis.

Fonto: The Australian Esperantist.

HODGSON, s-ro GEORGE E.

Esperantistiĝis en 1894, do tre frua esperantisto en Aŭstralio. Fonda membro de la E-klubo en Melburno (1905) kaj ĝia aktiva sekretario. Oni ne scias, kio okazis al Hodgson poste. En 1894 li loĝis en Barry Street, Northcote. Eble li transloĝiĝis al Tasmanio.

Fontoj: Protokoloj de la Melburna E-Klubo. *Zamenhof-Adresaro.*

HOGG, s-ino ADA MARIA (HALLIE), naskita HALIFAX
(n. Melburno – m. 16 junio 1937, Rose Bay, Sidnejo)

Hallie Hogg, forta personeco, entuziasmis pri E en Adelajdo. Prezidantino (1910-1913). Instruis E-n ĉe la Stenografia kaj Komerca Akademio de Adelajdo, kies estro estis ŝia edzo, William Hogg. Survoje al la UK en 1914 ŝi troviĝis en granda tumulto, ĉar deklariĝis la Unua Mondmilito. Ŝi estis unu el miloj, kiuj strebis atingi Londonon. Laboris en brita milita malsanulejo ĝis 1915, kiam ŝi iris al Francio por daŭrigi tie sian laboron. Laboris por la Ruĝa Kruco. Pro siaj servoj ricevis tri ordenojn kaj de la franca kaj la itala registaroj. Ŝi interesiĝis pri plastia ĥirurgio.

Verkis por ĵurnaloj. Ŝi skribis: "Mi honoriĝis kiel la unua virina pasaĝero en luksa aviadilo Handley-Page. Ni komencis bone, kun ses pasaĝeroj en brakseĝoj – mi, la unusola aŭstralianino. Dufoje ni surteriĝis pro neceso. Ni neniam atingis Londonon, nur Amiens, de kie ni daŭrigis la vojaĝon trajne kaj ŝipe al la celstacio de Londono." (*Journal*, Adelajdo, 1 aprilo 1920).

Ĉiam forta propagandistino de E, ŝi fine loĝis en Sidnejo, kie ŝi parolis de tempo al tempo al diversaj grupoj, ekzemple al la Lyceum-Klubo. Multege vojaĝis "En la fino de la dudekaj jaroj vojaĝis vaste kaj vivis en sesdek kvin malsamaj nacioj."

Fontoj: Advertiser. Journal (Adelaide). *Punch.*

HOGG, s-ro WILLIAM
(m. 22 majo 1912, Adelajdo)

Forpasis du semajnojn post sia elektiĝo kiel vicprezidanto de la Sud-Aŭstralia E-Asocio. Lia grava atingo estas la fondo de Komerca Akademio en Flinders-Strato, Adelajdo (1893).

HOLDSWORTH s-ro PHILIP JOSEPH

Zamenhof-Adresaro 1908. Dum multaj jaroj sekretario de la E-klubo en Gosford (de 1908). Eble filo de P. J. Holdsworth (1851-1902).

HOLKEN, s-ro H. W. R.
(m. 3 aŭgusto 1930)

Instruis (de 1921) E-n ĉe WEA (asocio por edukado de laboristoj) kaj donis kurson ĉe YWCA (kristana asocio por junaj virinoj) en Brisbano (1928). Lerta kaj sperta instruisto de lingvoj kaj muziko ĉe lernejo St Joseph's.

HOLLOW, f-ino NELLIE

Estrino de la E-grupo en Sandringham (VK, de februaro 1909 ĝis 1922). Kasistino de la Melburna E-Klubo (1911).

HOLLOW, s-ro JOSEPH GOLDSWORTHY
(m. 82-jara, 2 oktobro 1928, Sandringham)

Fondis la E-grupon en Sandringham (VK, februaro 1909).

HOLMES, s-ro PERCY
(n.18 marto 1892)

Esperantistiĝis en 1930. Edziĝis al esperantistino Margaret Bryden en Unitariana Eklezio. Prelegis pri E ĉe la melburna urbodomo (1930). Prezidanto de Melburna E-Klubo (1932). Kiam li transloĝiĝis al Seymour (VK), li komencis novan E-klason. Preparis E-ekspozicion (1971), kiu rondvojaĝis tra VK.

Junaĝe membro de la Reĝa Mararmeo. Poste laboris kiel elektristo.

HOOD, s-ro WILLIAM H.

Zamenhof-Adresaro 1907. Lia adreso estis: Australian Buildings, 49, Elizabeth-Strato, Melburno.

HOOPER, s-ro F. G.
(m. antaŭ 1927)

Esperantistiĝis en 1910, Adelajdo. Vicprezidanto en Adelajdo (1913) kaj en la mallongdaŭra Sud-Aŭstralia E-Asocio (1912-1913).

HOOPER, f-ino LYDIE
(n. 14 marto 1896, Ĝenevo, Svislando – m. 2 septembro 1999, Melburno)

Fervora esperantistino, kiu kuraĝigis multajn homojn ne nur pri E. Membro de la E-grupoj en Orrong kaj Malvern (de 1966). Instruistino de lingvoj.

Fonto: persona scio de Charles Stevenson.

HOOTEN, f-ino E. H.

(n.1874)

Prezidantino de la E-Asocio en Perto (1913-1914). Tre aktivis en la Laborista Partio, kaj la Parents and Citizens Association (asocio por gepatroj kaj civitanoj). Pli ol dudek jarojn komitatanino de la Labour Women's Central Komitato (ALP-a centra komitato por virinoj).

Fonto: West Australian.

HORNE, s-ro C. A.

Starigis la E-grupon en Nairne, SA (novembro 1913) kaj samtempe aranĝis E-klasojn por ĝi. Posedanto de la hotelo Millers Arms, sekretario de la Nairne Racing Club (ĉevalkonkursa klubo de Nairne) kaj tre aktivis en la Aŭstralia Laborista Partio.

Fontoj: Mount Barker Courier. Advertiser (Adelajdo).

HORNS, f-ino POLLY

Zamenhof-Adresaro 1907. Registara lernejo en Wolumla, NSK.

HOSSMANN, f-ino

Edziniĝis al esperantisto W. Hamann (Sidnejo, 1925).

HOWARD, s-ro WILLIAM H. (BILL)

(n. Meekatharra, OA – m. 30 junio 1977, Perto)

Esperantistiĝis aŭtodidakte en 1962. Sekretario de la Perta E-Ligo (1966-1973), kiam li kompetente verkis ĝian konstitucion. Parolis pri E ĉe televido. Multe faris por E. "... humura, bonkore helpema, sen ia ajn troa memfido."

Dum dek kvin jaroj estro de la registara fako de transportado.

Fontoj: West Australian. The Australian Esperantist.

HOWLE, d-ro WALTER CRESWELL

(n. 1876, Stafordŝiro, Anglio - m. 15 novembro 1931, Sidnejo)

Vicprezidanto de la E-klubo en Sidnejo ekde ĝia fondo en novembro 1909.

Membro de la medicina komisiono de NSK. Aŭtoritatulo pri tropikaj medikamentoj.

Fonto: Sydney Morning Herald.

HUDSON, s-ro PERCY T. B.

(m. 72-jara, 31 decembro 1949)

Esperantistiĝis en 1916. Sekretario de la Melburna E-Klubo (1918). "Ĝisosta esperantisto". Redaktoro de *La Suda Kruco* (junio 1923 – majo 1925, kaj januaro 1926 – majo 1929). Partoprenis en multaj kongresoj en Aŭstralio kaj Eŭropo (Prago, Helsingfors, Dresdeno, Berlino, Hago). Tradukis esperanten *Treasure Island* de Robert Louis Stevenson (1925).

Vojaĝis kvarfoje ĉirkaŭ la mondon per E.

Fontoj: La Rondo. Protokoloj de la Melburna E-Klubo.

HUGHES, f-ino A.

Vicprezidantino de la E-klubo en Melburno (1928). Esperantistino de 1923 kaj dum multaj jaroj.

HUGHES, s-ro CLIVE

Instruis E-n ĉe teknika kolegio en Brighton (antaŭurbo de Melburno, 1931-1932).

HUMPHREYS, d-ro S. C.

Izolita esperantisto en Beaufort, VK, en la 1920-aj jaroj.

HUNT, s-ro S. E.

Komitatano de la E-klubo en Maitland, NSK (1910).

HUNT, f-ino OLIVE

(m. 70-jara, 2 julio 1984, Perto)

Esperantistiĝis en 1964. Kompetenta libroperantino (1971-1979). Partoprenis multajn kongresojn.

Instuistino de junaj infanoj. Instruis E-n en Applecross (1970-1973).

HUSSEY, s-ro GEORGE G.

Esperantistiĝis en 1916 en Melburno kaj tuj iĝis vigla kaj memfida parolanto. Li multe klopodis por la melburna grupo ĝis 1925, kiam li transloĝiĝis al Shepparton. Partoprenis en pluraj aŭstraliaj kongresoj, kaj la UK-n en Oksfordo (1930). Kvankam li loĝis for de kluboj, li restis kiel eble plej aktiva en la movado.

En Shepparton li estis optikisto kaj fratulo de la Viktoria Optika Asocio. Bone konata en la muzika mondo kiel harpludisto.

Fontoj: La Suda Kruco. The Argus (Melburno). *Shepparton Advertiser.*

HUTCHINSON, s-ino RUBY

Sektretariino de la E-Ligo de Perto (1950) kaj poste estraranino. Malfermis la Aŭstralian E-Kongreson de 1958. Membro de la parlamenta supera ĉambro de OA (de 1954). Parolis pri E en la parlamento.

Fontoj: West Australian. The Australian Esperantist.

HUTTON, s-ro HAROLD

Membro de la estraro de la brisbana E-grupo dum multaj jaroj, ĝis li foriris al Eŭropo (1933). Kiam Harold kaj lia edzino foriris, la brisbana klubo perdis du viglajn agantojn. Ludis violonon ĉe E-festoj. Kiel danko, la brisbana klubo donacis al s-ino Hutton ledan vojaĝ-sakon kaj al s-ro Hutton oran E-insignon.

Fonto: Telegraph (Brisbano).

HUTTS, s-ro ALBERTUS
(m. 28 oktobro 1991, Perto)

Aktivis en la Perta E-Ligo (1975-1986). Tie prezidanto (1977-1978). Ofte flue parolis pri siaj militspertoj en Nederlando dum la nazia okupaciado. Alvenis Aŭstralion en 1955. Aranĝis neforgeseblan E-piknikon apud rivero Swan.

Fonto: La Nigra Cigno.

HYDE, s-ro ARTHUR MAURICE
(n. 5 aprilo 1891, Melburno – m. 14 januaro 1965, Toowoomba, KV)

Pseŭdonomo: Antoni Delsudo aŭ Delsudo.

Zamenhof-Adresaro 1908.

Unu el la plej elstaraj aŭstraliaj esperantistoj. Aniĝis en la E-klubo en Melburno (aŭgusto 1907) deksesjara. Fonda membro de la Melburna Komerca Klubo (1911). Vicprezidanto en Melburno (1919). Ĉeestis la unuan Aŭstralian E-Kongreson (Adelajdo, oktobro 1911) kaj la trian en Sidnejo (1920). Prezidanto de AEA (1921). Verkis artikolon en E-gazeto pri arkitekta konkurso por plani Kanberon, kiun Agache legis kaj en kiu partoprenis. En februaro 1917 publike prelegis pri E en Hobarto – tre necese, ĉar malgranda sed brua Ido-grupo kontraŭis ĉion, kion la esperantistoj aperigis en la tagĵurnaloj. La unua redaktanto de *La Suda Kruco* (1920-1921). Pasigis du jarojn en Rabaul (Nov-Gvineo, 1919) kie li starigis E-lecionojn por ĉinoj.

Transloĝiĝis al Brisbano (junio 1927) kaj nelacigeble aktivis en KV. Prezidanto en Brisbano (1928-1936). Multe parolis pri E ĉe la radio (kutime ĉe 4QG), ekzemple pri E en ĉi tiuj tagoj kaj plurfoje okaze de Zamenhof-festoj. Prelegis pri E ĉe multaj grupoj, ekzemple Asocio de Instruistoj, Poŝta Instituto, Unio de la Ligo de Nacioj, Rotario, ktp. En *Sunday Mail* de Sidnejo aperis (1928) *Babel of Tongues* (lingva Babelo).

En 1918 eldoniĝis lia lernolibro, verŝajne unu el la plej elstaraj aŭstraliaj verkoj pri E *The Esperanto Guide: a complete manual of the international language for English-speaking people* (Esperanto-gvidilo: plena manlibro de la internacia lingvo por angleparolantoj), eldonita en Melburno de Speciality Press, 214-paĝa. Ĝi enhavis 65 paĝojn de ekzercoj, stimulaj legaĵoj, ktp. Ĝi vendiĝis tutmonde.

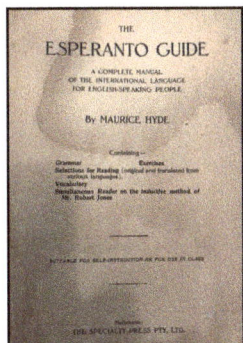

En 1927 kune kun Lauri Laiho el Finnlando li verkis *Aŭstralio: lando kaj popolo* (eldonis Ferdinand Hirt & Sohn, Lepsiko), elstaran raporton pri Aŭstralio en la 1920-aj jaroj kun serioza kompreno de la fortaĵoj kaj malfortaĵoj de la aŭstralia karaktero, vivo de ŝafbienistoj, vivo en la urboj, kaj la vivo de la aŭstraliaj indiĝenoj. La verko estis tradukita en la finnan, iom strange ĝi neniam tradukiĝis en la anglan.

Hyde vojaĝis tra Eŭropo (1913-1914), estis en Parizo kun la intenco ĉeesti la UK-n, kiam eksplodis la Unua Mondmilito. La kongreso estis nuligita. Laŭ *Table Talk* (5 novembro 1914) Hyde malgraŭ malfacilaĵoj sukcesis sekure venigi el Parizo al Anglio klason da junaj esperantistinoj. Reveninte al Melburno, li rapide iĝis la porparolanto de la lingvo kaj liaj paroladoj estis eldonitaj en la tagĵurnaloj.

Filo de talenta kaj bonkonata ĵurnalisto, li lernis kaj la francan kaj la hispanan. En 1909 li ricevis la plej bonajn rezultojn en la ekzameno por eniri la publikan servon kaj laboris en la Home Office (departemento pri enlandaj aferoj) ĝis 1913. Pseŭdonomo necesis, ĉar li estis ano de la tutlanda publika servo. Kiel kontrolisto de registaraj kontoj li laboris en pluraj aŭstraliaj ŝtatoj de tempo al tempo. En 1923 membriĝis en la Katolika Eklezio.

Esperanto en Papuo, 2 aŭgusto, 1922

Fontoj: Punch. Mercury (Hobart). *Table Talk. Sydney Mail. Sunday Times* (Sydney). *Courier* kaj *Telegraph* (Brisbane). *La Suda Kruco.*

ILLINGWORTH, s-ro WALTER L.
(m. 29 septembro 1986, Rowethorpe apud Perto)

Aktivis ekde 1945. Iama membro de la estraro de la Perta E-Ligo. Multe vojaĝis tra ekzotikaj landoj kaj poste prelegis pri ili, uzante lumbildojn.

Bankisto ĉe Bruce Rock, OA, kie Tim Einihovici enkondukis lin al E. Tre aktiva en vivo de la urbo, sekretario de la Agrikultura Societo. Dum multaj jaroj ĉefsekretario en la magistrato de Narrogin (OA).

Fontoj: The Australian Esperantist. Bruce Rock – Corrigan Post.

JAMES, f-ino MARTHA BEATRICE
(m. 88-jara, 31 oktobro 1966)

Jam esperantistino, kiam ŝi migris al OA (1909).

Fidela membrino ĝis sia morto.

JOHNSON, s-ro

Instruis E-n ĉe Adult education (instruado al plenkreskuloj, Townsville, 1961).

JONES, pastro H. GWYNNE

En julio 1906, kune kun s-ino C. E. Millward, starigis E-klubon en Bendigo ĉe Gerton-Kolegio. Prezidanto ekde julio 1906. Tiam li instruis ĉe Kolegio de Sankta Andrew, sed ne longe poste li forlasis Bendigon por studi en la universitatoj de Glasgovo kaj Berlino, kie li ordeniĝis en la presbiteriana eklezio kaj ŝajne ne plu flegis E-n. Dum multaj jaroj li estis pastro de la preĝejo de Sankta Andrew en North Brighton (VK).

Fontoj: Bendigo Advertiser. Argus (Melburno).

JONES, T.

Zamenhof-Adresaro 1908. Mulwala, NSK.

JOHNSON, s-ro H. E . (aŭ A. H.)

Sekretario de la melburna E-klubo (1911). Membro ankaŭ de la Melburna Komerca Klubo ekde ĝia komenco en 1911. Sekretario de la dua Aŭstralia E-Kongreso (Melburno, 1912).

JOLIFFE, s-ro JOHN

Sidnejano. Ĉeestis la trian kaj kvaran Aŭstraliajn E-Kongresojn en Sidnejo (Pasko 1920 kaj 1923). Prelegis pri E al instruistoj de la eduka fako de NSK (1923).

JOLLIFFE, s-ro ERIC ERNEST
(n. 31 januaro 1907, Portsmouth, Anglio – m. 16 novembro 2001)

Artisto en Sidnejo. Kreinto de *Saltbush Bill* kaj de aliaj humuraj bildstrioj. Ĉeestis la 4-an Aŭstralian E-Kongreson (Sidnejo, Pasko 1923). Sekretario en Sidnejo (1922), bibliotekisto (1923).

Fontoj: Sun (Sydney). *Sydney Morning Herald. The Worlds' News* (Sydney).

JOLIFFE, f-ino JESSIE

Prezidantino en Sidnejo (1921-1922), kasistino (1923), bibliotekistino (1919).

JULLIE, f-ino LILY (poste GOLDSMITH)
(n. en KV)

Esperantistiĝis en 1969, Manlio (NSK). Kasistino en Sidnejo (1970). Edziniĝis al esperantisto C. C. Goldsmith (10 marto 1971).

Fonto: The Australian Esperantist.

KANE, Profesoro DANIEL (Danny) ALAN

(n. 25 januaro 1948 - m. 16 aprilo 2021)

Daniel Kane loĝis en Richmond, antaŭurbo de Melburno, kie li estis ĉirkaŭata de la lingvoj de la postmilitaj eŭropaj enmigrintoj al Aŭstralio. Tio fascinis lin, kaj li entuziasme lernis kelkajn vortojn en diversaj lingvoj. En la mezlernejo li konatiĝis kun E per lernolibroj en loka biblioteko. Li kontaktis la melburnan E-klubon kaj ellernis la lingvon kun tre spertaj enmigrintaj esperantistoj.

Li studis la rusan kaj ĉinan lingvojn en la Universitato de Melburno, kaj poste specialistiĝis pri la ĉinaj lingvo, literaturo kaj kulturo ĉe la Aŭstralia Nacia Universitato, kie li diplomiĝis (MA, magistra diplomo, pri ĉina politiko kaj PhD, doktora diplomo, pri ĉina filologio) en 1974.

En 1975 li aliĝis al la aŭstralia diplomata servo kaj laboris en la aŭstralia ambasado en Pekino ĝis la fino de 1980, la periodo inter la fino de la kultura revolucio kaj la komenco de la reforma periodo en Ĉinio. Post tio li revenis al Aŭstralio por daŭrigi sian akademian karieron en la Universitato de Melburno. En 1995 li ree aliĝis al la aŭstralia ambasado en Pekino, kie li plenumis la postenon de kultura konsilisto, respondeca pri kulturaj rilatoj inter Aŭstralio kaj Ĉinio. En 1997 li estis promociita al la posteno de profesoro de ĉinaj studoj ĉe la Universitato Macquarie. Li ofte vojaĝis al Ĉinio, kaj ankaŭ vizitis aliajn lokojn: Anglion, Francion, Italion, Rusion, Mongolion, ktp. Li emeritiĝis en 2014.

Post emeritiĝo li multe vojaĝis, ofte partoprenanta esperantajn aferojn en diversaj landoj, inkluzive Hispanion, Rumanion, Kroation, Israelon, Indonezion, Ĉinion kaj Aŭstralion. Li partoprenis UK-jn en Nederlando, Ĉinio, Aŭstralio, Suda Koreio, kaj Portugalio.

Li estis honora profesoro en tri ĉinaj universitatoj. En 2016 li instruis seminarian kurson en Universitato Yale pri mortinta lingvo uzata en Ĉinio antaŭ mil jaroj. Li ankaŭ partoprenas multajn kunvenojn pri ĉinaj aferoj en diversaj landoj. En 2015 li estis elektita *Fellow of the Australian Academy of the Humanities* (Fratulo de la Aŭstralia Akademio pri Homaj Sciencoj). Li estis monda klerulo pri Jurchen kaj Kitan, la lingvoj de la Ĉinia dinastio Liao (907-1125).

Li estis tre feliĉa kun Ye Xiaoqing, kiun li edzinigis en 1987. Post ŝia morto li neniam plu estis la sama homo.

KAY, s-ro HARRY

(m. januaro 1922)

Sekretario de la E-klubo en Brisbano (1906-1907). Instruisto de stenografio dum multaj jaroj, kune kun W. Schoch. Membro de la grupo, kiu prizorgis Hansard (parlamentajn protokolojn).

KELLY, s-ro FREDERICK GEORGE, (F.G.)

(m. 24 aŭgusto 1911)

Sekretario de la E-klubo en Hobarto ekde ĝia fondiĝo (oktobro 1906). Kasisto (de 1907) ĝis kiam bakista ĉaro mortige frapis lin (1911). Propagandis pri E en kelkaj gazetoj. Estris komercan lernejon de stenografio kaj tajpado. Aktivis en multaj komunumaj societoj, precipe en la literatura kaj debata societoj. Lia morto estis forta bato al la hobarta E-grupo.

Fonto: Mercury (Hobarto).

KEMPSON, f-ino JEAN CROWLE
(n. 10 septembro 1906 – m. 19 julio 1993, Glegowrie, SA)

Aktivis en Adelajdo antaŭ 1948. Instruistino en provincaj sudaŭstraliaj lernejoj, ekzemple Coomandook Siding, Mt Bryan East, kaj Waitpinga. En 1938, en la tempo, kiam la judoj jam estis persekutataj en Germanio, ŝi skribis viglan leteron al *Advertiser*: "Defio al Aŭstralio", kiu rekomendis, ke Aŭstralio akceptu judojn el Germanio.

Fontoj: Advertiser (Adelaide). Hilier.

KENDALL, d-ro WILLIAM TYSON
(n. 1851, Sunny Bank, Torvor, Anglio – m. 11 aŭgusto 1936, Melburno)

Esperantistiĝis por transmara vojaĝo en 1910, sed malkontentis, ĉar E ne estis universale parolata. Partoprenis la unuan Aŭstralian E-Kongreson en Adelajdo (oktobro 1911). Prezidanto de la dua E-kongreso en Melburno (1912). Prezidanto de la E-klubo en Melburno (1911-1912 kaj 1915). Prelegis pri E ĉe la Reĝa Societo de VK (marto 1912).

Oni nomis lin la patro de la veterinara scienco en VK, ĉar li fondis Veterinaran Kolegion (1888), kiu poste iĝis fakultato de la Universitato.

Fontoj: Advertiser (Adelajdo). Argus (Melburno).

KENDLE, s-ro R.

Sekretario de la E-Klubo en Brisbano de la komenco en februaro 1906. Dum multaj jaroj estis la registristo de Friendly Society (Amika Societo, financa investa organizo).

KENNEDY, s-ino A. C.

Hobarta Z-Ligo antaŭ 1909. Instruistino de lingvoj. Estris la Lernejon de Sankta Cyr por knabinoj en Hobarto. Poste kasistino de la Ligo de Nacioj en TAS.

KENNEDY, pastro W. D.

Zamenhof-Adresaro 1906.

Kiam li estis rektoro de la preĝejo de Ĉiuj Sanktuloj en Tumut (NSK), li starigis la E-klubon Ĉiela Lumo Gvidu (1908), unu el la plej unuaj en Aŭstralio.

En oktobro 1912 predikis en E dum la dua Aŭstralia E-Kongreso en la preĝejo de Sankta James en Melburno, kie unu kontraŭanto de fremdlingva prediko (Esperanto) devis esti forsendita el la diservo!

Fontoj: Tumut and Adelong Times, Argus (Melburno). Church of England Messenger.

KIDD, d-ro CLEMENT L. (CLEM)
(n. Chelmsford, Anglio - m. 64-jara, 12 junio 1953, Brisbano)

Sindediĉa esperantisto de 1913. Lia hejmo nomiĝis "Bonvenu".

Delegito de la tria Australia E-Kongreso, Sidnejo (aprilo 1920). Sekretario de la brisbana E-klubo (1915-1924), poste membro de la estraro ĝis 1940. En 1915 sendis E-kurson al la Aŭstralia Ekspedicia Armeo.

Ofte parolis pri E ĉe radiostacioj 4QG kaj 4BC. "Tre kvieta, justa, honesta kaj bonhumora". Instruisto pri kortobirdaro ĉe la Fakultato de Agrikulturo ĉe universitato.

Unu el la fondintoj de la Cooperative Union (kooperativa unio) de KV.

Fontoj: La Rondo. *Courier Mail* (Brisbano).

KING, s-ino VALDA

Intruis komencantojn (1963), kvankam ŝi eklernis E-n nur unu jaron antaŭe. Aktivis dum multaj jaroj. Vicprezidantino en Melburno (1967).

KIRKWOOD, GRACE, vidu BARLOW

KNIGHT, f-ino

Instruis E-n ĉe fako de edukado por plenaĝuloj en Chartres Towers, KV (1961).

KOPPEL, s-ro HERBERT
(n. en Aŭstrio - m. 1999)

"Sklavo de Esperanto." Elstara esperantisto, kiu multege laboris por la E-movado en Aŭstralio.

Organizis la unuan post-militan AEA-kongreson en 1950. Fakte li revivigis la aŭstraliajn kongresojn. Li estis la organizanto ankaŭ de kongresoj en 1958, 1964, 1972 kaj de la Pacifika Kongreso (1976). Sekretario de AEA (1950-1967), vicsekretario (1968-1985).

Redaktis The Australian Esperantist (1974-1989). Multaj plendis pri lia redaktmetodo, sed neeviteble dum tiel longa tempo moderneco demandis novan stilon.

En la melburna E-klubo li estis sekretario dum multaj jaroj. Estis lia ideo aĉeti konstruaĵon por E-domo (Esperanto Domo, 10 The Crofts, Richmond, VK). Li havis multajn bonajn ideojn por progresigi E-n, sed lia inklino al malĝentileco ofte forpelis bonkorulojn. Koppel, kiu laboris galopege, iam diris, ke "la registaro laboras je la rapideco de heliko artrita."

Esperantistiĝis en 1928, kiam li trovis la vorton "Esperanto" en krucvortenigmo. Aĉetis libron pri ĝi kaj trovis, ke la estro de la ĝardeno, kie li laboris dum la jaroj de ekonomia depresio, verkis ĝin! Membriĝis en E-klubo kaj baldaŭ sekretariiĝis. Fondis la "Harmonia E-Socio", poste la plej grandan el la vienaj E-kluboj. Oni faris lin estro de la Aŭstria E-Presservo.

Kiam venis nazioj al Aŭstrio, Koppel transiris al Anglio, kie, kiel studanto de inĝenierado, li unue malliberiĝis kiel alinaciano de malamika fremda lando, poste transŝipiĝis al Kanado. Tie li loĝis dum 1940-1948. Venis al Aŭstralio (1948) por viziti fraton kaj renkonti aŭstraliajn esperantistojn.

Li donacis (1971) trofeon por dramo-konkurso dum kongresoj, poste nomita "La Herbert Koppel Dramo-Trofeo de AEA". Edziĝis (13 novembro 1951) al samideaninino el SA, Faye Andres.

Fonto: The Australian Esperantist.

KOPPEL, s-ino FLORENCE (Faye), naskita ANDRES
(n. 10 aŭgusto 1912, North Adelaide, SA – 2003 Melburno)

Modesta, sed ege kompetenta esperantistino. Ŝi sukcesis kun honoro ĉe la klereca ekzameno.

Verkis multajn nekrologojn pri esperantistoj, kiujn ŝi bone konis. Aŭtoris libreton De Z al A en tri Epokoj (1970) pri la E-literaturo.

Prelegis, instruis kaj aktivis dum multaj jaroj en la E-klubo de Melburno. Kolektis E-receptojn de ĉie en la mondo.

Eklaboris kiel guvernistino de ses geknaboj ĉe izolita bieno en la regiono de Broken Hill. En la ŝtata servo de SA iĝis sekretariino de la direktoro de la kontraŭtuberkuloza fako.

En 1939 aŭtodidakte lernis E-n, unu lecionon tage, el *A Concise Course in Esperanto* de Len Newell, kiu iĝis ŝia mentoro. Edziniĝis al Herbert Koppel.

Fonto: The Australian Esperantist.

KOSTINEK, s-ro BOHUSLAV
(n. 1931, Hradec Kralove, Ĉeĥio)

Eksterleĝa filo de ĉeĥoslovaka generalo Bohuslav Vŝetiĉka, komencis post la fino de la milito studi en la "reala" gimnazio (mezlernejo koncentriĝanta pri matematiko kaj sciencoj) en Karlovy Vary (Ĉeĥio).

Post la politikaj ŝanĝoj en februaro 1948 la studentoj decidis en majo protesti kontraŭ enkonduko de komunismaj praktikoj en lernejojn kaj postulis liberajn demokratiajn elektojn. Inter la popolo cirkulis letero alvokanta al bojkotado de elektoj. Rilate al tiu letero polico vizitis la familion de Kostinek, pridemandis Bohuslav kaj postulis, ke li konfesu sian aŭtorecon de la letero. Ĉar li ne konfesis, oni baris lin kaj liajn kunlernantojn el la lernejo. Antaŭ ebla enkarcerigo Bohuslav kaŝis sin en la proksima aŭgustena monaĥejo kaj de tie kaŝe fuĝis al Francio kaj fine al Aŭstralio. Iom poste li ofte skribis al lokaj esperantaj revuoj el la urbo Tarramurra en NSK.

Ekde lia formigro oni ne havas pri li informojn en Ĉeĥio. Oni nur scias, ke li dediĉis sin al E. Li verkis artikolojn por la *Nica Literatura Revuo*, ekzemple "Inter la Koraloj", kiu temas pri lia junaĝo, kiam li laboris sur malgranda ŝipo Roylan vojaĝanta al la insuloj Whitsunday kaj la Granda Bariera Rifo.

LAIHO, s-ro LAURI ISAK

(n. 19 julio 1895 – m. 4 januaro 1932)

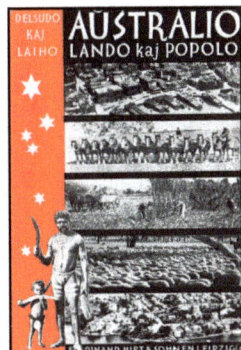

Ĵurnalisto el Finnlando, kiu en 1924 loĝis en Melburno kaj ĉeestis la E-kongreson de 1925. Li redaktis anglalingvan gazeton en Aŭstralio, sed oni ne scias kiun. Lia kontribuo al Aŭstralio ja estis granda, ĉar kune kun Maurice Hyde li verkis *Aŭstralio: lando kaj popolo* (1927), tradukitan de Laiho en la finnan (1930, eldonita en Porvoo de la firmao Werner Soderstrom). *Sunday Mail* de Brisbano (8 julio 1928) skribis: "La vidpunkto de malkaŝema alilandano kun tiu de aŭstraliano, verŝajne estas unika." Li priskribis la karakteron de aŭstralianoj, bonan kaj malbonan, en ĉapitro "Diversaj notoj". En la finna li verkis libron ankaŭ pri Nov-Gvineo: *Tropikin Kuvia* (1928). En Finnlando li estis direktoro de reklamfirmao. Li kontribuis al *La Suda Kruco* tiel bele, ke oni deziris, ke li verku pli. En Melburno li elkore dediĉis sin al esperantaj aferoj kaj ĝenerale estis ŝatata pro sia afableco. Post Melburno li vizitis Rabaul (Nov-Gvineo). Li estis internacie konata kaj havis vere internacian vidpunkton. Li ĉeestis plurajn UK-jn. Oni diris "Ĉiam gaja funkciulo en la helsinka societo "La Polusstelo".

Fontoj: La Suda Kruco. Sunday Mail (Brisbano). Vikipedio. *Enciklopedio de Esperanto.*

LAMB, d-ro WILLIAM

(m. 89-jara, septembro 1941, Mont Albert, VK)

Esperantistiĝis aŭtodidakte en 1907, kiam li loĝis en Mannum (SA). Onidire li estas la unua sud-aŭstraliano, kiu esperantistiĝis. "Mirige kapabla," kvankam li ne povis interparoli en la lingvo, ĉar li loĝis malpoksime de Adelajdo, en Elliston ĉe la Granda Aŭstralia Golfo, kie li stariĝis klason (1910). Diplomiĝis en 1910 ĉe la Brita E-Asocio. Multe uzis kaj laŭdis du aktualajn esperantlingvajn medicinajn periodaĵojn.

Loĝis en Sidnejo (1878), Brisbano (1880), Bendigo (1902-1904), Mannum (SA), Elliston, (1904-1908, 170 km okcidente de Port Lincoln), Hummock's Hill (nuntempe Whyalla, 1911-1925). Havis aventuran vivon. Kiam la ŝipo Grace Darling, kies pasaĝero li estis, alproksimiĝis al Elliston, la maro estis tre danĝera kaj krome oni devis preterveturi teruran rifon.

Ŝajne vidvo, li loĝis kun siaj du filinoj. Publike prelegis pri E en Elliston, kaj ĉie kie eblis.

Fontoj: multaj aŭstraliaj tagĵurnaloj.

LAMBTON, pastro A. H.

En la anglikana misiejo de Gedulalara, Samarai (Papua Nov-Gvineo) verkis angle pri indiĝenaj legendoj en *Rakontoj el Papuo* (1932).

Fontoj: Daily Mail, Telegraph (Brisbano). *Bowen Independent.*

LAMPREY, f-ino D.

(m. iam inter 1967 kaj 1969)

Dum kelkaj jaroj fervora membro de la E-Ligo de Perto.

Inspektistino de kudromaŝinoj en OA.

LANCASTER, s-ro GEORGE G.

En la hobarta E-grupo sekretario (1957-1963), prezidanto (1964). Instruisto ĉe *Friends' School.*

LANG, s-ro JOHN

Zamenhof-Adresaro 1906. Carlowrie, South Preston (VK).

LANGTREE, s-ino JESSIE W.

(m. 6 februaro 1969, Kimrio)

Aktivis en Aŭstralio de 1941, antaŭ ol ŝi migris al Britio.

LANYON, s-ro HENRY MAYNARD

(n. 1876, Milbrook, apud Ballarat – m. 1967 Melburno)

Edukiĝis en Boort (VK). Esperantistiĝis en 1907 en Corryong (VK). Tuj entuziasmis pri E. Instruis sian tutan familion kaj multe korespondis poŝtkarte, precipe kun homoj en la centra Eŭropo. Interese, ke post la Unua Mondmilito Lanyon ricevis grandan pakaĵon, en kiu estis liaj poŝtkartaj korespondaĵoj el la milita tempo. En 1917 li multe skribis al la usona prezidento kaj aliaj gravaj homoj pri la ideo postmilite fondi iun unuiĝintan naciaron kun internacia armeo.

Kiam li estis lernejestro de ŝtata lernejo en Wodonga (1924-1927), li entuziasmigis pri E du tieajn instruistojn – James Rosenberg kaj Edith Gartner. La infanoj skribis poŝtkartojn al alilandaj lernejanoj kaj la korespondaĵoj estis senditaj al Varvara Seriŝeva en Barnaul, Siberio, kiu intencis verki libron pri infanoj tra la mondo.

Lanyon instruis E-n en la ŝtata lernejo en Napier (Fitzroy) kaj poste en ŝtata lernejo en Mitcham (Melburno). Li persvadis la fitzroyan sekcion de la Aŭstralia Laborista Partio varbi, ke E estu parto de la ŝtata lernoprogramo.

Lia nepo estis la fama historiisto Geoffrey Blainey.

Fontoj: Woodonga Sentinel. Advocate (Melburno). *Argus* (Melburno). *Before I Forget* de Geoffrey Blainey (2019).

LANYON, s-ro CECIL

Filo de Henry Lanyon. Prezidanto de E-grupo en Malvern.

LARCHER, f-ino ELSIE

Membrino de la Melburna Komerca Klubo en la 1920-aj jaroj.

LAWSON, f-ino NANCY, poste COWLING

Edziniĝis al esperantisto Cedric C. Cowling (aŭgusto 1940).

LEAH, s-ro BILL

(n. 1916, Manĉestro, Anglio - m. 1990, NSK)

Lernis E-n en sia junaĝo, sed serioze studis ĝin en 1952, kiam li migris al Aŭstralio. En Gunnedah (NSK), kie li fine loĝis, li starigis E-rondon. Li ĉeestis kongresojn kaj en

Aŭstralio kaj en Eŭropo (Budapeŝto kaj Varsovio).

Kiel soldato en Egiptio li iĝis eksperto pri radioaparatoj. Kiam Singapuro estis okupaciita de la japanoj, la ŝipo, per kiu li eskapis, sinkis. Leah estis en la maro dum pluraj horoj, ĝis li surteriĝis en Sumatro. Pri tiu sperto li verkis angle *The Sultan's Curtain* (la kurteno de sultano). Kaptite de la malamika rusa armeo li devis marŝi tra la neĝo longan distancon orienten kaj perdis ambaŭ krurojn pro frostvundoj. Poste uzis krurajn protezojn. La *Journey to Somewhere* (vojaĝo ien) temas pri tiu sperto. En Aŭstralio laboris ĉe radio kaj televido. "Elstara ekzemplo de homo, kiu triumfis kontraŭ granda handikapo", diris lia nekrologo. Redaktis teknikan ĵurnalon.

Fonto: The Australian Esperantist.

LEAKEY, s-ro JAMES

El Anglio, li neniam vizitis Aŭstralion. Lia ideo pri imagita ĝardena urbo ie en la mezo de Aŭstralio ricevis grandan reklamadon en 1930, kiam li rekomendis ĝardenan urbon, sen mono, en meza Aŭstralio, priloĝata de kvindek E-parolantaj geedzoj.

Fontoj: The Sun (Sydney) kaj pluraj aliaj.

LEE, f-ino

Vicprezidantino de la loka E-klubo en Sidnejo (1921-1922). Ĉeestis plurajn E-kongresojn.

LEE, s-ro CHARLES ARTHUR
(n. ĉirkaŭ 1872 - dronis 19 oktobro 1934, North Harbor, Sidnejo)

> INTERNACIA HELPA LINGO(
> ESPERANTO.
> ———
> A Meeting of all those intereste
> in the above will be held at Saron
> Studio THIS EVENING, at
> o'clock.
> Friends Cordially Invited.
> CHAS. A. LEE,
> Convener.

Kalgoorlie Miner, 14 junio, 1906

Pionira esperantisto en Aŭstralio. Ege aktiva en Kalgoorlie, starigis tie E-grupon (14 junio 1906), kiu unu jaron poste iĝis la Goldfields Esperanto-Group (E-grupo de la orfosejoj). Ofte prelegis pri E al la Kongregacia Eklezio, la Orienta Orfoseja Virina Labora Ligo, la Jarcenta Klubo, la Meĥanika Instituto de Kalgoorlie kaj la Kanowna Laborista Grupo. Verkis longan artikolon pri E en la *Western Argus* (oktobro 1907).

Ege bone konata en Kalgoorlie kiel sindikatano. Sekretario de la Amalgamated Workers' Association (asocio de unuigitaj laboristoj), Political Labour League (politika ligo de laboristoj), Goldfields Trade and Labor Council (konsilio de metiistoj kaj laboristoj), kaj sekretario de la Irlanda Ligo. Transloĝiĝis al Broken Hill (1908), kie li malsukcesis starigi E-grupon, kvankam li prelegis pri E en la loka Socialdemokrata Klubo.

Naŭ jarojn li laboris ĉe Kalgoorlie Western Argus, estis anstataŭa redaktoro de la *Barrier Daily Truth* (Broken Hill, NSK), ĝis ĝiaj administrantoj entrudis sin kaj li ĉesis redakti. Stabano de *Advertiser* (Adelajdo) en 1911, kaj poste ĉe *Daily Telegraph*

(Sidnejo). Prezidanto de la Aŭstralia Ĵurnalista Asocio (1916). Iom post iom li perdis sian memorkapablon; dum kelkaj tagoj li ne estis trovebla, ĝis lia korpo estis trovita en la sidneja haveno. "Elstara laborista ĵurnalisto, unu el la plej ĝentilaj, ĉiam preta helpi viktimojn kaj afliktatojn".

Fontoj: Australian Worker. Advertiser (Adelajdo). *Kalgoorlie Western Argus. Sydney Morning Herald. Daily Telegraph* (Sidnejo).

LEE, f-ino E.

Sidnejo. Ĉeestis aŭstraliajn E-kongresojn de 1912-1923.

LE FEVRE, s-ino PAT

Anino de la E-grupo en Loncestono, samloke sekretariino (1981-1985).

LE FEVRE, s-ro VERNON MACKENZIE (MAC)
(n. 15 februaro 1923, Pyengana, TAS - m. 24 decembro 2004, Loncestono, TAS)

Esperantistiĝis en 1973, enkondukite de Jack Gibson. Helpis starigi la E-klubon en Loncestono, kie li estis prezidanto (1974-1975 kaj 1981-1982). Prezidanto de AEA (1984-1985). Kasisto de la 21-a Aŭstralia E-Kongreso en Loncestono (1978).

ALP-deputito (laborista partio) por la elektodistrikto Bass en la tasmania parlamento (1959-1975) kaj distrikto Cornwall en la leĝdona konsilio de la tasmania parlamento (1977-1984).

Servis ĉe RAAF (aŭstralia aerarmeo) dum la Dua Mondmilito. Instruis en universitato (1959).

Fontoj: Launceston Mercury. Vikipedio. Ray Ross: *Esperanto en Aŭstralio (1905-1985).*

LEHANE, s-ino JEAN naskita MATUSCHKA
(n. kampara NSK - m. 22 aprilo 2008, Toowoomba)

Esperantistiĝis kiam ŝi estis instruistino en duagrada lernejo. Ŝi dediĉis sin al E kaj multe faris por la lingvo en Toowoomba kaj en Aŭstralio. Ŝi estis unu el la fondintoj de la Toowoomba E-Societo (1970) kaj ĝia prezidantino inter 1975-1997. Hazel Green skribis pri ŝi: "Esperantistoj kunvenis en ŝia hejmo kaj tie ili ricevis varman bonvenigon". Jean instruis E-n en la Plenaĝula Eduka Centro (nun TAFE) kaj poste en la Universitato de la Tria Aĝo. Ŝi instigis kaj organizis la unuan somerkursaron (januaro 1977 en gimnazio Downlands College).

Edukiĝis apud Wagga Wagga per koresponda kurso. Aniĝis ĉe AWAS (aŭstralia virina armeo) dum la Dua Mondmilito, kaj tiam edziniĝis al Jack Lehane. Kiel juna vidvino kun tri gefiloj ŝi transloĝiĝis al Toowoomba.

Fonto: ESK - Hazel Green.

LEIGHTON, s-ro HARRY MARPLES
(m. 79-jara, 8 julio 1957)

Instruis E-n vespere en la ŝtata lernejo en James Street (1945-1950) en Perto. De tempo al tempo publike prelegis pri E, vojaĝante tra OA pro sia profesio – optikisto.

Ĉeestis nur unu aŭstralian E-kongreson (Sidnejo 1920).

Prezidanto de la Australian Peace Alliance (aŭstralia pac-alianco) de OA (de 1915). Sekretario de la komitato de Hands off Indonesia (manojn for de Indonezio, 1946). Ofte verkis interesajn artikolojn por la gazetaro pri multaj kleraj temoj, ekzemple, li rekomendis egalan pagon por virinoj jam en 1913. Dum multaj jaroj estro de la Clerks' Union (unio de oficistoj). Ŝakludis. Socialisto.

Fonto: West Australian.

LEO, s-ro DAVID

Vicprezidanto de la E-klubo de Maitland (1910).

LENNIE, s-ro JOHN STEWART

Korespondis esperante tra la mondo. Bankoficisto en Melburno. Nudisto, naĝemulo, amatora biciklanto kaj fotisto en la 1930-aj jaroj. Ofte skribis al tagĵurnaloj pri diversaj aferoj.

Fonto: ĉefe *Truth* (Sidnejo).

LENTON, pastro SAMUEL
(n. ĉirkaŭ 1858, Geelong – m. 24 majo 1920, Kent Town, Adelajdo, SA)

L. E. Thompson skribis en 1911: "Mi loĝis ĉe pastro S. Lenton, kiu ŝatis serĉadi en la libroŝrankoj: kaj paro de kunlernantoj fariĝis esperantistoj." Prelegis pri la Nova Testamento en E dum la jarkunveno de la E-Asocio de SA (1913). Estrarano.

Bone konata kiel pastro de la Kongregacia Eklezio. Membris en multaj asocioj. Pastro de Medindie, poste ĉe la eklezioj en Hindmarsh Square kaj Rose Park (ambaŭ en Adelajdo).

Fontoj: Advertiser (Adelajdo). Enciklopedio de Esperanto.

LESCHEN, s-ro HUGO
(n. 14 novembro 1868, Adelajdo - m. 24 oktobro 1926, Melburno)

Entuziasmis pri E. Prezidanto de la unua Aŭstralia E-Kongreso en Adelajdo (oktobro 1911), kiun li oficiale malfermis.

Kun granda energio engaĝiĝis en multaj aferoj, unue en la gimnastikejo de la patro, ĉe YMCA (Asocio de Junaj Kristanoj) kaj poste en lernejoj. Ludis krikon kaj futbalon. Eblas, ke lia estis la unua kadeta trejnejo en SA (1899). Ege interesiĝis pri masaĝo kaj fondis la Aŭstralian Masaĝan Asocion. Ĉie bonkonata kaj estimata.

Fontoj: Advertiser. Australian Dictionary of Biography. The Torch and the Sword. A History of the Cadet Movement. A History of Prince Alfred College.

LESTON, s-ro HARRY

Gvidis E-klasojn en sia studio en Sidnejo (1911-1917).

Aktoro, anoncisto. Instruis dramon kaj vodevilon.

LEVITIN, s-ro NAHUM

(n. ĉirkaŭ 1843, Ruslando - m. 107-jara, 30 julio 1950, Carlton, VK)

Zamenhof-Adresaro 1906.

Venis al Aŭstralio el Anglio (1890). Instruisto. Fevora membro de la melburna sinagogo.

Fonto: West Australian.

LIDGEY, f-ino AGNES BEATRICE

(m. 4 septembro 1933, Caulfield, Melburno)

Instruis kurson de E ĉe Kongregacia preĝejo, Orrong Rd, Elsternwick (Melburno, 1925).

Instruistino pri desegnado.

Fontoj: Geelong Advertiser. Age (Melburno).

LINTON, s-ro KENNETH GORDON

(n. 27 marto 1906, Neutral Bay, Sidnejo – m. 9 majo 1985, Melburno)

Esperantistiĝis en 1931. Sukcesinto en la Klereca ekzameno de AEA, eminenta esperantisto (1971). Prezidanto de AEA (1952-1956 kaj 1968). Kasisto de AEA de 1960 dum dek du jaroj. Li resanigis la financojn de la preskaŭ bankrota AEA. Komisionestro de AEA-ekzamenoj. Unu el la ĉefaj membroj de la Melburna E-Asocio. Ofte paroladis pri diversaj temoj en la melburna klubo. Multe tradukis kaj verkis originalajn artikolojn por *Australian Esperantist*, ekzemple *Mia edzino, la komputoro* (1970). Verkis originalan romanon *Kanako el Kananam, Aventuroj en la ĝangalo de Novgvineo* (1960), poste tradukita en la anglan *The Friend from Kananam*. Skribis *Studlibro por la Elementa Diplomo* (1981), *Studlibro por la aŭstralia norma supera diplomo* (1983), *Miloj da bananoj* en *Trezoro*, E- novelaro (1989). Tradukis el la angla *On the Beach* de Neville Shute: *Sur la Bordo* (1983).

Linton skribis: "En majo 1931 mi legis artikolon pri E en la literatura suplemento de la melburna *Age*, verkitan de Reg Banham ... ĉe la malsupro de la sama paĝo en la ĵurnalo aperis reklamo pri librovendejo Rawson's : "All Esperanto books

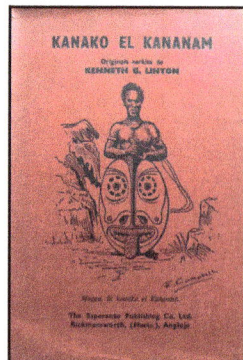

in stock" (Ĉiuj E-libroj stokataj). Mi aĉetis *The Concise Course in Esperanto* de Len Newell kaj la *Edinburgan vortaron* de John Warden. Mi aliĝis al la klaso de f-ino Merle Cruikshank."

"Post la milito mi revizitis la melburnan klubon en februaro 1946, kiam ĝia prezidanto Bill Drummond petis min prelegi pri miaj aventuroj en Novgvineo dum la milito. La membroj tiel bone akceptis tiujn prelegojn, ke mi devis ripete prelegi pri la sama temo. Tiutempe William Drummond konsilis al mi verki libron ..."

Administristo de fabriko por etikedoj kaj kliŝoj. Multjara membro de la Kaledonia Framasona Loĝio. Dum la Dua Mondmilito servis kiel serĝento ĉe la Reĝa Aŭstralia Aerkorpuso en Novgvineo, kie li lernis la piĝinan lingvon por amikiĝi kun la lokaj indiĝenoj.

Afablega, bonkora, aminda homo. "La foresto de Ken estos longe kaj dolorige sentata."

Fontoj: Vikipedio. *The Australian Esperantist.* Persona scio.

LITTLETON, f-ino N.

Aktivis en la Brisbana E-Klubo (1930-1937.)

Muzikinstruistino.

LOGAN, f-ino D.

Instruis E-n ĉe la WEA (asocio por edukado de laboristoj) en Newcastle (1924).

LONERAGAN, s-ro OWEN WILLIAM
(n. 26 marto 1924, Maylands, Perto (OA) - m. 5 junio 2021)

Li edzinigis Joan Edith Shaw kaj havis du filojn, unu filinon, ok genepojn, unu pranepinon.

En 1942 Owen eniris la aŭstralian armeon (*Australian Military Forces* kaj *Royal Australian Air Force*). Li estis radiofunkciigisto kaj aviadila pafisto parte en Eŭropo, postmilite dum 1945-1946 armea oficisto en Perto. Li ricevis kelkajn medalojn: *1945 Warrant Officer Royal Australian Citizens' Air Force* (medalo de ĉefserĝento de la Reĝa Aŭstralia Civitana Aerarmeo) kaj medalojn pro militservo en Francio kaj Germanio, 1939-1945 stelo, *France & Germany Star*, medalo pro defendo *Active Service Badge*.

Unue li studis en la Universitato de Okcidenta Aŭstralio *Arts I* (humanismaj studoj,1946) kaj scienco I, II (1947-1948). Li akiris diplomon de arbaristo en 1951 de *Australian Forestry School* (Kanbero), bakalaŭron de arbaristo (1954) kaj magistro de la Universitato de Okcidenta Aŭstralio (1963). Li pasie laboris por la ekologia protektado kaj evoluigo de arbaroj de *jarrah* (speco de eŭkalipto), *karri* kaj santalo. Owen estis unu el la fondaj membroj kaj prezidanto (1982-1985) de *United Nations Association and the Nursery Industry Association of Australia (UNAAWA)*; *Greening Australia*, neprofitcela organizo fondita en 1982. En 1991 li iĝis ĝia dumviva membro. En 1996 li ricevis *United Nations Association of Australia Peace Award* pro lia 23-jara elstara laboro en *UNAAWA* .

Li laboris dum 33 jaroj kiel forstisto respondeca pri regenerado kaj flegado de kreskado kaj ekologia funkciado de *jarrah*, *karri* kaj santalo en arbaroj, parkoj kaj rezervejoj. Emeritiĝis en 1984.

Laboris kiel arbaristo kaj sciencisto en diversaj lokoj kaj funkcioj, publikigis fakajn artikolojn kaj studojn, kiel ekz. *Karri Phenological Studies* (1979), *Review of Sandalwood Research* (1990), *Carbon Pollution Reduction Working Plan Model* (2007).

En 1982, la UN-jaro de arboj, Owen kun s-ro Knight malfermis la Jaron de Arbo en la *Royal Show* Pavilono en Perto.

Dum 1937–1941 li ludis en du blov-instrumentaj bandoj sur *French horn* (orkestra korno).

Li estis kasisto de AEA (1976-1986), helpis organizi la kongreson en Perto (verŝajne en 1986).

Kasisto de Esperanto-Ligo de OA (*ELWA*) en intervaloj ĝis 1990. Prezidanto kaj vicprezidanto de *ELWA*.

Faris la mezan ekzamenon de AEA (2002).

Honora dumviva membro de AEA. Ĉiam porparolanto por E.

LONGSON, f-ino A.

Aktivis en la Perta E-Ligo: sekretariino (1954-1955 kaj 1964), kasistino (1958), membrino de la estraro ĝis 1985. Instruis E-n per *Step by Step* de Montague Butler ĉe Victoria Park, Perto (1970).

LONGWORTH, ISABEL

Iutempe kasistino de AEA.

Aktivis en la okcident-aŭstralia asocio de Unuiĝintaj Nacioj.

LOORITS, s-ro EINO
(n. en Ruslando - m. 76-jara, 24 decembro 1985.)

Esperantistiĝis 16-jara en Estonio. Liaj gepatroj estis estonoj. Fevora samideano kaj sindonema bonfaranto.

Li parolis ĉe la funebra ceremonio de sia intima amiko s-ro Guilbert. Vicprezidanto en Hobarto (1966). Pere de UEA interŝanĝis poŝtmarkojn, pro kio li gajnis premion ĉe la varsovia radio. Pere de aktivado en la Seamen's Mission (misio por maristoj) aranĝis por japana esperantisto viziton al Hobarto.

Je la fino de la Dua Mondmilito li estis en germana provizora loĝejo por rifuĝintoj, de kie li enmigris Tasmanion. Poŝtisto.

Fontoj: The Australian Esperantist. Mercury (Hobarto).

LOUIS, s-ro THOMAS

Zamenhof-Adresaro (1906). Vivis en Big Badga Station, Countegany, Cooma, NSK.

LOVE, s-ro H. N.

Aktivis de 1927 dum multaj jaroj en la Brisbana E-Klubo. Prezidanto (1938-1940). Membro de la Kvinslanda Arta Societo, Societo de Verkistoj kaj Artistoj, Ŝakluda

Klubo kaj Fotista Klubo. Karikaturisto de la brisbana laborista ĵurnalo *Worker*.
Ankaŭ s-ino Love vigle partoprenis en E-aferoj. Ŝi estis la unua virino, kiu surgrimpis
Crookneck de Glasshouse Mountains (vitrodomformaj montoj, 1913) en subvestoj!

Fonto: Brisbane Telegraph.

LUMSDEN, s-ino, naskita MacMILLAN

Estis ŝia ideo, ke la unua Aŭstralia E-Kongreso okazu en Adelajdo. En oktobro
de 1911 tiel fakte okazis. Edzino de pastro Lumsden de Anglikana Eklezio. Organizis
multajn koncertojn kaj aktivis en pluraj societoj por knabinoj, ankaŭ en organizo, kiu
kontribuis al la rekonstruado de Belgio post la Unua Mondmilito (1915). Aktiva kaj
progresema.

Fontoj: Advertiser (Adelajdo). Glenelg Guardian. Narracoorte Herald.

LUMSDEN, pastro JOHN
(n. Whitby, Jorkŝiro – m. 1933, Somerset, Anglio)

Dum li estis pastro en anglikana preĝejo de sankta Petro,
Glenelg, li helpis starigi E-klubon en Glenelg, Adelajdo, kiu
floris dum ok jaroj (de 1911). Ĉeestis la unuan Aŭstralian
E-Kongreson en Adelajdo (oktobro 1911).

Antaŭ ol
eklabori en
Glenelg (1896),
li pastris en
Narracoorte,
Mount Barker kaj
Gawler, ĉiuj en
SA.

GLENELG ESPERANTO GROUP.

The above will meet in CONGRFGA-
TIONAL LECTURE HALL cn THURS-
DAY, 16th inst, and not on 9th inst as
previously arranged. Bonvenu eusj Sam-
deanoj.

Fonto: Advertiser (Adelajdo).

LUSBY, f-ino AGNES

Zamenhof-Adresaro 1907.

Fonda membro de la E-klubo en Sidnejo (1909). Sekretariino de la tria Aŭstralia
E-kongreso.

Fonto: Star (Sidnejo).

LYALL, s-ro JAMES
(n. 4 julio 1860, Adelajdo - m. 2 aprilo 1940, Adelajdo, SA)

Esperantistiĝis antaŭ 1910. Fervore laboris por la lingvo. Ofte skribis leterojn kaj
artikolojn pri E por tagĵurnaloj (1911-1926). Sekretario de la unua Aŭstralia E-Kongreso
(1911). Kune kun pastro J. Lumsden starigis E-klubon en Glenelg, Adelajdo (1912- 1918).
Organizis grandan esperantan kant-koncerton en Glenelg, (majo 1912), kiun ĉeestis
multaj lokanoj. Prezidanto de la nelongedaŭra Sud-Aŭstralia Esperanto-Asocio
(malsama ol la adelajda E-klubo) 1912-1913. De tempo al tempo prelegis pri E publike.
Subtenis la ideon de E kiel deviga lernobjekto en lernejoj, ĉar per neŭtrala lingvo
"malsimilaj rasoj interparolus pace kaj kun homa amikeco".

85

Ano de la Pac-Societo, kiu rekomendis arbitracion por decidi internaciajn problemojn – antaŭ la kreo de Ligo de Nacioj. Oni konis lin kiel "J. Lyall" por distingi lin de lia patro, la vaste konata pastro James Lyall (dum kvardek jaroj pastro de la adelajda Presbiteriana Eklezio). Lyall dum multaj jaroj ludis futbalon (de 1883). Li laboris en registara servo. En siaj lastaj jaroj li ofte anekdotis. En 1937 je la aĝo de 76 jaroj, "tiel sana kiel tomboŝtono" li komencis marŝi trans Aŭstralion! Li mortis, kiam aŭto frapis lin. Kelkajn jarojn antaŭe jam frapis lin tramo!

Fontoj: Advertiser (Adelajdo). Dictionary of Australian Biography.

McBURNEY, d-ro SAMUEL

(n. 30 aprilo 1847, Glasgovo - m. 9 decembro 1909, St Kilda)

Elstara esperantisto. Neniu esperantisto povus esti pli fervora ol McBurney. Dum siaj multaj vojaĝoj tra Aŭstralio por popularigi muzikon, li ĉiam prelegis pri E kaj, ĉar li estis tiel bonkonata, pri la prelegoj estis ĉiam detale raportite en la tagĵurnaloj. Prelegis ne nur tra VK sed eĉ en Townsville kaj Chartres Towers. Alte respektata tra Aŭstralio pro la instruado de muziko kaj kantado. Juĝis ĉe pluraj muzikaj konkursoj Eisteddfod.

La kanto *En Nia Lando*, muziko kaj vortoj, eldoniĝis en 1908, preta por la granda E-pikniko en la melburna botanika ĝardeno.

Specialisto en la TonicSol-fa-metodo por la instruado de muziko, li multe prelegis pri ĉi tiu metodo tra Aŭstralio kaj eksterlande. Iam estis inspektisto de muziko en la Eduka Fako de VK. Estro de Ladies College (kolegio por virinoj) en Geelong kaj en 1894 kune kun sia edzino fondis la Ladies College de St Kilda. En sia junaĝo instruis matematikon en kamparaj urboj de VK, kien li migris en 1870. Aktivis en lernejo por blinduloj. Enkondukis E-n al Tilly Aston.

Fontoj: Geelong Advertiser. Register (Adelajdo). Age (Melburno). Dictionary of Australian Biography.

McBURNEY, s-ino MARIE LOUISE, naskita ACCLESTON

Edziniĝis al Samuel McBurney (1877), "al speciale sukcesa kaj entusiasma instruisto". Instruis E-n ĉe Girls' Business College (komerca kolegio por junulinoj, 1910).

Estris Ladies College en St Kilda (de 1894). Post la morto de sia edzo ŝajne revenis al Anglio.

McCLEVERTY, f-ino J.

Sekretariino de E-grupo en Mont Albert (1918). Instruis E-n kaj oleopentradon ĉe Ladies High School, Surrey Hills, kies estrino ŝi estis. Transloĝiĝis al KV, kie ŝi edziniĝis.

Fontoj: Reporter (Box Hill). Women's voter (Melburno). Darling Downs Gazette. Argus (Melburno).

McCULLOCK, s-ino MARGARET

Anino de la E-grupo en Oakleigh (dum la 1970-aj jaroj). Sekretariino de unu el la fakultatoj ĉe universitato Monash.

McDONAGH, s-ino

Esperantistino el Grekio. Edziniĝis en 1945 al aŭstralia piloto (1945).

MacDONALD, s-ino ANNIE (A. H.)

Frua membrino de la Melburna E-Klubo (1910).

Ŝia poemaro (en la angla) *As the Sign of the Southern Cross* (kiel la signo de la Suda Kruco) lanĉiĝis en la E-halo.

MACDONALD, s-ino A.

Aktivis en Perto (1911-1913).

McDONALD, s-ino D.

Aktivis en la E-grupo de okcidenta antaŭurbo de Brisbano (1969).

McDONALD, s-ro J.

Prezidanto de la Brisbana E-Asocio (1944).

MACDONALD, s-ro WILLIAM COOPER
(m. 9 oktobro 1923)

Posedis "ĝisfundan scion de la lingvo kaj verkis novelojn kaj poezion". Loĝis en la melburna antaŭurbo Black Rock.

Fonto: La Suda Kruco.

MacDONALD s-ro V.

Fonda membro de la Komerca Klubo en Melburno (1911).

McDONNELL, s-ro F.

Fondis E-grupon en Mackay (KV), kiun *The Daily Mercury* forte subtenis (1963).

MCDOWELL, f-ino HELEN

Zamenhof-Adresaro 1905. Instruistino. Sekretariino de la Melburna Naĝklubo por Virinoj.

MACFARLANE, s-ino K.

Prezidantino de klubo en Loncestono (1983-1985).

McGEOCH, s-ino R. S.

Instruis E-n al skoltinoj en Roma (KV, 1936). Poste ŝi penis enkonduki E-n al YWCA (asocio por junaj kristaninoj). Ŝia edzo estis paŝteja bienisto kaj prezidanto de la Monda Asocio de YWCA kaj laboris en la Save the Children Fund (fonduso por savi infanojn).

McGRATH, s-ino RUTH, naskita GOODALL
(n. Kojonup, OA)

Dum multaj jaroj fidela esperantistino en Perto.

Instruis E-n en pluraj lokoj (1951-1985). Membro de la OA-estraro dum multaj jaroj kaj prezidantino (1970-1971). En 1963 ŝi aranĝis standon sub la slogano "La utileco de Esperanto kiel kromokupo por maljunuloj" en ekspozicio en la urbodomo. Parolis pri E publike, speciale ĉe la Asocio de UN. Edziniĝis en 1947.

McKENZIE, s-ro EDWARD (TED)
(n. 15 oktobro 1892 - m. 30 oktobro 1981)

Edziĝis al esperantistino Monica Belcher (Melburno, 1931). Prezidanto de la melburna E-grupo (1958-1971). E-n konigis al li Ray Rawson. Kantisto.

Fariĝis fabrikestro de Pyrotan en Burnley. Posedis la firmaon Pizzeys, laboris tie ĝis sia emeritiĝo en la aĝo de 76. En siaj lastaj jaroj loĝis en kamparo apud Warrandyte. "Bonhumora kaj kuraĝa persono."

McKENZIE, s-ro DAVID

Filo de Edward McKenzie. Eksterprograme instruis E-n al geknaboj en la lernejo Bulleen. Kiel deputito por Diamond Valley en la federacia parlamento de Aŭstralio parolis pri E en sia unua oficiala parolado.

MacPHERSON, f-ino ROSE

Aktivis en Brisbano (de 1927). Prezidantino (1930), kasistino (1938-1948). Verkis originalajn poemojn, en 1930 originalan poemon pri la frua vivo de Zamenhof.

MADARASZ, s-ro ANDOR, ankaŭ konata kiel MADRAS, TOM.
(m. 1 aŭgusto 1928)

Aktivis en Brisbano (1925). "Fervora esperantisto kaj abonanto de *La Suda Kruco* de ĝia unua eldono."

Fonto: La Suda Kruco.

MADDERN, s-ro IVAN THEODORE

(n. 22 decembro 1906, Jung, apud Horsham – m. 28 julio 1980, Morwell)

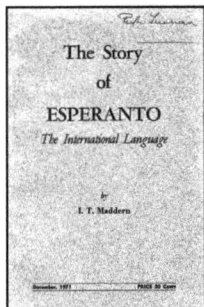

Fervorega esperantisto. Lia morto kvazaŭ kripligis la movadon en Morwell. Instruis en kamparaj lernejoj ĝis li iĝis estro de la duagrada lernejo en Morwell (1960-1971). Dum la Dua Mondmilito leŭtenanto en la aŭstralia aerkorpuso, unue en Singapuro, poste en Port Moresby, kie li hazarde ekvidis E-libron en butikvitrino. En Morwell organizis paskan kunvenon, al kiu venis 40 esperantistoj (1963).

Instruis E-n ĉe la duagrada lernejo en Morwell. Multe skribis kaj prelegis pri E. Interesiĝis pri la historio de la E-movado. Estrarano de AEA.

Fondis Sendependan Universitaton de Aŭstralio, poste nomita Sendependa Universala Akademio.

Fonto: The Australian Esperantist.

MADRIGALO, s-ro KARLO

Ĉiumonate skribis leteron al amiko en Eŭropo, kiu aperis en *La Suda Kruco*, kaj dum la 1920-aj jaroj tradukadis por ĝi el la angla.

MAIR, s-ino JESSIE C.

Skribis kaj parolis E-n de la aĝo de dek du. Kiel plenkreskulino ŝi multe korespondis al pli ol sepdek landoj. Vicprezidantino en Sidnejo (1932).

MALCOLM, s-ino O.

Esperantistino de 1959. Membrino de la estraro de la Perta E-Asocio (1963-1966).

MAGAREY, diakonino MILDRED KATHLEEN

(n. 17 novembro 1892 Adelajdo – m. 4 aprilo 1958)

Esperantistiĝis en 1947 kaj ĉeestis la neformalan adelajdan E-grupon.

Ĉeestis E-kongreson en Melburno (1950). Aktivis en la Anglikana Eklezio en Adelajdo (ĉefe en la preĝejo Sankta Maria Magdalena) kaj en OA. Ludis violonon.

Fonto: News (Adelaide) kaj aliaj.

MAJOR, s-ro JOZEF

Hungara ĵurnalisto, kiu vizitis Aŭstralion en 1932. Liaj impresoj pri Aŭstralio aperis en *Heroldo de Esperanto*.

Fonto: Telegraph (Brisbano).

MARX, s-ro JOHN

Vivis en Wiseman's Ferry (NSK). Justice of the Peace (laika oficisto rajtigita atesti oficialajn dokumentojn).

Zamenhof-Adresaro 1906.

MARSHALL, s-ro H. W.

Zamenhof-Adresaro 1905. Fonda membro de la Melburna E-Klubo (1905).

MASON-BEATTY, s-ro ALEX. EDWARD
(m. 54-jara, 22 junio 1925)

"Tre talenta homo" (*La Suda Kruco*, aŭgusto 1925). Laŭprofesie li estis kontisto, kaj estis sekretario de la Aŭstralia Kontista Asocio. Framasono. Li tre ŝatis muzikon, instruis muzikon en sia junaĝo, kaj verkis muzikon, inter aliaj *La homoj de Nova Aŭstralio* (pri la aŭstralia kolonio en Paragvajo). Li estis sperta violonĉelisto. Vicprezidanto de la Ĉambromuzika Societo. Li prezidis la 2-an Aŭstralian E-Kongreson en Melburno (1912). Ĝis sia morto li estis prezidanto de la brisbana E-klubo. Ĝenerale li estis sindediĉa esperantisto. Lia edzino estis bone konata rilate la Teozofian Societon en Brisbano.

Fontoj: La Suda Kruco. Courier (Brisbano).

MAGUIRE, s-ro ERNEST
(n. ĉirkaŭ 1901 en VK)

Li alvenis al Perto el KV (aprilo 1927), kie li laboris kiel brutisto. Tuj li iĝis sekretario kaj kasisto de la Perta E-Asocio, kaj preskaŭ samtempe li konatiĝis kun Edmund Zscheile. Ili du kune ekigis mondvojaĝon, Maguire per sia antaŭ nelonge aĉetita Flash-biciklo, Zscheile per sia West-biciklo. Ili apartiĝis en Port Augusta, Maguire iris suden kaj Zscheile rekte al Sidnejo. Maguire kaŭzis senprecedencan propagandon pri E tra tuta Aŭstralio kaj en la ĉefaj kaj en la provincaj ĵurnaloj, speciale en la urboj, kie li restis kelkajn tagojn por konatiĝi kun simpatiantoj de E. En Adelajdo li alparolis la Komercan kaj Laboran Konsilantaron. Kiam li atingis Gundagai, oni priskribis lin "sunbrunigita, bone parolanta kaj ege bonsana". La sidneja *Daily Guardian* skribis: "La maniero sed ne la vestoj, estas impona, kio verŝajne klarigas lian sukcesan vojaĝon kaj atletan figuron".

En preskaŭ ĉiuj aŭstraliaj ĵurnaloj aperis informo el Kaburbo (Sud-Afriko), kie oni ne permesis al "la esperanta misiisto" surbordiĝi "pro manko de mono". Oni samtempe diris, ke li vojaĝas al Anglio kaj ne intencas reveni Aŭstralien.

Fontoj: La Suda Kruco. Pluraj provincaj kaj urbaj ĵurnaloj, inter ili *The Recorder* (Port Pirie) kaj *The West Australian.*

MASEL, s-ro ISIDOR (ISOR)
(m. 64-jara, 11 majo 1948)

Prezidanto de la Perta E-Asocio (1940-1948). Enkondukis d-ron Caldera al E (1939). Ĉiujara "Masel-Premio" de £5, starigita en 1948 por la plej bona originala rakonto de ne pli ol 1500 vortoj.

Loĝis en Kalgoorlie (ĝis 1928). Instruis la rusan ĉe la perta Teknika Kolegio.

Kunposedanto de familia vestaĵ-magazeno. Vojaĝis en Japanio 1934 (artikolo en *The West Australian* 15 julio 1934 *Japan and the Japanese*). Multe aktivis en hebreaj sinagogoj.

Fonto: Westralian.

MATASIN, s-ro JOHAN

(n. 2 junio 1899 Ruŝkovac apud Zagrebo - m. 2 aŭgusto 1980, Sidnejo)

Esperantistiĝis en 1909. Migris Aŭstralien en 1928 kaj edziĝis al Eva Marx (1929). Plurfoje prezidanto de la E-Societo de Sidnejo. Iniciatis akiron de E-domo en Redfern, kiam la nord-sidneja kunvenejo ne plu lueblis. Gvidis la ceremonion ĉe la malfermo de la E-domo (17 decembro 1960), kaj dum dudek jaroj prizorgis ĝin. Ĉeestis multajn UK-jn.

Starigis sukcesan entreprenon por fabriki meblojn. Naturamanto preferanta simplan dieton.

Fontoj: The Australian Esperantist. Sydney Morning Herald.

MATASIN, s-ino LINA CLARA (EVE) naskita MARX

(n. Leipzig, Germanio - m. 1992 Sidnejo)

Edziniĝis en Aŭstralio al esperantisto el Jugoslavio (1929). La paro multe faris por la E-movado, gastigis E-vojaĝantojn, helpis en la E-klubo de Manlio.

Donacis $200 al la movado memore al sia edzo, John.

Naĝis preskaŭ ĝis sia vivfino. Ludis tenison ĝis nur kelkaj jaroj antaŭ la morto.

Fonto: The Australian Esperantist.

MATCHETT, s-ro R. J.

(m. julio 1947, Grenfell)

Zamenhof-Adresaro 1907.

Edukita ĉe gimnazio en Albury. Studis la latinan kaj la grekan en la Universitato de Sidnejo, kie li ŝajne interesiĝis pri E. Paŝtista bienisto apud Grenfell (NSK).

Fontoj: Albury Banner. Grenfell Record.

MATTHEWS s-ro VINCENT J.

Perto. Instruis ĉe kolegio pri komerco Stott & Co kun s-ro Burt. Fine iĝis ĝia estro. Forlasis Perton en 1924 kaj oni ne scias pli pri li.

MAUDSLEY, s-ro A.

Fonda membro de la E-klubo de Melburno (1905). Edukita ĉe Kolegio de Sankta Patriko, Melburno. Eble majoro en la Unua Mondmilito kaj mortpafita 30 aŭgusto 1918.

Fonto: Age (Melburno).

MEGGY, s-ro PERCY ROBERT

(n. 1853, Clemsford, Anglio – m. 14 julio 1935, Pymble, NSK)

Esperantistiĝis pere de profesoro Ritz kaj la redaktoro de la hobarta *Mercury*, H. R. Nicholls. Meggy valore subtenis la E-movadon kiel ĵurnalisto de *Mercury* (de 1906). Li baldaŭ iĝis estro de la E-klubo de Hobarto post ĝia ekesto en oktobro 1906. Transloĝiĝis al NSK (1909). Li estis la instruisto de la klubo. Je la unua kluba kunveno, d-ro Wolfhagen, skeptikulo pri E, diris ke li donus du gineojn al tiu homo, kiu kapablos lerni E-n en unu semajno. Meggy atingis 370 poentojn el 420. Li angligis plurajn poemojn kaj artikolojn (vidu *A Hindu Legend* en *Daily Post*, junio 1908).

Meggy estis talenta ĵurnalisto. Lia kariero komenciĝis ĉe *Essex County Chronicle*, posedata de lia familio. Donacis monon por starigi *Chicago Daily News*. Laboris en Vieno, Novzelando, OA, NSK (redaktis *Bathurst Times*), SA (muzik-kritikisto por *Register*) kaj TAS (tri jarojn ĉe *Mercury*). Verkis artikolojn por *Times of India* kaj usonaj tagĵurnaloj. Sekretario de la Land Nationalisation League (Ligo por naciigi teron), kiu sekvis la ideojn de Henry George. Vegetarano.

Fontoj: Sydney Morning Herald. Mercury. Hobart kaj aliaj.

MILLIGAN, s-ro STANLEY HUGH
(n. 18 aprilo 1901 – m. 13 aprilo 1976)

Esperantistiĝis dum deĵoro ĉe sia laborejo, radiostacio 3UZ, post kiam li aŭskultis intervjuon pri E (1953). Prezidanto de E-klubo en la orientaj antaŭurboj de Melburno (1963-1964). Kaj li kaj lia edzino, Irene, instruis E-n ĝis kormalsano limigis lian agadon. S-ino Milligan ricevis donacon de AEA pro granda laboro por AEA (1963).

Liaj hobioj estis skoltismo kaj miniaturaj lokomotivoj. Mem konstruis modelojn, havis propran fervojo-modelon en la hejma korto. Verkis plurlingvan broŝuron (ankaŭ en E) por internacia ekpozicio de fervoj-modeloj.

Fonto: The Australian Esperantist.

MILLS, s-ro NORMAN GIBSON
(n. VK - m. 6 novembro 1959, Brisbano)

Esperantistiĝis en Brisbano (1909). Fervora esperantisto, vigla E-parolanto ĝis sia morto. Partoprenis la duan Aŭstralian E-Kongreson en Melburno (oktobro 1912). Zamenhof-festo okazis en lia hejmo. "Seriozmiena, bonkora, malavara, li estis tre bona amiko al Esperanto" (*The Australian Esperantist*, januaro 1960).

Instruisto ĉe la brisbana Teknika Kolegio. Fakulo pri aŭtomataj telefonoj.

Fonto: Australian Esperantist.

MILLER, s-ro DAVID CURLE
(n. 1909, Glasgovo - m. 6 novembro 1981, Perto)

Esperantistiĝis en 1921 kaj aktivis ĝis sia morto. Sekretario de la Perta E-Asocio (1929-1936). Instruis E-n ĉe la orient-perta teknika kolegio (1945-1956). Inspiris multajn. Post emeritiĝo ofte gastigis esperantistojn en sia bela hejmo.

Estris en Germanio kaj Ĝenevo la instruistaron, kiu preparis migrantojn por la vivo en angleparolaj landoj. Estro de restadejo por enmigrantoj en Bonegilla (VK).

MILLWARD, s-ino ALICE MARY (s-ino C. E. MILLWARD)
(n. Geelong – m. 30 decembro 1911, Bendigo)

Starigis klubon ĉe kolegio Gerton en Bendigo (julio 1906), kies lernejestrino ŝi estis de 1889 ĝis sia morto. Oni ege estimis ŝin en Bendigo. Komence la klubo estis tre vigla;

oni legis kune *Krisnaska Himno* de Charles Dickens, kaj starigis junulan klubon.

Fonto: Bendigo Advertiser.

MITCHELL, f-ino FLORENCE, poste s-ino Rawson

El Melburno. Edziniĝis al samideano Roy Rawson (1925).

MOORE, s-ino

Fonda membro de la hobarta E-grupo (1906). Membrino de la Nacia Konsilio de Virinoj.

MOORE, s-ro JOHN

Esperantistiĝis kvindekjara pro influo de Heber Petley. Dum la 1960-1970-aj jaroj redaktis *La Rokhamptona Rondo*, kvinpaĝan multobligitan organon. Instruis E-n ĉe instituto por edukado de plenkreskuloj. Tre aktivis kiel bibliotekisto, sekretario, prezidanto, propagandanto de la E-grupo en Rokhamptono. Estis komisiito por koresponda servo de AEA.

Je la aĝo de dek kvar eklaboris en poŝtejo. Ekde frua junaĝo estis radioamatoro.

MORRISON, s-ino KAY
(m. 6 septembro 1987, Sidnejo)

Aktivis de 1958 en Sidnejo kaj Manlio. Ŝiaj instrudado kaj konsiloj inspiris multajn esperantistojn. Vigle laboris pri problemaj kaj senlaboraj junuloj.

MORTIMER, s-ro ARTHUR WILLIAM BLAKE
(n. 23 januaro 1931, Adelajdo - m. 9 aprilo 2011, Adelajdo, SA)

Kun sia edzino Libby

Esperantistiĝis en 1995.

En 1949 eklaboris en la Ŝtata Biblioteko de SA. Estris la Norda-Teritorian Bibliotekan Servon en Darvino (1962-1964) kaj ekde 1964 la bibliotekon de Weapons' Research Establishment (institucio de esplorado de armiloj) en Salisbury (parto de Adelajdo). En 1968 lia laborejo estis Institute of Technology.

La plej grava tempo de lia vivo estis en 1974, kiam li komencis lukti por akiri financan helpon de la ŝtata registaro por la publikaj bibliotekoj en Aŭstralio. Persiste petis la ĉefministron de SA, Don Dunstan, kiu fine cedis, dirante al la konsilantaro por bibliotekoj: "Jen, prenu $2 milionojn por viaj publikaj bibliotekoj, sed senigu min je Arthur Mortimer!".

Lia unua edzino, Katherine Power, mortis pro kancero nur 37-jara (1970). En 1972 li edzinigis Elizabeth Fornachon, kiu ankaŭ iĝis esperantistino.

En 2012 la nomo de Arthur Mortimer estis engravurita sur la monumenton de laboristoj en Port Adelaide, dediĉita al tiuj, kiuj faris signifan kontribuon al la antaŭenigo de aferoj en tiu regiono. En la biblioteko de Semaphore (en okcidenta Adelajdo) estas memortabuleto honore al "eksterordinara bibliotekisto Arthur Mortimer".

Fontoj: Tamen Plu. Elizabeth Mortimer. Trevor Steele.

MRONGOVIUS, s-ro GEORGE

(n. Ruslando – m. 23 februaro 1971, Melburno)

Esperantistiĝis en Germanio, kie li vivis kelkajn jarojn. Alvenis Aŭstralion en 1949. En Melburno malfermis librovendejon Polyglot en strato Little La Trobe, apud la Ŝtata Biblioteko de VK. Bonkora kaj helpema, prezentis E-n al pluraj homoj.

Fontoj: The Australian Esperantist. Personaj informoj.

MUELLER-SORAU, s-ro FRITZ

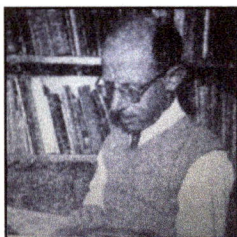

Elstara, lerta kaj saĝa esperantisto, kiu multe faris por la movado.

Post sia alveno al Aŭstralio (ĉirkaŭ 1950) aktivis en Sidnejo kaj dum la kongresoj. Instruis E-n en vesperlernejoj en Ashfield kaj Hornsby. Prelegis publike pri E, speciale al Rotario. Verkis originale por *The Australian Esperantist*. Membro de la estraro en Sidnejo.

Kuraĝigis multajn esperantistojn. Naturisto. "Sindonema, nelacigebla, kuraĝega kaj ĉiam aminda amiko, al kiu multaj el ni ŝuldas la fundamenton de nia scio pri E."

Fontoj: The Australian Esperantist. La Suda Kruco.

MUELLER, f-ino BERTHA

(m. 89-jara, 13 majo 1988 en Germanio)

Enmigris Brition por eskapi la nazian reĝimon. Venis al Aŭstralio por prizorgi sian fraton Fritz Mueller-Sorau. En Aŭstralio ĉeestis kursojn kaj kongresojn. Donis multajn siajn librojn al E-klubo en Kanbero.

MUIRDEN, s-ro WILLIAM

Subtenis E-n en Adelajdo. En 1910 organizis E-klasojn en sia komerca akademio.

MUMFORD, s-ino EDITH ALLEYNE

Vidu: Sinnotte, Edith Alleyne.

MUNDEN, s-ro CHARLES JAMES

Spite al longa artikolo pri E en Launceston Examiner li ne sukcesis entuziasmigi la lokulojn pri sia kara lingvo.

Migris el Britio al TAS (1911). Estro de ĥoruso en la baptista tabernaklo, framasono, oficisto ĉe la kajo de la haveno de Loncestono.

MUNRO, s-ro JOHN (brigadestro en Sav-Armeo)

(m. 9 junio 1981, Malacoota)

Kasisto de la melburna E-klubo (1972-1978). Oficisto-pastro de la Sav-Armeo, kies tasko estis bonvenigi enmigrantojn.

NAYLOR, profesoro HENRY DARNLEY
(n. 21 februaro 1872, Scarborough, Anglio – m. 8 decembro 1945, Cumberland, Anglio)

Patrono de la unua E-Kongreso en Adelajdo (1911). Kiel prezidanto de All Nations Chums' Movement (ĉiunacia movado de kamaradoj), la junulara sekcio de la Ligo de Nacioj, li enkondukis tie semajnajn lecionojn de E.

De 1906 profesoro de klasikaj lingvoj en la Universitato de Adelajdo. Fondis la Union de la Ligo de Nacioj en Adelajdo, kaj senlace laboris por ĝi ĝis sia morto.

Fontoj: Advertiser (Adelajdo). Personaj informoj.

NESBIT, s-ro. PARIS, K.C.
(n. 8 aŭgusto 1852, Tanunda, SA – m. 31 marto 1927, Adelajdo)

Ĉeestis la unuan Aŭstralian E-Kongreson (Adelajdo, oktobro 1911). Pensis, ke la vorto Volapuk mallogas, ke E havas la plej grandan ŝancon anstataŭi ĝin. (Register, 8 junio 1907). Havis genian menson, sed estis emocie nestabila. Unu el la plej eminentaj konantoj de la juro de Aŭstralio.

Fonto: News. Register (Adelajdo).

NEWELL, s-ro LEONARD NOEL MANSELL
(n. 23 decembro 1902, Kensington, Londono - m. 8 novembro 1968, Parizo)

Pseŭdonomo: Eleno Vinfero.

Esperantistiĝis rapide kaj aŭtodidakte en 1916 kiam, dekkvarjara, li forlasis la lernejon. Len Newell estis "unu el la plej elstaraj esperantistoj en la tuta mondo", diris Ken Linton. Pro poliomjelito liaj kruroj neniam komplete maturiĝis, kaj eble miskuracado (1962-1965) pliproksimigis lian fruan morton.

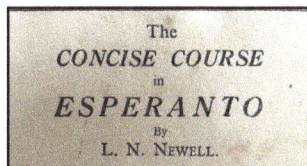

Dum 1926-1930 li estis ĉefredaktoro de *International Language* kaj samtempe li estis membro de la konsilantaro kaj administra komitato de la Brita E-Asocio. Li estis la ĉeforganizanto de du UK-oj: Oksfordo (1930), kaj Parizo (1932). Verkis *The Concise Course in Esperanto* (1929), per kiu lernolibro multaj lernis E-on. Kunlaboranto de multaj revuoj, tradukanto de poezio el la angla. Li estis eminenta prozisto, tute originala, kiel montris *Bakŝiŝ*, lia klasika altnivela novelaro (1938). En 1964 kaŭzis literaturan ŝtormon en Esperantio, kiam lia traduko de *Hamlet* eldoniĝis. La Majstro mem ankaŭ

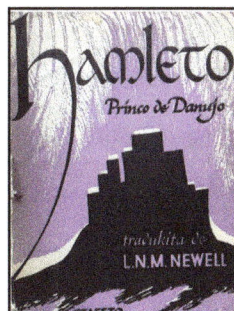

tradukis Hamlet kaj la zamenhofa kulto juĝis skandala provon plibonigi la verkon de la Majstro! Sed Newell verkis fidelan tradukon dum tri jaroj por la aktuala generacio.

Dum 1933-1935 Newell instruis ĉe kopta privata mezlernejo en Kairo (Egiptio), kaj poste en Kartumo (Sudano), ĉe mezlernejo Carboni. Tie li akiris postenon kiel oficisto pri informado kaj sekureco de la Brita Imperio. Tiam, dum la Dua Mondmilito, li aliĝis al la brita armeo kaj iĝis majoro en kontraŭspiona aktivado. Krom la angla kaj E, Newell parolis la vulgaran araban, la francan, la germanan, kaj la italan. El la biografio verkita de Edwin de Kock oni ekscias, ke Newell savis de la naziaj teruraĵoj tri judajn virinojn, ke li unufoje surteriĝis paraŝute, ke li kunlaboris kun la jugoslaviaj partizanoj kaj renkontis eminentan jugoslavian esperantiston Ivo Lapenna, ke li sukcese trompis la germanojn faligi paraŝute monon kaj kristnaskajn bongustaĵojn, ke li atentis la multajn partiojn, kiuj interluktadis pri la okupacio de Triesto, kaj finfine, ke li deĵoris kiel estro de la kontraŭspiona oficejo en Italio dum kvar jaroj.

Kiam li alvenis al Adelajdo (1955) li instruis lingvojn ĉe la adelajda porknaba gimnazio. La adelajda E-grupo ĝis tiam renkontiĝadis neformale en la hejmo de kolonelo Fulton. Newell organizis por ĝi lecionojn en la Instituto de Teknologio. Li instruis multajn komencantojn kaj kuraĝigis la grupon. En 1958 li prelegis pri E al Rotario, kaj televide intervjuiĝis pri E. Por la tutaŭstralia movado li estis la ĉefekzamenanto kaj neforgeseble prelegis pri literaturo ĉe la aŭstralia E-kongreso de 1968.

Newell kviete mortis en trajno al Parizo dum nokto. La konduktoro provis lin veki por inspekti la vojaĝbileton kaj trovis lin jam mortinta. Liaj cindroj estas en la tombejo Pere La Chaise en Parizo. En sia poemo de 1934 Newell skribas:

"Postlasis mi la koron en Parizo,

Nun restas mia koro trans la mar'."

Oni memoras Len Newell kiel kvietan amikan viron, ĉiam ĝentilan, agrable retiriĝeman, fervoran kaj sindediĉan.

Fontoj: Enciklopedio de Esperanto. Biografio de Newell de Edwin de Kock en Kolektitaj Poemoj. The Australian Esperantist. Multaj E-gazetoj kaj antologioj.

NEWELL, s-ino ADELI (ADI), antaŭe DRECHER, denaske KREFFL

La tria edzino de Len Newell. Ŝi flegis Len Newell, kiam li havis hepatiton; poste ŝi agis en la kontraŭspiona oficejo, tradukante tekstojn akiritajn per subaŭskultado de telefonoj. Kvankam oni ne scias multon pri ŝi, Adi tuŝis la korojn de multaj esperantistoj. Kiam ŝi fine reiris al Italio, la adelajda E-grupo suferis pro la manko de ŝia bonkora kaj vigla personeco.

Fontoj: Biografio pri L.Newell de Edwin de Kock. Personaj memoraĵoj de Charles Stevenson

NEWLAND, s-ro P.

Zamenhof-Adresaro 1907.

Prelegis pri E en Leederville, Perto (1927).

Forte subtenis la ĉinajn enmigrintojn en Perto, ludis kanadan bastonludon, kaj laboris ĉe la Fervoja Departemento de OA.

Fonto: West Australian.

NIALL, s-ro ROBERT GARDINER
(m. verŝajne 9 junio 1932, Hornsby, NSK)

Zamenhof-Adresaro 1907.

(Adreso en 1907: Masonic Club, Collins St., Melburno.)

NICHOLLS, kavaliro HENRY RICHARD
(n. 1830 Regent Street, Londono, Anglio – m. 3 aŭgusto 1912, Hobarto)

Pseŭdonomoj: Esperantist kaj eble Jacques.

Lerni E-n influis lin profesoro Ritz. Entuziasma esperantisto. Forte subtenis E-n en ĉefartikolo de *Mercury*, Hobarto (2 septembro 1901), kiun sekvis dudeko da artikoloj pri la internacia lingvo en la sama tagĵurnalo. Tradukis el E fabelojn, poemojn kaj ekscitajn aventurojn kaj publikigis ilin en *Mercury*.

Estis orfosisto ĉe la Barikado Eureka (1852). Redaktis *Ballarat Star*, estis ĝia proprietulo (1875-1980). De 1883 ĝis sia morto redaktis la hobartan *Mercury*. Nicholls pardonpetis en 1911 por eviti kondamnon de tribunalo pro artikolo kontraŭ la Supera Kortumo de Aŭstralio. Pri tio skribis la melburna E-klubo: "La klubo gratulu s-ron H. R. Nicholls, la redaktoron de *Mercury* en Hobarto, kiu estas bona esperantisto kaj entuziasma laboranto, je la nuligo far la supra Kortumo de la proceso kontraŭ li pro malrespekto kontraŭ la Kortumo" (protokolo de la E-klubo en Melburno, 16 junio 1911).

Preskaŭ je la morto li skribis pri E: "It is the one artificial language which is not a mere toy, but a good, social widening means of expression" - (E estas la sola artefarita lingvo, kiu estas ne nura ludilo sed bona, socie utiligebla metodo de esprimado), (*Argus*, 28 septembro 1912).

Hodiaŭ oni memoras Nicholls en la Societo H.R. Nicholls, fondita en Melburno en 1986. Ĝi estas ekstreme konservativa organizo pri industriaj rilatoj.

Fontoj: The Worker (1912). *Dictionary of Australian Biography. Mercury* (Hobart). *Ballarat Star*. H.R. Nicholls Society. Protokoloj de la melburna E-klubo.

NICHOLLS, s-ro MAXIMILIAN (MAX)

Ĉeestis la 4-an Aŭstralian E-Kongreson (Sidnejo, Pasko de 1923). Tradukis leteron de Zamenhof por la hobarta *Mercury* (aprilo 1907). Instruis en la hobarta E-klubo (de 1909). Instruisto en TAS, ĝis li transloĝiĝis al la insulo Lord Howe, kie li loĝis ĝis la morto. Skribis gvidlibron pri la insulo. Filo de H.R.Nicholls.

Fonto: Mercury (Hobarto).

NICHOLSEN, s-ino KATHERINE R.

Zamenhof-Adresaro 1907.

(Adreso: Shafston Road, Kangaroo Point, Brisbano.)

NICHOLAS, s-ro NICK

Talenta junulo, kiu gajnis E-premion (vojaĝon al IJK; iam en la 1980-aj jaroj) per siaj poemoj. La vojaĝo ne realiĝis.

NIGHTINGALE, s-ro ALEC

(n. 25 junio 1912, Beaconsfield, TAS - m. 2 februaro 1996, Hobarto)

Sekretario de la Hobarta E-klubo (1957-1961).

Instruisto ĉe la loka Friends' School (gimnazio). Membro de la Schools Board (lerneja komisiono) de TAS.

Fonto: arĥivo de Friends' School.

NOAR, s-ino T. G.

(m. 1 junio 1917, Warburton, VK)

Zamenhof-Aresaro 1907.

La Noar-familio funkciigis gastejon en Warburton (VK) dum multaj jaroj. S-ino Noar subtenis la Kontraŭakoholan Union de Kristanaj Virinoj, ankaŭ interesiĝis pri literaturaj aferoj.

OATS, s-ro WILLIAM NICOLLE

(n. 1912, Kapunda, SA - m. 1999, Hobarto)

Kiel instruisto de la Internacia Lernejo en Ĝenevo, Oats havis internacian mondpercepton, de kiu E estis parto. Kiel estro (1946-1973) de la Friends' School (gimnazio) en Hobarto, li enkondukis E-n en 1960; E estis akceptita kiel studtemo en la ŝtataj ekzamenoj. Marcel Leereveld instruis kaj Alec Nightingale helpis.

Fontoj: Headmaster by Chance (de W.N. Oats) kaj personaj memoraĵoj de Charles Stevenson.

O'DONOGHUE, s-ro TIMOTHY EDWARD

(m. 77-jara, 14 junio 1950, OA)

Sekretario en Perto (1911-1913). Transloĝiĝis al Sidnejo, tie prezidanto (1918-1920). Prezidis la 3-an kongreson de AEA (1920). Prezidanto de la Internacia Katolika Ligo, kiun li fondis en 1923. Ĉi tiu estis internacia ligo de esperantistoj por diskuti tutmondajn aferojn.

Forta katoliko, membro de la Societo de Sankta Vincento de Paul kaj de la Misio por Maristoj. Multe laboris kiel ĝenerala sekretario de Australian Natives' Association (asocio de homoj naskiĝintaj en Aŭstralio) ĝis 1911, kiam li starigis kontistan firmaon. Posedis plurajn hotelojn, ĉefe en Southern Cross (OA). Transloĝiĝis de VK al OA (1898), poste al NSK kaj denove al OA (1935).

Fonto: West Australian.

O'LEARY, s-ro TIMOTHY

(n. Irlando, ĉirkaŭ 1844 – m. 12 februaro 1929, Oakleigh, VK)

Entuziasma esperantisto. Prelegis kaj instruis E-n al junuloj.

Dum multaj jaroj Justice of the Peace (laika oficisto rajtigita atesti oficialajn dokumentojn) kaj prezidis ĉe relative malgravaj procesoj. Urbestro de Oakleigh.

Soldato en Hindio, Sud-Afriko kaj Ĝibraltaro.

Fontoj: Argus. Age (Melburno).

OLIVER, s-ro ARTHUR

(n. 8 majo 1912)

Kune kun sia bopatro Cecil (Tajni) Goldsmith li fondis Esperanto Publishing Company en Chorleywood, apud Londono. Publikigante multajn E-librojn la eldonejo iĝis tre grava por la movado.

Lia edzino estis esperantistino Eileen Goldsmith, la filino de Tajni Goldsmith.

Post kiam li migris al OA, ne plu okupiĝis pri E, sed "liaj meritoj estas grandaj", diris Trevor Steele.

Oliver iĝis 100-jara en 2012.

Fontoj: ESK. Trevor Steele.

ONN, s-ro HERBERT GEORGE (BERT)

(n. 29 januaro 1902, Melburno – m. 12 marto 1984, Adelajdo)

Esperantistiĝis en 1925 kaj forte kaj malavare subtenis la movadon en Adelajdo. Multe laboris surŝipe. De 1921 laboris en ferfandejo en Port Pirie kiel ĉefkemiisto ĝis sia emeritiĝo en Adelajdo (1964). Membro de YMCA (asocio de kristanaj junviroj). Li ŝatis amuzi homojn precipe per banĝoludado.

Fonto: The Australian Esperantist.

ORR, f-ino J.G.

Sekretariino de la tria AEA-kongreso. Forlasis Sidnejon en 1913.

PACKHAM, s-ino MERLE

(m. 94-jara, 4 junio 2019, Lismore, NSK)

Esperantistino dum multaj jaroj. Instruistino de muziko. Verkis hajkojn.

Kvakerino.

Fonto: kvakera novaĵletero de NSK.

PALING, s-ino ADRIENNE

(n. 1901, Bruselo – m. 1988, Melburno)

Senĉese laboris por E de 1958. Ŝiaj gajeco kaj ĉiama afableco estas neforgeseblaj. Partoprenis en la E-grupo de Malvern kaj baldaŭ iĝis ĝia gvidantino (ĝis 1988). Kronikis kapable pri la E-grupo de Orrong, kiu post ŝia morto ĉesis ekzisti .

Kompetenta kaj populara instruistino de lingvoj (franca kaj germana) ĉe lernejoj Huntingtower kaj Lauriston.

Fonto: personaj memoraĵoj de Charles Stevenson.

PALMER, s-ino EDITH L.

(n. Londono – m. 1982, Perto, OA)

Aktivis en Perto (1959-1978). Tie bibliotekistino (1958), sektretariino (1961), kasistino (1962). Redaktis *La Nigra Cigno*. Partoprenis multajn kongresojn.

Migris Aŭstralien en 1911.

PARKER, s-ro J. L.

Vivis en Melburno. Ĉeestis la trian Aŭstralian E-Kongreson en Sidnejo (Pasko 1920) kaj la melburnan AEA-kongreson (1925). Sekretario de la E-grupo en Oakleigh, Melburno (1925).

PARKER, s-ro ARTHUR
(m. 80-jara, 31 oktobro 1933)

Migris Aŭstralien en 1863.

Instruisto. Lernejestro en Warragul. Kapitano en voluntula defenda armeo. Framasono.

Fonto: Age (Melburno).

PARRY, s-ro S. LEON

Tre aktivis en Brisbano kiel prezidanto (1932-1933), multe parolis radie pri E. Vicprezidanto de AEA (1954). Pianludis ĉe dancvesperoj.

PAUL, d-ro JAMES HOGG

Zamenhof-Adresaro 1908.

Studis medicinon en Universitato en Glasgovo (Skotlando). Kuracisto en Gosford (NSK) dum multaj jaroj, certe ĝis 1949. Ano de la tiea E-klubo.

Fonto: Gosford Times.

PEACOCK, s-ro A. W.

Oficisto de la Sav-Armeo en Petersham (NSK). Komencis lerni E-n en 1908 en Japanio. Helpanto en Lernejo de E en Petersham. Prezidanto de la E-klubo en Sidnejo (1932-1933).

Fonto: Sydney Morning Herald.

PEARS, s-ro P. W.

Prezidanto de E-grupo en Warwick (KV). Polica juĝisto.

Fontoj: Sydney Mail. Warwick Examiner. Warwick Daily News.

PERKINS, s-ro NORMAN

Instruis E-n ĉe E-klubo en Coburg (VK) de 1931. Aktivis almenaŭ ĝis 1962.

PERROTT, s-ro H. H.

Tre aktiva sekretario de la dua Aŭstralia E-Kongreso (oktobro 1916) en Melburno. Kasisto de la E-klubo en Melburno (1912).

PERRY, s-ro TOM
(n. Novzelando – m. 83-jara pro motorcikla akcidento, 5 majo 1986)

Fidela esperantisto dum multaj jaroj en Sidnejo.

PESCOD, s-ro DONALD

(n. 31 januaro 1921, Camberwell - m. 4 julio 2005, Wantirna, VK)

Esperantistiĝis por transmara vojaĝo. Fidela esperantisto. Prezidanto de la E-grupo en Malvern kaj vicprezidanto de la E-Federacio de VK.

Laboris ĉe CSIRO (Commonwealth Science and Industrial Research Organisation – tutlanda organizo por esplorado en scienco kaj industrio) kiel inĝeniero. Lia dezajno por senbrua klimatizilo ricevis multe da agnosko.

Fonto: personaj memoraĵoj de Charles Stevenson.

PETLEY, s-ro HEBER VALVERDE

(n. 24 majo 1905 Melburno – m. 6 junio 1981 Toowoomba)

Esperantistiĝis en 1960. "Kiam Heber mortis, E suferis grandan baton". Fortulo de la E-movado. Vicprezidanto en Brisbano (1961). Prezidanto kaj instruisto de la E-grupo en Rokhamptono (1961-1967), kie grupo fondiĝis (novembro 1961) kun pli ol kvardek membroj. Ricevis neatenditan postenon de redaktoro ĉe Rockhampton Morning Bulletin. Starigis grupon en Sherwood (Brisbano, 1968-1969). Pro malbona sano transloĝiĝis al Toowoomba kaj multe helpis starigi tie E-grupon.

Kiel junulo laboris en Fiĝio, kaj profunde influiĝis de fiĝianoj kaj ilia kulturo. Dum la Dua Mondmilito flegisto en milithospitalo en Tobruk – aparte impresis lin la hindaj malsanuloj. Liaj militaj spertoj konvinkis lin pri graveco de interligo de ĉiuj nacioj.

PETLEY, s-ino EFFIE

(m. 12 novembro 1978 en Toowoomba)

Helpis sian edzon en la poresperanta aktivado.

PFAHL, s-ro LESLIE E.

Eminenta esperantisto. Respondecis pri E-lecionoj en *The World's News* (Sidnejo), eldonitaj de 20 septembro 1933 ĝis 2 majo 1934. Sekretario de la 3-a Aŭstralia E-Kongreso (Sidnejo, 1920). Kvarfoje parolis pri E ĉe radiostacio 2FC (1925). Sekretario en Sidnejo (1919, 1926-1927, 1932-1934).

Sekretario de la Internacia Radioasocio de Aŭstralio.

PIANTA, s-ino ELEANOR

(m. 56-jara en 1962)

Esperantistiĝis en 1956. Sekretariino en Perto (1956). Aktivis ĝis sia morto.

PICKERING, s-ro ROLAND FERRERA

Zamenhof-Adresaro 1908.

Membro de la E-grupo en Gosford. Fonda membro de la E-klubo en Sidnejo (1909).

PIGGOTT, s-ro C.

Vicprezidanto de la E-klubo en Adelajdo (1910-1912). Forlasis Adelajdon en 1913. Laboris en Bickford-apoteko (Adelajdo).

PLACE, d-ro FRANCIS EVELYN
(n. 1866, Anglio – m. 10 januaro 1929, Adelajdo)

Place edukiĝis en Oksfordo, en Germanio kaj Francio. Laboris dum dek tri jaroj en Bombajo kiel registara veterinaro, poste tri en Mandalajo, Birmo (nun Mijanmaro), de kie li migris al Adelajdo (1910). Dum sia tempo en Bombajo dum tri jaroj li ne povis piediri pro tifoida febro. Ŝajne dum tiuj jaroj li esperantistiĝis ĉar, kiel arda esperantisto, li korespondis ĉefe kun rusaj samideanoj. Lia artikolo *Nutrado en Hindio de la fiziologia aspekto* eldoniĝis en rusaj E-ĵurnaloj per la Socio por Protekti Publikan Sanon. Li multe korespondis kun s-ro Foss de Siberio, ankaŭ veterinaro. Kvankam liaj familianoj konis iomete E-n, ili neniam same entuziasmis kiel la patro.

En 1910 lia esplorado en mikrobiologio kaj higieno havigis al li la diplomon de doktoro de scienco de la Internacia Esplorada Oficejo. Li studadis ankaŭ la moskitojn de la rivero Murajo (Murray).

Tra la tuta SA oni estimegis lin, ĉefe bienistoj kaj studantoj; "li pretis fari ĉion ajn ie ajn". Ofte prelegis kaj konsilis ĉie en la granda kamparo, ĉefe dum siaj fruaj jaroj kiel registara veterinaro. Nelonge post sia enoficiĝo kiel docento ĉe la Agrikultura Kolegio Roseworthy (1918) li kripliĝis de severa vundo je la femuro, kiam motorciklanto teruris lian ĉevalon. Dum siaj finaj jaroj li triciklis.

Lia laboro kaŭzis, ke li malofte povis ĉeesti E-kunvenojn. Tamen li estis bibliotekisto (1911) kaj vicprezidanto (1912) de la adelajda E-klubo, kaj komitatano de la Sud- Aŭstralia E-Asocio (de 1912).

Fontoj: Advertiser (Adelajdo) kaj ĉiuj provincaj kaj urbaj ĵurnaloj de SA.

PLANT, leŭtenanto-kolonelo CHARLES FREDERIC
(n. 1843 Nottingham, Anglio – m. 7 decembro 1932, Ashgrove, Brisbano)

Zamenhof-Adresaro 1906.

Migris al KV ĉirkaŭ 1870 kune kun sia frato E.C.H. Plant (ano de la supra ĉambro de parlamento). Estis inĝeniero en la orfosejoj apud Charters Towers. Estis komandanto de la regimento Kennedy en Charters Towers, kaj de la Kvinslandaj Volontulaj Fusilistoj en Brisbano. Fondis branĉon de la Ruĝa Kruco en Brisbano kaj estis kuratoro de la brisbanaj gimnazioj por geknaboj.

Fontoj: ĉefe *Brisbane Courier,* sed ankaŭ multaj aliaj kvinslandaj tagĵurnaloj.

POLLARD, s-ino GERTRUDE
(n. SA – m. 85-jara, 25 aprilo 1975)

Esperantistiĝis en 1945. Post sia vidviniĝo en Katanning ŝi instruis por la eduka departemento ĝis 1955. Kompetente okupis multajn E-postenojn (bibliotekistino, instruistino de progresantoj ĉe Gosnells). Prezidantino de la E-klubo en Perto (1957-1958). Ĉeestis la UK-n en Helsinko (1969). Tiom entuziasmis pri E ke ŝi heredigis $6500 al la movado.

Fonto: The Australian Esperantist.

POLLEN, d-ro de juro, kolonelo JOHN

(n. 3 junio 1848, Kingston, Irlando - dronis en la maro 18 junio 1923, ĉe insulo Man)

Prezidanto de Brita Esperanto-Asocio (1904-1912). Vojaĝis en Aŭstralio (1910) kaj multe kaj bone propagandis pri E en universitatoj kaj en tagĵurnaloj. Verkis du librojn pri la rusa poezio.

Studis en la Universitato de Dublino. Loĝis en Hindio (1871-1903), laborante en la Indian Civil Service (kolonia registaro en Hindio).

Fontoj: Enciklopedio de Esperanto. Daily Herald (Adelajdo). Vikipedio.

POLLOCK, s-ro VALE DON

(m. 65-jara, 24 aŭgusto 1975)

Aktivis en la E-grupo de Toowoomba de ĝia komenco.

POLOTYNSKY, s-ro STEFAN

De Talino, Estonio. Forte subtenis E-n. Vojaĝis al Japanio (1920).

Verkis leteron por *Sydney Morning Herald* (28 aŭgusto 1923). Instruis pianludadon.

POOK, s-ro

Restarigis la pertan E-grupon (1931).

PORTER, s-ino ALMA aŭ ANNIE

Carl Uhrlaub prelegis en ŝia hejmo. Anino de la adelajda estraro (1912-1913). Ĉeestis la duan Aŭstralian E-Kongreson (Melburno, oktobro 1912). Vicprezidantino de la 5-a E-kongreso (Melburno 1925).

POSPISAL, s-ro BOHUMIL

Ĉeĥa ĵurnalisto. Vojaĝis tra NSK en decembro 1929 kaj propagandis E-n. Verkis tre longajn artikolojn pri sia mondvojaĝo.

PORTER, s-ro STAN

De Yetholme apud Bathhurt. Fidela sed izolita esperantisto en la 1940-aj jaroj.

POTTS, s-ro KELSALL

(m. 47-jara, 30 januaro 1928)

Sekretario de la Komerca Klubo de Melburno de la komenco en 1911. Ĉeestis la adelajdan E-kongreson de 1911. Dum 28 jaroj laboris en la viktoria departemento de agrikulturo.

PRENTER, f-ino

Komencis E-klason por knabinoj ĉe Battery Point, Hobarto (1932).

PREACHER, F.

Tre aktivis en Sidnejo kaj Manlio (1966).

Ĉefkonsilisto ĉe la magistrato de Manlio (1971-1973).

PREWETT, s-ro JOHN N.

Esperantistiĝis en 1924, kiam li aĉetis lernolibron de la librobutiko Rawson en Exhibition-Strato, Meburno.

Li loĝis en Rochester (VK) kaj estas ekzemplo de izolita esperantisto, el kiuj multaj verŝajne neniam oficiale aniĝis en la E-movado.

PRICE, s-ro CHARLES

Sekretario de la E-grupo en Townsville (1922).

PRIEST, s-ro S.

Juna estrarano de la E-klubo en Devonport, prizorgis la sociajn aranĝojn (de ĝia starigo en 1953).

PRITCHARD, s-ino MEG
(m. 16 novembro 1975, Redcliffe, KV)

Sekretariino, prezidantino kaj instruistino de la E-grupo en Redcliffe. Multe helpis la E-Federacion de KV.

PROCTOR, s-ro P.

Ĉeestis la 4-an Aŭstralian E-Kongreson (Sidnejo, Pasko 1923).

Aktiva ĉe la brisbana E-klubo ĝis 1930, kiam li malaperis, eble transloĝiĝis ien. Ankaŭ ano de la Authors' and Artists' Association (asocio de aŭtoroj kaj artistoj) en Brisbano. En 1927 vizitis Japanion uzante E-n.

PROCTOR, ELSIE
(m. frapita de aŭto, 22 junio 1958)

Esperantistiĝis en Perto. Fidela membrino de la E-klubo en Loncestono. Ĉeestis multajn kongresojn.

PRYKE, s-ro EDGAR A. (WILLIAM THOMAS EDGAR ALFRED aŭ TED)
(n. ĉirkaŭ 1890, East Maitland, NSK – m. 17 aŭgusto 1947, Maitland)

Zamenhof-Adresaro 1906.

Frue propagandis E-n, speciale por instruado en lernejoj. De 1910 komencis klasojn en sia hejmo "Espero" en Maitland. Dum multaj jaroj estis ege vigla en la E-klubo de Sidnejo. Prezidanto (1929).

Verkis *Esperanta Alfabeto kun Bildoj*, ilustritan de George Collingridge, aperintan ĉe presejo G. Collingridge (Hornsby, NSK, 1923). Ĝi enhavis konvenan verseton por ĉiu litero (krom ŭ).

Ĉeestis multajn aŭstraliajn E-kongresojn, ankaŭ la unuan (1911). Verkis multajn artikolojn por tagĵurnaloj. Starigis la E-klubon de Maitland (aprilo 1910).

Estis fabrikisto de lavmaŝinoj.

Fontoj: La Suda Kruco. Maitland Daily Mercury. Newscastle Morning Herald.

PRYKE, s-ino E. A.

Membrino de komitato de la E-klubo en Maitland (aprilo 1910).

PURNELL, s-ino MARION
(m. 82-jara, 28 decembro 1932)

Dum multaj jaroj aktiva kaj fidela anino kaj estraranino de la E-klubo en Melburno (vicprezidantino en 1919). Ĉeestis aŭstraliajn E-kongresojn en Melburno (1912) kaj Sidnejo (1920 kaj 1923) .

Fonto: La Suda Kruco.

PYKE, s-ro JAMES G.
(n. 1874 - dronis 55-jara en novembro 1930 aŭ eble 15 oktobro)

Plumnomo: Ezoko

J.G. Pyke estis melburna librovendisto (212 Swanston-Strato). La librovendejo havis ŝildon Esperanto Book Supply (provizado de libroj en E) kaj la muro ekstere indikis Esperanto Books. Li asertis, ke li mem instruis E-n dum ses monatoj per la uzado de tage dekdu-minuta trajna vojaĝo al kaj de Melburno.

"ĉiam freŝa spriteco kaj bonhumoro...sed povus esti frosttremanta malvarmo...forte sentis maljustecon inter nacioj kaj sociaj klasoj (*La Suda Kruco*, decembro 1930). Prezidanto de la Melburna E-Asocio (1913-1929). Prezidanto de AEA (1920). Ĉeestis la UK-jn en Prago (1921), Dancigo (1927), Oksfordo (1930). Reveninte hejmen post ĉiu kongreso prelegis publike *Through Central Europe with Esperanto* (1922), (Tra centra Eŭropo pere de E), *Through northern Europe and the Balkans* (Tra norda Eŭropo kaj Balkanio, ilustrita prelego, 1928) – ĉi-tiuj dissendiĝis ĉe la sendrata stacio 3LO. Plufoje parolis ĉe stacio 3AR. Verkis artikolon por *The Advertiser* (Adelajdo, novembro 1911).

Verkis plurajn komediajn teatraĵojn, inter aliaj *Kara Paĉjo* (1912), *Ezoko* (1917), *La akvo de forgeso* (1917); *La koro de Maria; Iun belan tagon; Balboni; Mansfield kaj Vojaĉek, bankieroj* (1917); Dum ŝi vivis tradukita en la anglan *As long as she lived* aŭ *Twice Killed* (Dufoje mortigita).

La melburna tagĵurnalo *The Age* raportis (18 novembro 1930), ke s-ro J. G. Pyke malaperis mistere de la pasaĝera ŝipo P&O Balranald dum la revena vojaĝo el Anglio. Oni supozis, ke li falis en Mediteraneon kaj dronis.

La ekzameno memore al Pyke honoris ĉi-tiun pasian esperantiston.

Fontoj: La Suda Kruco. Age (Melburno). Ordeno de Verda Plumo. Enciklopedio de Esperanto.

PYKE, s-ino LILLIAN MAXWELL

(n. 25 aŭgusto 1881, Belfast (Port Fairy), VK – m. 31 aŭgusto 1927 Brighton, VK)

Pseŭdonomo: Erica Maxwell.

Fervora esperantistino. Esperantistiĝis pro la influo de sia bofrato (J.G. Pyke). Edziniĝis (en 1906) al Richard Dimond Pyke, kiu sinmortigis en 1914. Por vivteni kaj prizorgi sian infanon ŝi ree verkis kaj eldonis multajn romanojn. Kiel Erica Maxwell ŝi eldonis *A Wife by Proxy* (Perita edzino, 1926). Ĉi tiu romano estis tradukita esperanten de M. Sampson kiel *Anstataŭa edzino* (eldonita de *Heroldo de Esperanto*, 1930).

Fontoj: La Suda Kruco. Australian Dictionary of Biography. Enciklopedio de Esperanto.

RAE, f-ino HARDEE

(n. ĉirkaŭ 1896 en Paragvajo – m. 13 oktobro 1930, apud Chidlow, OA)

Post dek jaroj kiel flegistino en OA Hardee komencis du novajn kursojn: pri E kaj pri flugado. Ŝi dividis sian tempon inter la du. Ŝi mortis subite, kiam la flugmaŝino frakasiĝis en densa arbaro en la montaro Darling apud Perto.

Fonto: Western Australian.

RAMSAY, s-ro CHARLES

(n. ĉirkaŭ 1884, Penguin, TAS)

Eble li esperantistiĝis pere de Len Newell, ĉar ili laboris kune en Kartumo, Sudano, kie li estis oficisto en la brita administrado.

De 1935 ĝis 1939 estis en la brita konsulejo en Tokio kaj poste, ĝis 1948, en la brita ambasadejo en Vaŝingtono. Dudektrijara vojaĝis kiel laboristo sur la velŝipo Omega. Post 1948 revenis al Devonport (TAS), kie li estis elstara historiisto pri la nord-okcidenta marbordo de TAS kaj fervora esperantisto. Prezidanto de la devonporta E-Asocio de 1953 post multe da propagando. Renkontis multajn aŭstraliajn esperantistojn en la kongreso en Melburno (1950).

Fontoj: Advocate (Burnie). Examiner (Launceston).

RANDLES, s-ino BERYL

(n. 1 marto 1912, Elsternwick, VK – m. 21 marto 1984)

Lernis E-n de kolonelo Fulton ĉirkaŭ 1943 en Adelajdo. Sekretariino (1970-1971), kasistino en Adelajdo dum multaj jaroj. Fervora esperantistino, kiu plenumis multajn taskojn por la movado. Granda perdo, antaŭ ĉio pro ĝoja sinteno. Multe vojaĝis kaj multe pentris.

RANSOME, s-ro ALFRED

(m. novembro 1912)

Izolita for de Esperantio, Ransome vivis en norda TAS.

Ano de bone konata familio de fabrikistoj de agrikulturaj kaj inĝenieraj iloj, li migris al La Trobe (TAS) en 1892, sed poste vivis en Mathinna. Lia problemo estis alkoholismo, kvankam li laboris kiel elektro-tegisto. Li finance subtenis plurajn minejajn entreprenojn, ĉefe la Queen of the Earth Mining Company (kompanio Reĝino por minado) apud Beaconsfield. Estis kaj ĝentila kaj helpema.

En 1909, kiam revenis de vojaĝo al Anglio, pasie propagandis pri E. Starigis lecionojn en Mathinna kaj aliaj lokoj en la regiono. Liaj E-poŝtkartoj kaj ĵurnaloj interesigis la lokajn homojn.

Fonto: Daily Telegraph (Launceston).

RAWSON, s-ro ROY R.
(n. 11 majo 1898 Woods Point (VK) – m. 14 junio 1971)

Elstara esperantisto dum multaj jaroj. Disvastigis E-n pli ol iu ajn alia esperantisto: li parolis ĉiun unuan sabaton de la monato pri E je 7.15 posttagmeze ĉe stacio 3LO.

En 1932, post naŭ jaroj de dissendado, li estis ricevinta 5000 leterojn. Triono el ĉi tiuj interesatoj ekstudis E-n. 50 procentoj loĝis ekster la grandaj urboj. Multaj korespondis tra la mondo kun samideanoj. La intereso pri E estis pro pluraj kialoj: la aktuala kaprico, por helpi la cerban kapablon, kaj por komerco.

Rawson estis la direktoro der la Kookaburra Refreshment Rooms en la melburna stacidomo *Prince's Bridge* ĝis 1921 kiam James G. Pyke, la posedanto, vendis ĝin por ĉeesti la UK-n en Prago. Poste Rawson iĝis

direktoro de la librovendejo en Swanston-Strato (Melburno) por J. G. Pyke, la posedanto. En 1927 Pyke denove vendis la librovendejon por ĉeesti la UK-n en Varsovio. Tiam Rawson malfermis propran librovendejon en Exhibition-Strato, Melburno, kie li multe subtenis sociajn kaj politikajn aferojn. Ĝi fermiĝis en 1951. Rawson arde klopodis meti finon al la aŭstralia librocenzuro, kiu serioze limigis la librokomercadon.

Iniciatis la memorigan ekzamenon Pyke (1931) por honori J.G. Pyke. Ĉiujare multaj homoj partoprenis en tiu ekzameno.

Esperantistiĝis en 1914. Sekretario de la melburna E-klubo (1919, 1921-1935). Plufoje estis sekretario de E-kongresoj. Ĉeestis preskaŭ ĉiun kongreson en Aŭstralio.

Edziniĝis esperantistinon Florence Mitchell (1925). Kiel pluraj aliaj esperantistoj ili estis anoj de la Aŭstralia Eklezio de d-ro Strong. Ĝi estis liberpensa eklezio kun forta socia konscio kaj forte pacifista.

Estis membro de *Victorian Legislative Council* (leĝofara konsilio de VK).

Fontoj: Enciklopedio de Esperanto. Age. Argus (Melburno). *Suda Kruco. Melbourne's Radical Bookshops* (John Sendy, 1983).

RAWSON, s-ino FLORENCE

Esperantiĝis en 1925 kaj edziniĝis al samideano Roy Rawson la saman jaron. Antaŭ la edziniĝo estis instruistino, poste estris vendejon de infanaj vestoj en la melburna antaŭurbo Camberwell. Esperis, ke E venkos la obstaklon, ke infanoj lernu aliajn lingvojn kaj vojaĝu helpe de ili. Prezidantino de la melburna E-klubo (1941-1942) kaj de la E-Asocio de VK dum la 1940-aj jaroj. Dum multaj jaroj prezidantino de la Virina Internacia Ligo de Paco kaj Libereco.

Fonto: Age (Melburno). Melbourne's Radical Bookshops (John Sendy, 1983).

RAYMER, f-ino YVONNE

Instruis E-n al skoltoj en Rokhamptono (1970).

READER, f-ino M.

Dum la 1970-aj jaroj prezidantino de la E-Federacio de VK.

REDFERN, s-ro GEORGE HENRY
(m. 67-jara, 8 novembro 1951, Flemington, VK)

Parolis pri E antaŭ la Australian Natives Association (asocio de homoj naskitaj en Aŭstralio) de Melburno (aprilo 1922) kaj al aliaj grupoj. Vicprezidanto de la 4-a Aŭstralia E-Kongreso (Sidnejo, 1923). Komitatano de AEA (1920). Sekretario de la Viktoria E-Asocio (1922-1923). Tre aktive disvastigis E-n en Williamstown (antaŭurbo de Melburno).

REED, s-ro ROBERT (BOB)
(m. 11 oktobro 1983, Melburno)

Esperantistiĝis en Anglio. Migris al Aŭstralio. Kunfondinto de la E-grupo en Oakleigh, ĝia tre aktiva sekretario (1966-1972). Prezidanto de la E-Federacio de VK (1979).

REED, s-ino E.

Aktivis en Oakleigh (1973-1985).

REGAL, s-ino JULIE LOIS
(n. 23 aprilo 1920, Usono – m. 4 junio 2017)

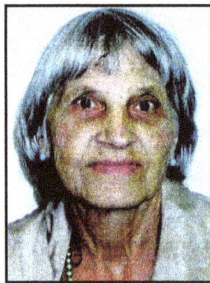

Esperantistino de sia junaĝo kaj daŭre subtenis la lingvon dum sia tuta vivo.

Pere de E ŝiaj gepatroj trovis la Bahaan kredon, en kiu kaj ili kaj Julie forte partoprenis. Julie helpis la Bahaan movadon en Panamo, kie ŝi laboris kiel sekretariino por la usonaj armeo kaj mararmeo. Sekvis du jaroj en Wilmette, kie ŝi laboris por la tiea Nacia Bahaa Centro.

Dum 1980-1983 volontulis por la Bahaa movado en Nikaragvo. Dum la jaroj en Nikaragvo agis ankaŭ por E kaj fakte komencis la tiean E-movadon.

Post tri jaroj en Nikaragvo ekpioniris bahaismon en Meksiko kaj restis tie ĝis sia 81-a jaro. Ankaŭ tie partoprenadis la E-vivon. Poste multe vojaĝis kaj partoprenis en pluraj E-kongresoj.

De 2006 vivis en Aŭstralio.

Fonto: Katarina Steele.

REID, s-ro STUART
(n. Dundee, Skotlando – m. 73-jara, 23 novembro 1918)

Zamenhof-Adresaro 1908.

Pseŭdonomo: Frank Morley.

De 1867 brutbienisto en Eddinton, Camperdown (VK). Verkis romanon. Tre interesiĝis pri literaturo kaj pri E.

Fonto: Argus. Pastoral Review (Melburno).

RENDLE, d-ro RICHARD
(1846, Anglio – 10 aŭgusto 1907, Kingaroy, KV)

Zamenhof-Adresaro 1904.

Li studis medicinon en Guy's Hospital (Londono) kaj laboris kiel Resident Medical Officer (kuracisto loĝanta en la malsanulejo) en pluraj londonaj malsanulejoj, ĝis li alvenis Aŭstralien kiel kuracisto sur ŝipo alportanta migrantojn. Li restis unue en Fremantle (OA) kaj poste en Brisbano. Tie li praktikadis en Teringa (antaŭurbo de Brisbano) ĝis sia morto. Kirurgia masko, konata kiel Rendle's Inhaler estis inventita en 1867.

Fontoj: Brisbane Courier. Dictionary of National Biography (Anglio). Bill Chapman.

RENDLE, s-ro ROBERT
(n. 26 oktobro 1858, Anglio – m. 3 oktobro 1939, Brisbano)

Zamenhof-Adresaro 1906.

Dum kvindek jaroj Registrar of Friendly Societies (registristo de asocioj, en kiuj oni antaŭpagas por sociala helpo en postaj jaroj) en Brisbano, poste manaĝero de Public Service Superannuation Fund (fonduso por emeritoj el la ŝtata servo). Ŝajne frato de d-ro Richard Rendle.

Fontoj: Courier Mail. Telegraph (Brisbano).

RICE, s-ro R. M.

Zamenho-Adresaro 1906.

R. M. Rice naskiĝis en Anglio. Lia patro, pastro G.M. Rice, alvenis al la brisbana Tabernacle-preĝejo en 1904 kaj reiris al Anglio en 1908. Intertempe la filo, R.M. Rice, iĝis elstara lernanto en la Brisbana Gimnazio por Knaboj, de kie venis lia intereso pri E kaj aliaj lingvoj. En 1912 li aliĝis al la Brita Foreign Office (departemento por eksterlandaj aferoj) kiel interpretisto en Mezoriento. Oni ne trovas pli pri ĉi-tiu interesa juna viro.

Fontoj: Telegraph. Courier (Brisbano).

RICHARDSON, f-ino BLANCHE

Dum 1931-1938 en Brisbano ŝia Elite Musical Club de kantistoj kaj dancistoj rolis en E-kunvenoj. Ŝi mem kantis esperante kaj en la klubo kaj radie.

Fonto: Courier Mail.

RIODAN, f-ino R.

Aktivis en Brisbano (1927-1937).

RIENITS, s-ro DIETRICH GUENTHER
(n. ĉirkaŭ 1814 en norda Germanio - m. 14 novembro 1891)

Zamenhof-Adresaro 1892.

Rienits distingiĝas ĉar li estas la unua aŭstralia esperantisto, sed de pli frue ol pensigas la Zamenhof-Adresaro. Tiu fakto evidentiĝas de la unua mencio de E en *Sydney Morning Herald* (26 aŭgusto 1891): "Se estas en tiu ĉi lando iu, kiu konas la lingvon internacian (Esperanton), mi lin petas, ke li volu min sciigi pri tio – D.G. Rienits, Mount Victoria, NSK". Bedaŭrinde Rienits mortis tre baldaŭ post la anonco. Interese estas, ke la plej frua mencio de E en aŭstraliaj ĵurnaloj estis en *Australische Zeitung* (Adelajdo, 2 novembro 1887) kaj *The Leader* (Melburno, 26 aŭgusto 1891).

Oni ne multe scias pri ĉi tiu unua aŭstralia esperantisto. Kune kun sia edzino, Christine, li laboris en agrikulturo kaj ĉevalbredado apud Cathcart en la sudoriento de NSK ekde la 1850-aj jaroj. La filo Henry alvenis al Aŭstralio 12-jara en 1863. La patro malpermesis, ke li parolu germane en Aŭstralio kaj li mem instruis sian filon. En 1875 la familio loĝis en Newtown (antaŭurbo de Sidnejo), kie la patrino gvidis firmaon, kiu fabrikis subvestojn. Post la emeritiĝo (1889) ili transloĝiĝis al Mount Victoria en la Blua Montaro por loĝi kun la filo. Rienits interesiĝis unue pri Volapuk, sed trovis E-n pli valora.

Fontoj: Sydney Morning Herald. Mary Mills. *La Suda Kruco* (aŭgusto 1926).

RIENITS, s-ro HENRY GUNTHER
(n.1851 - m. 24 junio 1928, Mount Victoria, NSK)

Ekinteresiĝis pri E en la sama tempo kiel la patro. En la fruaj tempoj li proponis instrui Volapukon al iu ajn lernanto, kiu deziris lerni ĝin. Henry laŭdire tradukis esperanten plurajn romanojn, sed oni ne nomis ilin. Kiam mortis, postlasis preskaŭ finitan tradukon de *The Vicar of Wakefield* (la paroĥestro de Wakefield). Ĉeestis la 4-an Aŭstralian E-Kongreson (Sidnejo, Pasko 1923). "Homo, kiu en la koro havis senliman amon al la homaro" - skribis *Lithgow Mercury* (25 junio 1928), eble ĉar ili hontis pri la kontraŭgermanaj milit-tempaj leĝoj, pro kiuj oni fermis lian lernejon en 1916. Henry iĝis aŭstralia civitano, kvankam denaske germano. Kiam li diplomiĝis ĉe la Teachers' Training College (pedagogia altlernejo) en Sidnejo, li unue instruis en Fort Street Model School, poste en Bourke, kaj finfine en Mount Victoria, "kie li kaj lia edzino pasigis la fulmotondran tempon", post kiu ili starigis The School – tre bonkonatan lernejon por knaboj el multaj lokoj de Aŭstralio, insulo Thursday kaj Novkaledonio. Fakte The School estis ege lojala: oni ĉiam kantis "Dio benu la reĝinon" kaj subtenis la kadetan korpuson.

Fontoj: Sydney Morning Herald. Lithgow Mercury. Mary Mills.

RITZ, profesoro HERMAN BALTHAZAR
(n. ĉirkaŭ 1858 en St. Gallen, Svislando – m. 28 marto 1916, Hobarto)

Zamenhof-Adresaro 1892.

Ano de Monda E-Ligo.

Prezidanto de la E-klubo en Hobarto (1908-1909).

Li kaj D.G. Rienits estis la unuaj aŭstraliaj esperantistoj, kaj daŭre subtenis la internacian lingvon. Lia pensado pri E bone esprimiĝas en "Language" en *Mercury* (Hobarto, 14 junio 1898). Ĉi-tiu estis unu el pluraj prelegoj pri E, en vana espero, ke stariĝos klubo. Korespondis kun multaj esperantistoj en Eŭropo, ĉefe en Ruslando; sed estis en Hobarto, kie li varbis du elstarajn novajn esperantistojn – Percy Meggy kaj H.R. Nicholls. Profesoro Ritz estis sindediĉa instruisto kiam la hobarta E-klubo stariĝis (oktobro 1906).

Edukiĝis en gimnazio en Sankt Gallen (Svislando), kaj en universitatoj en Zuriko kaj Melburno. Venis al Aŭstralio ĉirkaŭ 1876. Estis la "populara instruisto" de la gimnazio en Ballarat dum kvin jaroj ĝis 1884, kiam li translokiĝis al Mulgoa apud Penrith (NSK) kiel instruisto en The Parsonage, privata internulejo. Tie li posedis kurĉevalon Blackthorn, kaj ludis en la kriket-teamo. En 1889 translokiĝis al Mount Victoria en la Blua Montaro, kie instruis modernajn lingvojn en The School, kies estro estis Henry Ritz. Bona ludanto de piano kaj orgeno. En 1898 translokiĝis denove al Hobarto, kie li estis fakestro ĉe armea akademio. De 1901 estis profesoro de modernaj lingvoj en la Universitato de Hobarto ĝis sia morto - survoje al prelego.

Estis arda ano de la Presbiteriana Eklezio. Multe laboris pri la tasmaniaj indiĝenaj lingvoj. La Universitato de Tasmanio notis lian "konstantan ĝentilecon kaj afablecon".

Fontoj: Sydney Mail. NSW Advertiser. Katoomba Times. Ballarat Star. Daily Post (Hobarto). *Mercury* (Hobarto). Mary Mills.

ROBERTSON, profesoro ROBERT GEORGE (ROBBY)
(n. 7 aprilo 1917, Penrith, Anglio – m. 21 aŭgusto 2006, Sidnejo)

Esperantistiĝis en 1965 en Manlio. Prezidanto de la Aŭstralia E-Asocio (1972-1980). Fervore aktivis.

Magistriĝis pri matematiko kaj inĝenierado en la Universitato de Oksfordo. Migris al Aŭstralio en 1950. En la Universitato de NSK iĝis prelegisto, docento kaj profesoro de inĝeniera scienco, precipe pri tridimensia geografio.

Resaniĝis post fortranĉo de tumoro. Nur 23-jara jam inĝeniero-leŭtenanto en aviada fako de la militmaristaro. Laboris en fabriko de helikopteroj (1946-1950). Asista profesoro pri mekanika inĝenerado (1972). Emeritiĝis en 1977.

ROBBINS, s-ro ROSS GORDON
(n. Wanganui, NZ)

Lernis E-n en lernejo kaj membriĝis en E-klubo post la fino de siaj studoj.

Donis E-kursojn en Egiptio. Multe rilatis al esperantistoj en tiu regiono kaj ankaŭ en Palestino. Post la Dua Mondmilito prelegis pri botaniko en Kingstono (Jamajko). Instruis tie E-n.

En 1953 laboris en la Universitato de Velingtono. Dum kvin jaroj havis altan postenon en biogeografio ĉe Aŭstralia Nacia Universitato. Tre aktiva pri E en Kanbero.

Unua kuratoro de la Botanika Ĝardeno de Kanbero. Ĉefprelegisto pri botaniko en Portmoresbo dum tri jaroj. Dum ses jaroj asista profesoro pri botaniko kaj ekologio en la Universitato de Najrobo. Poste okupiĝis pri produktado de sultanaj sekvinberoj sur 26-akrea bieno en Red Cliffs.

ROBINSON, s-ro THOMAS
(m. 67-jara, 29 aŭgusto 1922)

Asekur-agento el Box Hill (VK). Survoje al E-klaso en Surrey Hills falis dudek metrojn kaj mortis inter masonaĵoj en Elgar-Strato.

Fonto: Age (Melburno).

ROBSON, f-ino

Instruis E-n en 1922 en la hejmo de f-ino King en Albert Park.

ROCKELL, s-ro D.

Aktivis en Melburno post 1971. Prezidanto de la E-Federacio de VK (1981-1984).

RODDICK, s-ro

Kasisto de la E-grupo en Mont Albert (1918-1925).

ROSENREN, s-ro JAMES

Instruis en la ŝtata lernejo en Wodonga (VK). Esperantistiĝis per Maynard Lanyon, la lernejestro. En 1925 organizis korespondadon inter siaj lernantoj kaj aliaj E-lernantoj tra la mondo. Poste alia instruistino, Edith Gartner, sendis la verkojn de la lernejaj infanoj al Varvara Seriŝeva en Siberio.

Fonto: Wodonga Sentinel.

ROSENGREN, s-ro HENRY

Aktivis en Melburno post 1963. Vicprezidanto (1970), prezidanto (1971).

ROSS, f-ino V. D.

Fonda anino de la E-klubo en Hobarto (1906). Instruis komencantojn (1907) kaj aktivis por E dum multaj jaroj. Sekretariino (1910-1911). Kune kun Cedric Baker (el Melburno) ŝi ĉeestis E-klason surŝipe dum la reveno al Aŭstralio el Eŭropo. Instruis komercon, stenografion kaj tajpadon unue en lernejo Leslie House kaj poste en lernejo *New Town Girls'*.

Fonto: Esperanto en Australio (1905-1985) de Ray Ross.

ROSS, s-ro RAY
(n. 1916, Stanthorpe, KV – m. Brisbano)

Loĝis en fruktarbaro. Soldatiĝis en AIF (aŭstralia imperia armeo, 1939). Edziĝis en 1942 al Peggy Poole. Ĝis 1972 infanteria instrukciisto en la konstanta ameo. Lernis E-n en 1961 dum kurso de Heber Petley. Post translokiĝo al Brisbano Ray aktivis kiel ano, poste prezidanto de Brisbana E-Asocio, kaj estrarano de AEA. Estis prezidanto de la organiza komitato de AEA-konresoj en 1988 kaj 1995. Eble lia ĉefa kontribuo estis la pacience kompilita verko *Esperanto en Aŭstralio 1905 – 1985* (*Historio de AEA*).

ROZSA, s-ino MAGDALENA
(m. 6 decembro 1991)

Filino de Franc Acs. Fondis E-grupon en Orange, poste en Port Macquarie. Ĉeestis plurajn aŭstraliajn E-kongresojn. "Ĉiam ĝentila, bonkora, ĉarma, helpema kaj tre inteligenta, energia virino."

Fonto: The Australian Esperantist.

RUCKI, s-ro ALEXANDER
(n. junio 1946, Goettingen, Germanio)

Lernis E-n de siaj gepatroj. Loĝis en Morwell (VK). Lia verko *A Story of Hope. A Holocaust Story* (Esperdona historio. Holokaŭsta rakonto, 2011, Little Red Apple Publishing, Sidnejo) temas ĉefe pri Esperantio.

RUSSELL, s-ro FRANK A.

Sekretario de la E-klubo en Melburno (1907-1908). Li estis prezidanto (1912) de Australian Natives Association (asocio de homoj naskiĝintaj en Aŭstralio).

RUTLAND, s-ro ALBERT VICTOR (RUTTY)
(n. 15 aprilo 1901, Colac, VK – m. 16 majo 1974, Sidnejo)

Energia kaj entuziasma sekretario de la humanisma grupo de Melburno ĝis 1923, kiam li transloĝiĝis al Sidnejo. Estrarano, prezidanto en Sidnejo (1934). Ĉeestis plurajn aŭstraliajn E-kongresojn kaj la UK-n en Oksfordo (1930). Konatiĝis kun multaj famaj esperantistoj. Oni diris esperante ĉe lia kremacio, ke "li estis fervora esperantisto kaj bona amiko."

Fonto: The Australian Esperantist.

RYAN, s-ro K.

Maitland. Komitatano de E-klubo (aprilo 1910).

RYDING, ges-roj

Melburno, post 1953. S-ro J. Ryding aktiva dum la 1960-aj jaroj.

SAAR, s-ro ALEXANDER
(n. ĉirkaŭ 1894 en Estonio – m. 3 junio 1956, Perto)

Migris al Aŭstralio. Kiam li laboris kiel meĥanikisto en telefonejo en Northam (OA, oktobro 1916), Saar estis arestita sen rajto je kaŭcio: lia kulpo estis "agado malavantaĝa al la milito kaj pliiganta malakordon". La kazo vekis disvastigitan tagĵurnalan histerion. Tamen oni fine nuligis la akuzon. Militrifuzanto. (Vidu Alexander Auwart.)

Ĉeestis la 4-an Aŭstralian E-Kongreson en Sidnejo (1923). Laboris en Eucla dum tri jaroj. En 1928 instruis E-n ĉe la lernejo de James Street. En 1930 estis vicprezidanto de la renovigita Perta E-Asocio, sekretario (1938-1939) kaj prezidanto (1943-1944). Parolis en serio de dissendoj pri E ĉe stacio 6WF. Starigis E-klason ĉe Overseas League (ligo de alilanduloj) en Perto (1938) kaj ĉe multaj aliaj grupoj. En 1954, kiel unu el la pli spertaj kaj aktivaj esperantistoj de OA, estis instruisto de la klubo en Perto.

Intervujis Amalgamated Wireless Ltd (1923) kaj demandis, ĉu oni povus uzi E-n kiel unu el la uzataj lingvoj.

Fontoj: Western Mail (Perto). *Daily News* (Perto).

SAINSBURY, s-ino ESTELLE EMMELINE
(m. 82-jara, 2 aprilo 1965)

Multe kontribuis al la E-movado en OA. Sekretariino de la Perta E-Asocio (1928-1931), kiam ŝi forlasis Perton por instrui en lernejo en la kamparo. Instruis E-n en Hakea (1944-1950).

SAMBELL, s-ro L. H.

E-klubo en Warburton (VK), 1908.

SANDERS, f-ino MARGARET

Aktivis en Melburno ekde 1960. Prezidantino de la E-Federacio de VK (1972-1974) kaj kasistino (1980-1985). Membro de E-grupo de Oakleigh (VK, 1962-1985), ĝia prezidantino (1976). La grupo kunvenadis en ŝia hejmo (1975-1979).

SAVAGE, s-ro HAROLD BURWOOD

Zamenhof-Adresaro 1906.

El Kempsey (NSK), kie li estris la sekcion de spicoj de la familia butiko. Ŝajne ne persistis pri E.

SAWKINS, s-ino DULCIE
(m. 15 marto 1992)

Tre amata membrino de la Perta E-Ligo, ĝia kasistino dum kvar jaroj. Ĉeestis la UK-n en Ĉinio (1986). Ĉiutage naĝis.

SCANTLEBURY, d-ro GEORGE JAMES
(m. 63-jara, 28 septembro 1923)

Frua esperantisto en Melburno (ekde 1906) kaj aktivis kiel eble plej ofte. De 1889 ĝis sia morto gvidis privatan psikiatrian malsanulejon en Cheltenham (antaŭurbo de Melburno). La komunumaj aferoj multe okupis lin.

SCAMMELL, s-ino ALICE
(m. 5 februaro 1929)

El Sidnejo. "La aŭstralia movado perdis unu el siaj fidelaj subtenantoj." En 1925 partoprenis la UK-n en Vieno. Ĉeestis la 4-an Aŭstralian E-Kongreson en Sidnejo (Pasko 1923) kaj la 5-an en Melburno (10-16 aprilo 1925).

SCHAPPER, d-ro (de scienco) HENRY JULE

Melburno 1914. Ano de la Aŭstralia Eklezio de d-ro Strong en Melburno. Dum multaj jaroj estro de teknika lernejo en Brunswick (antaŭurbo de Melburno).

SCHEPERS, s-ro HENK kaj s-ino SCHEPERS, ADA
(n. 11 aŭgusto 1913, Germanio – m. 20 decembro 1976, Won Wron, VK)

Liaj gepatroj estis el Nederlando, kie li iĝis ĉarpentisto. Enkarcerigita dum kvin monatoj kiel militrifuzanto. Tie li esperantistiĝis kaj tuj entuziasmis pri la lingvo. Edziĝis kaj elmigris Aŭstralien (1949). Unue bienlaboristo ĉirkaŭ Nhill (VK) kaj poste bienestris ĉe Won Wron, apud Morwell (VK).

Fidela membro de la E-grupo en Morwell, malgraŭ sepdekmejla vojaĝo tien-reen. S-ino Ada Schepers estis sekretariino de la E-Societo de Morwell (1976- 1978).

SCHMIDT, s-ro LOUIE

Proponis senpagajn E-lecionojn en Coffs Harbour (NSK, 1929). Elektristo.

SCHMIDT, s-ro MAX

Starigis E-grupon en Moe (VK, 1931).

SCHOCH, s-ro WILLIAM G.
(n. ĉirkaŭ 1851, Synick, Svisio – m. 18 majo 1925, Brisbano)

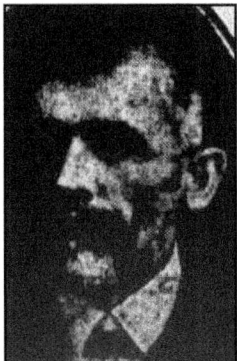

Esperantistiĝis en 1905 (Zamenhof-Adresaro 1905).

Dum dek kvin jaroj estis svislanda konsulo por KV. De 1885 dum 25 aŭ pli da jaroj li funkciigis kun s-ro H. Kay privatan akademion por instrui stenografion laŭ la sistemo de Pitman, desegnadon kaj modernajn lingvojn. Post multe da propagando en aŭgusto 1905 li prelegis pri E antaŭ granda homamaso. El ĉi tio ekestis ĉiutagaj E-lecionoj, unue en liaj ĉambroj en Telegraph Chambers, Queen-Strato, Brisbano. Vic-prezidanto (1906). Tre aktivis pri la progreso de E, ĉar li kredis ke E subtenus pacon en la mondo, kvankam ĝi malviglis dum la Unua Mondmilito.

Fonto: Courier (Brisbano).

SCHWERIN, s-ro P. E.

Aktivis en Sidnejo de 1941. Eldonis Gaja Leganto. Verkis originale por *The Australian Esperantist*. Ĉefekzamenanto por la klereca ekzameno de AEA.

En armeo dum la Dua Mondmilito. Arkitekto.

SCHWERIN, s-ino KAETHE (KATIE)

(n. Dancigo, Germanio – m. 1977, Sidnejo)

Esperantistiĝis en 1930. Edziniĝis en Berlino. Aktivis en la E-grupo de Manlio. Infanĝardena instruistino.

SCOTT, s-ro LES

Emeritiĝis en 1970 kaj esperantistiĝis en Manlio. Verkis multajn artikolojn por The Australian Esperantist. Kasisto de AEA. Donacis broŝuron *Why Learn Esperanto?* por granda konferenco en Albany (OA), kie Ralph Harry prelegis pri E. Starigis plurajn butikojn de elektraj aparatoj, dum 26 jaroj estis peristo por flugservo al Sidnejo. Administris motelon The True Blue en West Wyalong.

SEDGLEY, f-ino AMELIA

(m.1982)

Esperantistiĝis en 1950. Aktivis en Perto de 1953 ĝis sia morto. Sekretariino de la E-Ligo de Perto (1953, 1958 kaj 1960-1961).

SEKELJ, s-ro TIBOR

(n. 14 februaro 1912, Spiŝska Sobota, Slovakio - m. 20 septembro 1988, Subotica, Kroatio)

Vojaĝis tra la mondo. Vizitis Aŭstralion en 1970-1971 kaj verkis *Tezoj pri Aŭstralio*. Interese li sugestis ke E multloke stagnas en Aŭstralio kaj la granda plimulto de esperantistoj estas pli ol 50-jara.

Fonto: Wikipedia.

SERIŜEV, pastro INOCENTO

(n. 15 aŭgusto 1883, Kudara, Rusio – m. 23 aŭgusto 1976, Sidnejo)

Esperantistiĝis en 1910. Flue parolis ankaŭ la rusan, anglan, grekan kaj araban lingvojn. Grek-ortodoksa pastro el Siberio. Dum la cara reĝimo li estis malliberigita pro politika akuzo. Unu el la pioniroj de E en Siberio. En 1910 faris kune kun sia fratino, Varvara, rondvojaĝon tra 13 landoj de Eŭropo per E. Aperigis grandan verkon pri Siberio en 1914 (originalaj kaj tradukitaj verkoj, 250-paĝoj) kaj en 1925, dum li loĝis en Japanio, dum tri jaroj redaktis la 200-paĝan *Oriento*, kiu celis konatigi la civilizacion de la orientaj landoj. Fuĝis el Siberio (1917) kiam okazis la revolucio "pro ruĝa despotismo kaj arbitro" kaj forlasis 125 E-lernantojn. Li ekloĝis en Sidnejo (1 januaro 1926) je la sugesto de la loka E-asocio, kiu helpis lin trovi loĝejon kaj laboron. Post ses monatoj havis ŝparitan monon por vojaĝkostoj de siaj edzino kaj filo. Bone konis la staton de E en la mondo kaj lerte skribis (1930) pri la sociologia situacio en Aŭstralio, komparante Aŭstralion kun Rusio kaj Japanio.

Kunlaboris kun *Internacia Socia Revuo* kaj kun aliaj E-gazetoj.

Gvidis la unuan rus-ortodoksan diservon en Aŭstralio kaj starigis presejon por eldoni rusajn ĵurnalojn. Tamen la rusa komunumo suspektis lin, kiam li parolis esperante dum la diservo, estis ja la erao, kiam en Sovetunio esperantistoj estis kondamnitaj al morto. En 1933 li forlasis la eklezion.

Dum sia longa vivo regule korespondis kun pli ol okdek samideanoj. Lia kvin-voluma biografio estas en la Rusa Instituto de Universitato Kolumbia (Novjorko).

Estis elstara kaj fervora esperantisto.

Fontoj: La Suda Kruco. Sydney Diary. Vikipedio. *Ordeno de Verda Plumo. Enciklopedio de Esperanto. Sunday Sun* (Sidnejo). Nicole Else.

SERIŜEVA, VARVARA NIKOLAJEVNA

(m.13 januaro 1974)

Fratino de Inocento Seriŝev. Intruistino kaj "autorino de rimarkinda porinfana E-lernilo *Verda Steleto*" (1926). Ŝi uzis ekzemplojn de lerneja laboro de ŝtata lernejo en Wodonga (VK), bazita sur la rakontoj verkitaj de infanoj kaj plusenditaj de la lokaj instruistoj H.M. Lanyon kaj Edith C.H. Gartner. Oni ne scias, ĉu la verko travivis la stalinan epokon.

Fontoj: The World of Esperanto. Wodonga Sentinel. Enciklopedio de Esperanto.

SERVICE, s-ro

La 20-an de septembro 1907 eldonis la unuan aŭstralian E-gazeton: La Verda Stelo. Ĝi malaperis post la unua eldono! Neniu ekzemplero de ĝi ekzistas, sed la kolofono aperis en la Enciklopedio de Esperanto.

Fonto: protokoloj de la Melburna E-Klubo.

SIGISMUND, franciskana monaĥo

Predikis esperante dum meso en la katedralo de sankta Patriko (januaro 1952).

SHANAHAN, s-ro

Instruis E-n en E-klubo en Coburg (1931-1941).

SHANKLEY, s-ino M.

Hobarto de 1957. Sekretariino (1959), vicprezidantino (1964-1966) kaj bibliotekistino (1964).

SHANNON, f-ino EVA

Zamenhof-Adresaro 1907.

Trovis E-n estante ankoraŭ lernantino. Loĝis en la urbeto Wolumla apud Bega (suda NSK). Oni ne scias, kiom longe ŝi esperantumis.

SHARPE, s-ro Richard
(m. 1 aŭgusto 1923)

"Li ĉiam bone laboradis por nia movado."

Fonto: La Suda Kruco.

SHELDRICK, s-ro ALFRED ATONZA
(n. 12 septembro 1940, norda Melburno)

Zamenhof-Adresaro 1908.

Krom lia adreso 'Espero', 35, Evandale Rd, Malvern, VK ne estas alia indiko, ke li daŭrigis ian ligon kun E.

Kiel juna viro li estis verva membro de la filio en Sandridge (Port Melbourne) de la Antikva Ordeno de Forstistoj.

Fonto: Argus.

SHEPHERD, kolonelo doktoro ARTHUR E., C.B.E., D.S.O.
(commander of the British empire, Distinguished Service Order)

(n. 10 oktobro 1867, Norwood, SA – 27 aprilo 1942, Adelajdo, SA)

Eble estis Shepherd, kiu interesigis Hugon Leschen pri E – per la medicina mondo kaj skoltoj. Ĉeestis la unuan Aŭstralian E-kongreson en Adelajdo (oktobro 1911) kaj donis tie paroladon. Li sukcese sugestis, ke estu starigita komitato por la tuta SA.

Studis medicinon en Edinburgo (Skotlando). Kuracisto en Adelajdo (de 1891), armea kuracisto (de 1909). Dum la Unua Mondmilito koloneliĝis kiel ĉefo de la 8-a Aŭstralia Armea Ambulanca Korpuso kaj asista direktoro de medicinaj servoj.

En 1909 la unua ĉefa komisiito de la skolta movado en SA, poste la ĉefa medicina oficiro de la Repatriation Department (departemento por revenintaj soldatoj).

Fonto: Advertiser (Adelajdo).

SILVA, s-ino BRONE
(n. 1914 Litovio – m. 11 julio 1980 pro automobila akcidento dum ferio en KV)

En Aŭstralio vivis ekde 1949. Aktivis en Melburno kaj Oakleigh.

SIMMONS, s-ro KENNETH
(n. ĉirkaŭ 1862 - 4 majo 1934)

Sekretario de la E-klubo en Hobarto (1915), kasisto (1926).

Verkis longan artikolon pri E por *Mercury* (1918). Ĉesis labori ĉe la tasmania imposta fako (1927) post 52 jaroj en la posteno.

En 1933 eldoniĝis The *Three Dreams*, lia libreto de poemoj. Forte subtenis E-n. Multe aktivis kune kun sia edzino, Sofia.

Kiel multaj aliaj esperantistoj ankaŭ li vigle korespondis per poŝtkartoj – proksimume 720 inter 1907 kaj 1932!

Fontoj: Mercury (Hobarto). *La Suda Kruco.*

SIMON, s-ro F.T.

Tre fervora esperantisto.

En Rabaul (de 1920) dum pluraj jaroj kiel oficiala interpretisto (samtempe Maurice Hyde estis kontrevizoro tie). En Sidnejo estis asista sekretario kaj kasisto (1919), prezidanto en NSK (1925-1928). Kasisto de la 3-a Aŭstralia E-Kongreso (Sidnejo, 1920). Organizis la 4-an Aŭstralian E-Kongreson en Sidnejo (1923). De la 10-a de aŭgusto ĝis la 19-a de oktobro 1926 gvidis lecionojn pri E ĉe 2KY.

Transloĝiĝis al Cessnock (apud Newcastle,1930) kaj poste al Brisbano (1932), kie samjare iĝis prezidanto. Tie dum jaroj instruis E-n. Kiam la ministro pri edukado por NSK malakceptis la proponon instrui E-n en lernejoj (1923), Simon skribis reagon en *Sydney Morning Herald*. Li daŭre kaj ofte skribis pri E al la tagĵurnaloj. Prelegis pri la "internacia vidpunkto" (1932).

Fontoj: Sydney Morning Herald, Sun (Sidnejo), *Courier Mail* (Brisbano).

SIMPSON, s-ro C.

Estro de la grupo "Iru antaŭen", branĉo en Oakleigh kaj Malvern (antaŭurboj de Melburno, 1922-1923).

SINCLAIR, s-ino DORIS M.
(m. 28 junio 1986, Nambour, KV)

Esperantistiĝis en Redcliffe. Fonda prezidantino de la Kvinslanda E-Federacio. "Fervora esperantistino ĝis la fino."

Starigis E-klason en Nambour, Buderim kaj Caloundra (1971-1973). Dum multaj jaroj, ĝis sia malsaniĝo, laboris por E.

SKURRIE, s-ro JOSEPH
(n. 8 januaro 1858, Glasgovo, Skotlando – m. 12 decembro 1949, Hawthorn, VK)

Pseŭdonomo: Laboristo kaj La Migranto.

En 1908 Skurrie fervore prelegis pri E en Coolgardie, donis lumbildan prelegon en la Caledonian Hall (Kalgoorlie) kaj en granda subĉiela kunveno en Boulder. Skribis plurajn longan artikolojn en Kalgoorlie Miner (de 3 septembro 1908). Tiutempe li tiel entuziasme parolis pri E, ke oni nomis lin the Esperanto crank (la esperanta obsedulo).

Skurrie enmigris Aŭstralien (al Bendigo) kun siaj gepatroj en 1864. Li eklaboris naŭjara kaj tuj iĝis sindikatano unue en Eaglehawk, centra VK, kaj poste en Kalgoorlie (1896-1910). Multe engaĝiĝis en sindikataj aferoj. Subtenis liberpensadon kaj pro sia parolado li arestiĝis en Eaglehawk. Li ofte deklamis, ĉefe de Robert Burns, la skota poeto. Lernis E-n aŭtodidakte dum li estis orfosisto. Estis inter la entuziasmuloj, kiuj starigis la Goldfields Esperanto Group (E-grupon de la orfosejoj, Kalgoorlie, junio 1906) kaj estis ĝia vicprezidanto. Aliaj aktivuloj estis Charles A. Lee, C.C. Longueville kaj J. Cameron Smith.

Ĉeestis la unuan Aŭstralian E-Kongreson en Adelajdo (oktobro 1911).

En 1910 forlasis Kalgoorlie por viziti multajn landojn por antaŭenigi E-n. Eĉ sur la ŝipo Orsova li instruis E-n. De tiu vizito li pasie skribis:

"Ho! Kia amaso da memoroj revenis al mi. La gesamideanoj tiel bonkoraj, tiel pensemaj. Neniam mi forgesos ilin! Ne, nek dum la vivo daŭras, nek dum la koro povas bati eĉ unu solan pulson... je la hotelo Herald Square en Novjorko, kie mi renkontis doktoron Zamenhof kaj sinjorinon Zamenhof, lian edzinon, kiu, same kiel la edzo, dediĉas sian vivon al la disvastigo de E. La hotelo George Washington estis tute plena de esperantistoj. Esperanto estis en la aero. La knabvendistoj de tagĵurnaloj tion parolis en la strato. La policanoj parolis ĝin, dirante "Sinjoro! ne iĝu ebria aŭ mi devos enmeti vin en la malliberejon" (*Daily Herald*, Adelajdo, 4 novembro 1911).

Kiam Skurrie revenis al Kalgoorlie (novembro 1910) post sia tutmonda vojaĝo, li trovis, ke dum lia foresto kaj la transloĝiĝo de Lee el Kalgoorlie, la esperantistoj sub la gvido de Longville faris radikalan ŝanĝon: ili formis Kalgoorlie Ido (New Esperanto) Societon. Ju pli Skurrie subtenis E-n pere de tagĵurnalaj artikoloj, des pli furioze respondis la idistoj. Se Skurrie ne estus publike kontraŭstarinta la Ido-grupon, ĝi mortintus pli frue, ol fakte estis la kazo. Tamen Skurrie skribis elokvente kaj pasie, kaj esprimis sian kredon pri E: "[Mi estas] an ardent believer in the power and potency of Esperanto to become an International language" (arda kredanto pri la forto kaj potenco de Esperanto iĝi internacia lingvo). En februaro 1911 Skurrie alvenis en Adelajdo. De 2 septembro 1911 ĝis 14 septembro 1912 li ĉiusemajne verkis artikolon en *Daily Herald* "Esperanto Notes". Antaŭ la kongreso de 1911 sub la pseŭdonomo Laboristo li donis lecionojn pri E. Post la kongreso kiel La Migranto li verkis pri ĝeneralaj E-aferoj. Transloĝiĝis al Melburno.

En novembro 1913 prelegis pri E, kun ilustraĵoj, en la melburna urbodomo, verkis longan raporton en *Standard* (Port Melbourne). En la teatro Gaiety prelegis pri *Evolution of Esperanto* (evoluo de E). En Melburno en 1913 konvinkis la urbestron de Port Melbourne starigi E-klubon. En 1923 starigis esperantan humanistan grupon en Melburno. En 1932 skribis leteron al *The Age*, kiu forte subtenis E-n (12 novembro

1932). En 1928-1929 estis prezidanto de la melburna klubo, per kio oni povas denove vidi lian fortan entuziasmon pri E.

Tie li ofte prelegis ĉe la teatro Bijou pri pluraj temoj, precipe pri Robert Burns, sed ankaŭ pri "Edziĝo, eksedziĝo kaj libera amo". Fakte li mem eksedziĝis (1917) kaj poste reedziĝis (28 marto 1918) kun Winifred Froggatt en la Australian Church (Aŭstralia Eklezio), al kiu apartenis multaj esperantistoj. Kiam, dum la Unua Mondmilito, li parolis kontraŭ militoj kaj fakte diris, ke la aŭstraliaj soldatoj ne estas malsimilaj al germanaj soldatoj, li estis arestita. Ĉar rifuzis pagi la monpunon, oni aljuĝis al li tri monatojn en la malliberejo Pentridge. Li kulpis pri "mallojalaj diraĵoj".

Skurrie estis abstinulo, vegetarano, ano de la socialista partio kaj raciisto. Lia romano Unlicensed Union (eksterleĝa unio) eldoniĝis en Melburno en 1946 ĉe Fraser and Jenkinson, kiam Skurrie havis 91 jarojn. En ĝi estis anoncita nova libro de Skurrie An Esperantist's Journey Round the World (vojaĝo de esperantisto ĉirkaŭ la mondon), sed bedaŭrinde li mortis antaŭ ol ĉi-tiu libro estis preta.

Fontoj: Westralian Worker. West Australian. Daily Herald (Adelaide). The Age (Melburno). La Suda Kruco. Dictionary of Australian Biography.

SINNOTTE, f-ino EDITH ALLEYNE, poste s-ino MUMFORD
(n. 1 januaro 1871 Liverpolo, Anglio – m. 15 novembro 1947 Balwyn, VK)

Zamenhof-Adresaro 1907.

Migris al Aŭstralio ĉirkaŭ 1890.

Ĉeestis la UK-n en Berno (1913).

Ŝia romano Lilio (194-paĝa) estis eldonita en Londono en 1918 de Brita Esperantista Asocio. Ĝi estis la unua romano en E verkita de virino kaj la unua originala romano verkita en Aŭstralio. Ŝi ĉeestis la UK-n en Berno (1913) kaj ricevis tie grandan atenton. Membrino de la E-klubo en Melburno (1909), prezidantino (1917), vicprezidantino (1918). Anino de la estraro de AEA (1920). Prelegis pri E ĉe la Victorian Society of Arts (viktoria societo de artoj, 1922).

Pri la grupo de Mont Albert, kies longtempa prezidantino Sinnotte estis, Camberwell and Hawthorn Advertiser skribis (12 julio 1918): "la Esperanto-societo daŭre pligrandiĝas sub la kapabla prezidantino, f-ino E. Alleyne Sinnotte (fratulino de la Brita Esperanto-Asocio). Nuntempe 20 anoj de la grupo ĉeestas marde vespere. Post kiam ili kantas la nacian himnon kaj faras la kursan laboron, ili legas Alegorioj el la Naturo."

En 1922 Sinnotte voĉlegis artikolon pri la E-literaturo, kiun ŝi mem verkis, en la Instituto de la Artoj kaj Literaturo de Melburno, kie ŝi aniĝis.

En 1930 renkontis gesamideanojn en Japanio kaj diris pri si, ke "ŝi estas tute ordinara homo kaj ne meritas esti paroladisto antaŭ la publiko" (La Suda Kruco, junio 1930).

Edziniĝis al William Mumford je kristnaka tago de 1930.

Fontoj: Vikipedio. La Suda Kruco. Ordeno de Verda Plumo. Bill Chapman. News. Age. Argus (Melburno). Westralian Worker (Perto). Camberwell and Hawthorn Advertiser. Graphic of Australia. Shepparton News.

SMART, s-ro W. J.

En 1914 prezidanto de la Melburna Komerca Klubo (kiu ekestis en 1911 kiel aparta branĉo). Prezidanto de Melburna Klubo (1913-1915). Emeritiĝis en 1941 post kvardekjara laboro kiel ĉefoficisto de la Department of Lands (respondeca pri posedata tero).

SMEETS, s-ro RENE

Prezidanto de la E-grupo en Perto (1976, 1979-1980 kaj 1983-1984). Aktivis de 1970.

SMITH, s-ro C. GRANT

Zamenhof-Adresaro 1905.

Originala membro de la Melburna E-Klubo (1905).

Instruisto en lernejoj en NSK.

SMITH, s-ro D.

Sekretario de la adelajda E-grupo (1908). Ĉeestis la unuan Aŭstralian E-Kongreson en Adelajdo (oktobro 1911).

SMITH, f-ino FREDA

(n. 1880, Heidelberg, Germanio – m. 26 novembro 1977, Sidnejo)

Enmigris Aŭstralion ok-jara. Esperantistiĝis dum la Unua Mondmilito. Fidela membrino de la sidneja E-klubo. Bibliotekistino en Sidnejo (1932).

SMITH, s-ro J. CAMERON

Prezidanto de la Goldfields Esperanto Group (E-grupo de orfosejoj), starigita en junio 1906, sed kiam Skurrie kaj Lee foriris de Kalgoorlie, li aniĝis al la nelongedaŭra Ido-societo de Kalgoorlie. Kasisto en la magistrato de Boulder kaj korespondanto por la perta tagĵurnalo *The Sun*. Post la Unua Mondmilito translokiĝis al Katanning kiel bienisto.

Fonto: ĵurnaloj de Kalgoorlie.

SMITH, s-ro KEVIN GOODHOPE

Esperantistiĝis kiel junulo (1936). Vicprezidanto en Sidnejo (1970). Prezidanto en Manlio (1971-1973). Instruis progresantojn en Manlio kaj ĉe vesperaj kursoj en Mosman. Unu el la organizantoj de la sidneja E-kongreso en 1952. Servis kiel asistanto ĉe la E-meso en la katedralo Sankta Patriko. Organizis E-ekspozicion en la urbodomo de Manlio (1962).

Instruisto kaj estro de la lingva sekcio de Federala Eduka Departemento. Instruis la anglan al la studentoj de la Colombo Plan (edukprojekto por neblankuloj de la Brita Naciaro).

SMITH, s-ro W. D.

Entuziasma esperantisto de Adelajdo antaŭ la Unua Mondmilito.

Sekretario (1908-1912), komitatano de la Sud-Aŭstralia E-Asocio (1912) kaj sekretario-kasisto (1913). Ano de la Laborista Partio de Hindmarsh.

Fontoj: Advertiser. Register.

SOMOGYI, d-ro JOZSEF (JOE) LASZLO FERENC
(n. 31 decembro 1925, Hungario – m. 7 novembro 2009)

Esperantistiĝis en 1937 kiam li estis studento pri medicino en universitato de Pecs. Tuj ekkorespondis kun esperantistoj tra la mondo, inter ili kun homoj en Sud-Ameriko. Ĉar li kaj lia amiko helpis kelkajn rusajn militajn malliberulojn, la Gestapo torturis kaj mortkondamnis ilin. "La ekzekuto devus okazi je la sunleviĝo de la 25-a de novembro 1944", skribis Vera Payne. Jozsef kaj aliuloj eskapis la antaŭan nokton, kiam la rusoj bombardis la urbon.

Kune kun sia unua edzino li fine migris al Adelajdo (1949), kie li diplomiĝis pri medicino. Kun sia dua edzino, Patsy, li transloĝis al Port Hedland en la nordo de OA. Poste, kiel anestezisto, laboris en kaj Hong Kong kaj Vanuatuo. Emeritiĝis en Perto.

Fonto: Vera Payne. Esperanto sub la Suda Kruco.

SONNERS, s-ro N. L.
(n. ĉirkaŭ 1915)

Esperantistiĝis en 1942. Ano de la Blindula Instituto de Hobarto kaj ano de la blindula kriketteamo. Ricevis diplomon de teologio.

SOPPELSA, s-ro BERNARD

El Svislando. Travojaĝis Aŭstralion, ne konante la anglan, sed parolante E-n (1923).

SORELL, f-ino ELLA

Anino de la E-grupo en Hobarto ekde ĝia fondo en oktobro 1906.

SOWA, kamarado S.

Gvidis E-klason en Broken Hill (1911).

Fonto: The International Socialist.

SOWDEN, kavaliro WILLIAM JOHN
(n. 26 aprilo 1858, Castlemaine, VK – m. 10 oktobro 1943, Victor Harbor, SA)

Redaktisto (1899-1922) de adelajda tagĵurnalo *Register*. Forte subtenis E-n: "Grava temo por la homoj de Sud-Aŭstralio," li skribis en 1907. Verkis ĉefartikolon pri E (5 aŭgusto 1907). Subtenis s-ron Uhrlaub, kiam li ekesperantistiĝis. Dum unu jaro (de septembro 1911) li eldonis *Esperanto Notes* (esperantajn noticojn) ĉiun sabaton, skribitajn de Joseph Skurrie. Li gvidis la delegitojn de la unua Aŭstralia E-Kongreso (1911) tra la art-galerio, muzeo kaj Ŝtata Biblioteko, kies estraron li prezidis. La E-movado agnoskis lian subtenadon de la komenco, sed finfine li ofendegis esperantistojn, ĉar li subtenis la anglan lingvon kiel la veran internacian lingvon!

Fontoj: Register. Dictionary of Australian Biography.

SPENCER, s-ro A.

Prezidanto kaj instruisto de la E-grupo en Coburg (Melburno, 1930-1934).

SPRING, d-ro E.E.J.

Zamenhof-Adresaro 1907.

Studento de medicino kiam li esperantistiĝis. Emeritiĝis kiel kuracisto de la Melburna Universitato (1910) kaj iĝis kuracista oficisto de la melburna malsanulejo.

SQUIRE, f-ino CARRY

En 1914 ŝia entrepreno Secretarial en Beechworth (VK) anoncis, ke ŝi povas uzi ankaŭ E-n.

SQUIRES, B

Loncestono. Prezidanto (1976-1980).

STACY, s-ino EMMA PENELOPE
(n. 1854 Placerville, Kalifornio – m. 23 januaro 1942 Clare, SA)

Venis Aŭstralien kvarjara kaj vivis la tutan plenkreskulan vivon en Clare. E multe interesis ŝin.

Fonto: Blyth Agriculturalist.

STEELE, s-ro THOMAS EDWARD JOSEPH
(n. ĉirkaŭ 1854 – m. 6 septembro 1919, Sandy Bay, Hobarto)

Kune kun sia edzino komencis E-klason en sia hejmo en Sandy Bay. Partoprenis la duan Aŭstralian E-Kongreson (oktobro 1912) en Melburno. Aktivis ĝis sia morto.

Filo de frua setlinto de Van-Dimen-Lando (nun TAS). Bienisto de Southernfield apud Bothwell. Membro de la magistrato de Bothwell (1883-1989). Elektita kiel ano de Hobart Royal Society (1910). Emeritiĝis en 1903 kaj transloĝiĝis al Sandy Bay.

Fonto: Mercury.

STEELE, s-ino

Hobarto. Edzino de T.E.J. Steele. Starigis E-grupon en Sandy Bay tute ne konscia, ke jam ekzistas klubo en Hobarto. La du grupoj kuniĝis en 1909 kaj s-ino Steele iĝis prezidantino. Ŝi ĉeestis la duan Aŭstralian E-Kongreson en Melburno (oktobro 1912), kie ŝi gajnis premion en traduk-konkurso. Kelkajn tagojn poste ŝi mortis.

Fonto: Mercury (Hobarto). Protokoloj de la E-klubo de Melburno.

STEIN, s-ino

De tempo al tempo gastigis la E-grupon de Mont Albert (Melburno) en sia hejmo.

STEITZ, s-ro MAX THEODORE
(n. Hamburgo, Germanio)

Migris al Aŭstralio, al Perto, ĉirkaŭ 1897. Esperantistiĝis ĉirkaŭ 1914 kaj aktivis por la movado ĝis oktobro 1937. En Perto li gvidis komercan kolegion, kie li instruis la hispanan, E-n kaj germanan lingvojn, kaj ankaŭ librotenadon. En majo 1929 prezidis publikan prelegon pri E, kiun multaj homoj ĉeestis. Interese estas, ke en 1935 en Hispanio, kiam li estis profesoro en Kolegio Santa Rita en Carabenchel (apud Madrido), li abrupte forlasis Hispanion kiam la direktoro estis murdita, kaj li mem spertis pafilon ĉe sia kapo (vidu "*Revolution in Madrid*", *West Australian*, 30 junio 1937). Lia frato Ludwig ĉeestis la lecionojn pri E en James Street Public School, kie H.M. Leighton estis la instruisto. Alia frato Edgar, kiu skulptis la ĉefministron John Curtin, dum la Uua Mondmilito estis internigita en Germanio, ĉar li studis tie kiam la milito komenciĝis.

Fonto: West Australian.

STEPHENS, s-ro R. T.

Konstante propagandis pri E. Estrarano en Perto (1945-1950).

STEVENS, pastro A. C.

Simpatiis kun E. Gvidis E-delegacion al la ministro pri edukado de SA (1925).

STEVENS, pastro W.

"Li voĉlegis interesan tekston pri la nova lingvo Esperanto ... La temo estis diskutata dum longa tempo." (Kunveno de Accademica Ecclesiastica en presbiterejo St. Mary's, Sidnejo; *Freeman's Journal*, Sidnejo, 17 oktobro 1907.) Laŭ onidiroj la prelego estis neforgesebla.

STRASSBERG, s-ro MISHA
(m. 1970, Perto)

Fervore subtenis la E-movadon, kvankam li ne estis esperantisto! Fondinto kaj iniciatinto de la Premio Masel – literatura konkurso, kiu daŭris multajn jarojn – por honori sian bofraton, Isor Masel. Ofte gastigis esperantistojn en sia domo.

Fonto: The Australian Esperantist.

STRASSBERG, s-ino RICA

Edzino de Misha Strassberg. Tre aktiva dum multaj jaroj.

STOPE, s-ino CLARA ELIZABETH

Esperantistiĝis en Melburno (1905). Onklino de Clara Bauer. Dum multaj jaroj estis la kasistino de la apogsocieto de hejmo por mense malsanaj homoj en Kew (VK).

STYLES, s-ino K.

Bibliotekistino en Devonport (TAS). Membro de la E-klubo ekde ĝia fondo (1953).

SUDEK, s-ro MILAN

El Zagrebo (Jugoslavio). En Sidnejo de 1961 kaj transloĝiĝis al Nederlando por edziĝi (1963).

SUESS, s-ro GEORGE T. G. (TED)

Elstara kaj lojala esperantisto en Brisbano. De germana deveno. Vicprezidanto de la E-klubo en Brisbano (1938-1939), prezidanto (1940-1948). Prelegis pri E je Zamenhof-naskiĝdatrevenoj ĉe radio (1940, 1941). Inter 1914-1938 li estis sekretario de la Kvinslanda Gazontenisa Asocio. Kontisto de la Commonwealth Savings Bank (tutnacia ŝparbanko) kaj estris brancôn dum kelkaj jaroj. "Ted posedas helan perspektivon je ĉio" oni diris.

Fontoj: Telegraph. Courier Mail (Brisbano).

SULLIVAN, s-ro A.L.

Sekretario en Melburno (1912-1913). Ĉeestis la 2-an Aŭstralian E-Kongreson en Melburno (oktobro 1912).

Dum la 1920-aj jaroj sekretario de la Societo Adam Lindsay Gordon.

SULLIVAN, s-ino N.A.L.

Ĉeestis la unuan Aŭstralian E-Kongreson en Adelajdo (oktobro 1911).

ŜTIMEC, f-ino SPOMENKA
(n. 4 januaro 1949, Orehovica, Kroatio)

Konata kroata verkistino. Ŝia novelo *Aŭstralio* (1988) estis tradukita de Will Firth por *The Canberra Times*.

Fonto: Ordeno de Verda Plumo.

ŜVARC, s-ro T.S.
(n. Rusio)

Direktoro de la Polyglot Book Depot en Melburno dum la 1950-1960-aj jaroj. Ĉi tiu librovendejo situis en Little Lonsdale-Strato tre proksime al la Ŝtata Biblioteko en Swanston-Strato. S-ro Ŝvarc vendis librojn en multaj lingvoj, havis ankaŭ E-sekcion. Afabla viro, subtenis komencantojn.

STREMPEL, f-ino OTTILIE EMILIE
(m.15 junio 1988, Perto)

Unu el la plej elstaraj esperantistoj en OA. Dum 1948-1949 sekretariino de AEA (1954). Prezidantino de la E-kongreso en Perto (1954). Prezidantino en Perto (1945-1946, 1951-1952, 1955). Aktiva ĝis 1978, kiam ŝi translokiĝis al Albany. "Ŝia personeco kaj sincereco gajnis varbindajn homojn por E."

Bahaanino. Instruis en Nov-Hebridoj (1970). El pola, germana kaj svisa familio.

Fonto: The Australian Esperantist.

STROCHNETTER, s-ro CLARENCE
(n. 22 septembro 1938, Pyengana, TAS – m. 28 aŭgusto 1991, Loncestono, TAS)

Esperantistiĝis en 1973 pere de Fritz Mueller-Sorau, kaj tuj entuziasmis pri E. Li mem instruis E-n. Ĉeestis multajn aŭstraliajn kongresojn. "Ĉiam ĝoja, multe ĝuis ŝercojn … tre honorata de granda nombro da personoj."

De junaĝo kripla de muskol-distrofio. Aŭtodidakta muzikanto, eldonis propran diskon *Neath the old willow tree* (sub la malnova saliko). Prezidanto de la Internacia Asocio de Handikapuloj. En 1979 ricevis OAM (ordeno de Aŭstralio) "pro granda servo al la popolo".

Fonto: The Australian Esperantist.

SYCAMORE, s-ro

Sekretario de la E-grupo en Brisbano (1922, 1925). Dum li loĝis en Brisbano, tre vigle laboris por E-aferoj.

Fonto: La Suda Kruco.

TAMPTON, I. J. (la pli juna)

Zamenhof-Adresaro 1907.
Lalbert (ĉe Boort, VK).

TARCZYNSKI, s-ino

La E-grupo de Mont Albert renkontiĝis en ŝia domo (1928).

TAYLOR, f-ino DORIS IRENE
(n. 25 julio 1901, Norwood, SA - m. 23 majo 1968, Norwood)

Komencis lerni E-n en 1940. Fondis Meals on Wheels (liverataj manĝoj) en 1953, kiu poste iĝis tutlanda kaj tutmonda organizo. Ligita al rulseĝo, kapabla moviĝi nur iomete, ŝi estis elstara homo.

Fonto: Dictionary of Australian Biography. Advertiser (Adelajdo).

TAYLOR, s-ro FRANK V.
(m. 1964, Albury, NSK)

Aktiva kaj fidela esperantisto. Edzinigis esperantistinon Adelaide E. Hughes (1924 en Kurri Kurri, apud Novkastelo, NSK).

Prezidanto de la E-klubo en Sidnejo (1923-1927). Starigis E-grupon en Mosman (1925). Per multe da reklamado revivigis E-n en Novkastelo (1928), sed klasoj ĉe Workers' Education Association (eduka asocio por laboristoj) disfalis dum la sekvanta septembro. Strebis konvinki universitaton en Sidnejo okazigi E-klasojn. Prelegis pri

E al multaj grupoj, ekzemple The Unemployed Workers' Movement (movado de senlaboraj laboristoj) en 1931. Ĉeestis multajn aŭstraliajn E-kongresojn ekde la dua en Melburno (1912). Organizis la kongreson en Sidnejo (1923). Korespondadis vaste.

Tre aktivis en Melburno en la 1960-aj jaroj. Instruis al progresantoj. Iutempe vicprezidanto de AEA.

Fontoj: La Suda Kruco. The Australian Esperantist. Encyclopedio de Esperanto.

TAYLOR, s-ro KEITH

Vicprezidanto en Kanbero (1972).

TELFER, f-ino ROSE GLADYS (BIRDIE)

"Fidela anino dum 50 jaroj" en Adelajdo. Muzikistino, filino de sukcesa brutbienisto. Aktivis en la preĝejo de Sankta Cuthbert en Prospect. Loĝis kun sia kunulino, esperantistino Lydia Bailey.

THOMAS, s-ro EDWARD CARSON
(n. 5 aprilo 1914, Londono – m. 2 aprilo 1991, Toowoomba)

Transloĝiĝis al Aŭstralio en 1955 kaj laboris ĉe la naftokompanio Shell. Esperantistiĝis en Toowoomba, kie li emeritiĝis en 1976. Kompostis *Esperanto en Aŭstralio* 1905-1985 (*Historio de AEA*) de Ray Ross (1985).

THOMAS, pastro W. G

Kunfondinto de la E-grupo en Warburton (VK, 1908).

THOMSON, s-ro L. E.

Esperantisto ekde 1911. Ĉeestis la lecionojn de C.A.C. Uhrlaub en Adelaido (1907), aĉetis lernolibron, sed metis ĝin en ŝrankon. Post kvin jaroj li seriozis pri E kaj skribis: "Kunloĝado kun pastro S. Lenton, kiu ŝatis serĉadi en la libroŝrankoj: kaj paro de kunlernantoj fariĝis esperantistoj."

Aktivulo en la aŭstralia E-movado. Verkis komedion Multe pli la amo (1936) kaj gravegan artikolon pri Aŭstralio en *Enciklopedio de Esperanto*.

Fontoj: Ordeno de Verda Plumo. Enciklopedio de Esperanto.

THOMPSON, ERNEST E.
(n. 29 septembro 1896 – m. 23 majo 1979, Shepparton)

Dum multaj jaroj fidela membro de la E-klubo en Melburno. Multe korespondis.

THOMSON, R. J.

Zamenhof-Adresaro 1905.

Adreso: 103, Queen-Strato, Brisbano, KV.

THONGER, episkopo CHARLES WHITEHEAD
(n. 27 aprilo 1838, Stoubridge, Anglio – m. 1956)

Zamenhof-Adresaro 1905.

Unu el la originalaj membroj de la melburna klubo, tie sekretario. Tre aktivis ĝis li reiris al Anglio. Skribis longan leteron *A Universal Language* (universala lingvo) en *Herald* (28 aŭgusto 1905). Pastro de la Katolika Apostola Eklezio en la melburna antaŭurbo Carlton ĝis sia reveno al Anglio (decembro 1908), kie li iĝis episkopo.

Fontoj: Bill Chapman. *The Time of Silence. A History of the Catholic Apostolic Church 1901-1971.* Protokoloj de la Melburna Esperanto-Klubo.

THORNTON, s-ro L. C.

Revivigis la adelajdan E-klubon (septembro 1932), sed baldaŭ transloĝiĝis al Melburno. Laboris ĉe Electrolux.

THRELFALL, s-ino DOROTHY

Tre aktivis en Perto (1967-1978).

Emeritiĝis frue (ĉar edziniĝintaj virinoj ne rajtis intrui) kaj E iĝis ŝia pasio. Ĝis edziniĝo ŝi instruis la francan en la pedagogia altlernejo. Ĉeestis multajn kongresojn kaj en Aŭstralio kaj internacie.

Ŝia alia pasio estis agado por monda paco en WILPF (virina internacia ligo por paco kaj libereco). Angligis *La Vivo de Gandhi* de Edmond Privat: *Life of Gandhi* (Artbooks).

TILLOTSON, s-ro JOHN MILES
(m. 79-jara, 28 oktobro 1935)

Esperantistiĝis en 1906. Proprietulo de Café Australasian ĉe la angulo de Elizabeth-Strato kaj Flinders Lane (vojeto), antaŭe Milk Palace (Lakto-Palaco en Bourke-Strato) en Melburno, kie la melburna E-klubo kunvenis dum 1906. Tiu estis signifa okazaĵo, ĉar antaŭe la esperantistoj renkontiĝadis en la domo de familio Booth, kiu iĝis ne sufiĉe granda por la kunvenoj. Li ŝajne forlasis la movadon kaj ne estas konata lia posta sorto.

TIMMINS, s-ro VINCENT J. (TIMMY)
(m. 91- aŭ 93-jara, 25 novembro 1986)

Esperantistiĝis en 1909 pere de la sidneja Sun, kiu aperigis lecionojn pri E. Aliĝis al la movado (1911), poste aktivis. Iame sekretario de la E-klubo en Hornsby. Sekretario en Sidnejo (1963). Portempe iĝis idisto, sed tiu lingvo ne posedis la esencon de E, do li revenis al E kun senĉesa entuziasmo. "... havis bonan humur-senton same kiel senton por la beleco de la naturo, kion li arte esprimis en belaj poemoj."

Laboris en Bank of Australasia, fine kiel administristo.

Fonto: The Australian Esperantist.

TORR, s-ro HARRY ROYDON

(n. 2 decembro 1907, Summer Hill, NSK – m. 10 decembro 1990, Gosford, NSK)

Esperantistiĝis deksesjara. "Rapide fariĝis kapabla, bona parolanto." Membriĝis en la sidneja E-asocio (1925) kiel bibliotekisto kaj protokola sekretario (1925-1928), vicprezidanto (1929). Transloĝiĝis al Kanbero. Kunfondinto de la E-grupo en Kanbero. Dum dudek jaroj fidela instruisto, kaj membro de la estraro. Prezidanto (1953-1957). Lia edzino Joyce estis la sekretariino. Organizis la aŭstraliajn E-kongresojn de 1956 kaj 1966 en Kanbero. Emeritiĝinte, ekloĝis ĉe la Ora Marbordo (KV, 1972), kie kun sia edzino starigis E-klasojn. "Daŭre ni memoros lin kiel afablan personon," diris la nekrologo.

Fontoj: Canberra Times. The Australian Esperantist.

TORR, s-ino Joyce

Fidela esperantistino. Estraranino de la E-grupo en Kanbero dum multaj jaroj.

TOWSEY, s-ro ALAN

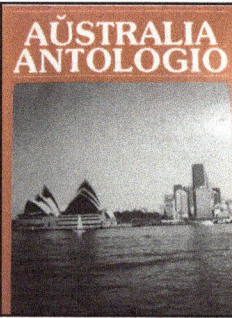

Esperantistiĝis kiel dekkelkjarulo. Tre aktiva esperantisto. En januaro 1946 komencis E-kurson sur la insulo Bugenvilo. Verkis artikolon por la centjariĝo de E: *Which International Language: English or Esperanto?* (Kiu internacia lingvo: La angla aŭ Esperanto?). Ĉefredaktanto de la *Aŭstralia antologio* (1988, tradukoj de verkoj de 66 aŭstraliaj aŭtoroj, 429 paĝoj). Ĝi estis laboro de kvardek jaroj kaj restas unu el la grandaj atingoj en la historio de E en Aŭstralio.

Towsey estis instruisto de lingvoj, fine estro de duagrada lernejo en Casula (antaŭurbo de Sidnejo). Verkis multajn artikolojn pri lingvoj kaj pri la instruado de la angla, nederlanda, franca kaj E. Edziĝis kaj soldatiĝis dum la Dua Mondmilito (1941). Kiel kapitano ĉe la insulo Bugenvilo li pridemandadis japanajn militkaptitojn, ĉar li parolis la japanan.

Fontoj: Torokina Times. The Australian Esperantist. Le Courrier Australien.

TRAVERS, f-ino C.

Zamehof-Ligo antaŭ 1909.

Hobarto. Sekretario de Girl Guides Association (skoltina asocio) de TAS. Dum la Dua Mondmilito organizis Women's Australian National Service League (ligo de armea servo de aŭstralianinoj) por TAS. Ludis virinan golfon.

TREWIN, s-ino SERENA

(m. 24 aprilo 1944)

Fervora esperantistino dum 25 jaroj. Fondis grupon en Bayswater (VK), kiu floris multajn jarojn. La vidvino de Francis Trewin. Preskaŭ blindiĝis je la fino de sia vivo.

Fonto: La Rondo.

TRONERUD, s-ro CLIFF
(m. 14 februaro 1988, KV)

Aktiva ano de la Kvinslanda E-Federacio (1975-1988). Partoprenis plurajn kongresojn.

TRUDA, s-ro ROMEO

Estris la Milanan Akademion de Muziko kaj Lingvoj. Ekde sia alveno en Sidnejo (1913) instruis E-n. Estis la dirigento de la Italia Orkestro, kiu rondvojaĝis tra Aŭstralio kaj Nov-Zelando. Frue en 1940 estis en pun-tenejo kiel "malamika alinaciano", ĉar li estis la sekretario de la Faŝista Partio en Aŭstralio.

Fontoj: Sydney Morning Herald. Il Giornale Italiano (Sidnejo).

TULUBIEFF, s-ro W. J.

Juna ruso el Vladivostoko, kiu parolis flue E-n. En 1927 studis elektroteknikon ĉe la Universitato de KV.

TUMMAN, s-ro GERALD

Aktivis en Melburno (1990). Komencis laboron kiel oficisto en kliniko por suferantoj de tuberkulozo. Kapitano en RAF (Reĝa Aerarmeo) dum la Dua Mondmilito. Migris Aŭstralien (1951) kaj funkciigis modelan bienon por kortbirdoj. Dum sep semajnoj li sola flugis ĉirkaŭ la mondon. Donis \$1000 por subteni talentan esperantistan junulon.

TURNER, s-ro ALLAN
(m. 8 novembro 1973, Mooroopna, VK)

Tre aktiva esperantisto dum multaj jaroj. Prezidanto de AEA (1940-1941).

Multe tradukis el E-gazetoj, precipe pri Japanio, por Shepparton Advertiser. Ĉiumonate gvidis E-horeton (1944) de radio 3SR.

Okulisto en Shepparton. "Lia gaja personeco amindigis lin al ĉiu."

Fontoj: The Australian Esperantist. Shepparton Advertiser.

UHRLAUB, s-ro CARL AUGUST CHRISTIAN
(n. 1856 - m. 7 junio 1931, Nord-Adelajdo)

Pseŭdonomo: Ora Ĉenero.

Esperantistiĝis en 1907 kaj senprokraste graviĝis en la E-movado. "Li helpis starigi grupon en Adelajdo la 13-an de oktobro 1908 je la 8-a ptm ĉe la studio de fraŭlino Wilson en la domo de la Fonduso de Vidvinoj en Grenfell-Strato. De la 8-a de aŭgusto 1910 ĝis la 13-a de decembro 1913 ĉiusabate aperis en *Advertiser* artikolo *Esperantaj notoj* de Ora Ĉenero. Parolis pri E ĉe radiostacio 5CL de la 13-a de decembro 1926 ĝis la 12-a de februaro 1927 (kiam li malsaniĝis). Multe skribis pri E por la *Advertiser* kaj *Register* (la du tagĵurnaloj de Adelajdo).

Ofte prelegis pri literaturaj temoj, kaj post sia esperantistiĝo prelegis pri

"Esperanto kaj ĝia influo internacia" - ĉe Speakers' corner (angulo por paroladoj) en la botanika ĝardeno, kie en dimanĉaj posttagmezoj oni povis paroladi pri iu ajn temo. Parolis al ekleziaj grupoj, literaturaj societoj, al la Trades Hall (sindikata centro) kaj al la asocio de instruistoj. Pluraj instruistoj ekinteresiĝis pri E.

Ĉeestis la unuan Aŭstralian E-Kongreson (Adelajdo, oktobro 1911).

En majo 1907 starigis E-kurson ĉe Muirden Komerca Kolegio de Adelajdo kaj tiel reklamis en *Advertiser*:

"Esperanto-lecionoj ĉe kolegio Muirden, Currie-Strato. ESPERANTO akceptita de la plej eminentaj lingvistoj de la mondo kiel la lingvo internacia, estas nuntempe instruata ĉe la kolegio Muirden. La direktoro de la kolegio akiris kiel preleganton s-ron C.A. Uhrlaub, bone konatan lingviston kaj pedagogon."

Ĉe la Muirden Speech Day (ferma tago de la studjaro) en 1907 oni diris: "S-ro C.A. Uhrlaub demonstris, ke li estis sperta kaj entuziasma porparolanto de ĉi tiu grava internacia lingvo." (*Advertiser*, 14 decembro 1907). Tamen, unu el liaj lernantoj skribis malsimile pri la foje malfacile kompreneblaj fruaj E-lecionoj: "La komercaj studentoj ricevis ordonon ĉeesti. La ĉambro pleniĝis - mi inter ili. Uhrlaub lekciis angle kun tre germana parolmaniero. La studentoj malatentis, oscedis, ridis, intermetis malsaĝaĵojn. Subite inter la bruo venis Muirden. Silento. Uhrlaub faris simplan demandon, sed neniu respondis. Muirden tondravoĉe alvokis al iu respondi, la alvokito ne povis, poste mi sekvis kaj diris ian stultaĵon, kiu furiozigis la iom ekscitiĝeman Uhrlaub. Poste la aŭskultado estis pli atenta kaj oni tondre aplaŭdegis – pro la fino. Kelkaj promesis aĉeti la lernolibron kaj almenaŭ mi aĉetis libreton de Bullen por 8 pencoj. Post trafoliumeto la libro ripozis dum kvin jaroj en la ŝranko."(L.E. Thomson en *Enciklopedio de Esperanto*, p. 24).

Uhrlaub instruis E-n ĉe Scott and Hoares Commercial Academy (komerca lernejo). En 1925 instruis tage kaj nokte E-kursojn al COPEC.

Li estis privata instruisto de la germana lingvo.

Fontoj: Australische Zeitung. Advertiser. Register (Adelajdo).

UNWIN, s-ro COLIN
(m. 78-jara, 1963, Perto)

Sekretario de la E-Societo de Fremantle (1911-1916). Prelegis pri E (1921) al la Women's Service Guild, (asocio por servi al virinoj) kaj la Labor Kongress (Laborista Kongreso) de 1919. Ĉeestis la duan E-kongreson (Melburno, 1912).

Skoltestro. Fervore subtenis parlamentajn reformojn, volis senpartian registaron, plufoje kandidatis por la senato.

Fonto: West Australian.

de VILNITS, d-ro JULIUS PETER ALEXANDER
(n. en 1906)

El Rigo, Latvio. Dudeksesjara vojaĝis ĉirkaŭ la mondon per sia motorbiciklo Velocette. Alvenis al Aŭstralio en 1929 kaj laboris por E. Li jam travojaĝis 44 landojn! En Darlinghurst (Sidnejo) li ricevis nacian atenton, sed ne pro E! Surstrate helpis apudan viron kiu estis murdita! Kiam forlasis Aŭstralion, diris, ke Sidnejo estas tiel ĉarma, ke li revenos kiel konstanta civitano. Fakte li ĵus edziĝis. Li kaj lia edzino revenis en 1934 kaj loĝis unue en Sofala kaj fine en Parramatta. Bedaŭrinde ŝajnas, ke li ne plu propagandis E-n.

Fontoj: La Suda Kruco kaj multaj naciaj tagĵurnaloj ekzemple *Muswellbrook Chronicle.*

VITOŜINSKY s-ro, VLADIMIR MODEST, konata ankaŭ kiel ROBERT VITOSH
(n. Schodnica, Pollando)

Forta esperantisto dum longa vivo en Brisbano. Alvenis Aŭstralien en 1925. Entreprenista farbisto. Siajn fortajn vidpunktojn li metis en tagĵurnalojn (*Telegraph*, Brisbano, 23 augusto kaj 1 septembro 1937) .

Fontoj: Courier kaj *Telegraph* (Brisbano).

VITOSHINSKY, s-ino

Konstanta membrino de la brisbana E-klubo ĝis sia morto. E-kursoj okazadis en ŝia hejma ĉambro. Ŝi ofte kantis je E-kunvenoj.

VOGT, s-ro W. H.

Zamenhof-Adresaro 1905.

Frua membro de la E-klubo en Melburno. Varbis F.R. Banham por E.

Kompostisto ĉe *The Age.*

WALKER, s-ro HENRY KENNEDY Mc GILL (Foxy)
(m. 52-jara pro motorcikla akcidento, 17 januaro 1925)

Zamenhof-Adresaro 1907.

De 1900 instruis en la Melbourne Church of England Grammar School (melburna gimnazio de la Anglikana Eklezio). Elstara instruisto.

Fonto: Argus. Herald (Melburno).

WALKER, s-ro J. T.

Prezidanto de la mallongdaŭra E-grupo en Nairne (SA) dum 1914-1915. Stacidomestro, prezidanto de la Nairne-Instituto kaj aktiva metodisto.

Fontoj: Advertiser (Adelajdo). *Mount Barker Courier.*

WALLACE, s-ro WALLACE

Aranĝis grandan ekpozicion (1923) en la melburnaj ŝtataj lernejoj.

WALLACE, s-ro FRANK E.

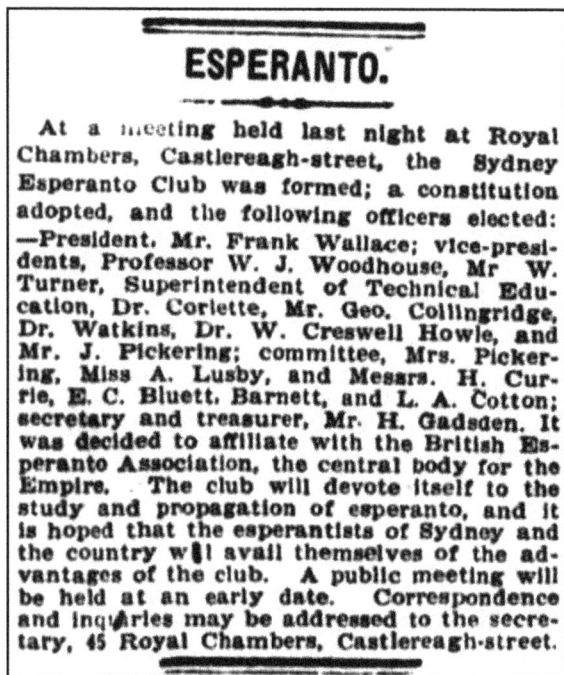

ESPERANTO.

At a meeting held last night at Royal Chambers, Castlereagh-street, the Sydney Esperanto Club was formed; a constitution adopted, and the following officers elected: —President, Mr. Frank Wallace; vice-presidents, Professor W. J. Woodhouse, Mr W. Turner, Superintendent of Technical Education, Dr. Corlette, Mr. Geo. Collingridge, Dr. Watkins, Dr. W. Creswell Howie, and Mr. J. Pickering; committee, Mrs. Pickering, Miss A. Lusby, and Messrs. H. Currie, E. C. Bluett, Barnett, and L. A. Cotton; secretary and treasurer, Mr. H. Gadsden. It was decided to affiliate with the British Esperanto Association, the central body for the Empire. The club will devote itself to the study and propagation of esperanto, and it is hoped that the esperantists of Sydney and the country will avail themselves of the advantages of the club. A public meeting will be held at an early date. Correspondence and inquiries may be addressed to the secretary, 45 Royal Chambers, Castlereagh-street.

Star, Sidnejo, 12 oktobro 1909

Esperantistiĝis en 1906.

Pseŭdonomo: FEW.

Bakalaŭro pri arto kaj juro, advokato. Komencis E-kurson en la sidneja Artlernejo en julio 1907. Prelegis pri E (septembro 1908) ĉe YMCA (asocio por junaj kristaninoj). Gvidis serion de lecionoj en la sidneja Mail (17 aprilo - 13 novembro 1907).

Se tiu lernomaterialo estis originala, tiam ĝi estis la unua E-verko en Aŭstralio. Pli frue li verkis kvar artikolojn pri E por la Mail. Prezidanto de la sidneja E-klubo ekde ĝia starigo (oktobro 1909).

Gvidis la libro-selektan komitaton de la sidneja Artlernejo dum ok jaroj. Advokato de la Federacia Aŭstralia Registaro pri Regna lando.

WALLER, s-ro G. A.

Zamenhof-Adresaro 1906.

Loĝis en Herberton kaj poste en Yungaburra, norda KV. Iame registara geologo de TAS, direktoro de minejo kaj de aliaj entreprenoj.

WALLINGTON, s-ro DIGBY

Sekretario de la adelajda kaj sud-aŭstralia asocioj (1912-1913). Membro de la glenelga grupo (1912-1913). J. Lumsden pastris ĉe lia edziĝo al esperantistino.

En 1928 transloĝiĝis al Neutral Bay (NSK). Kontisto.

WALKER, s-ro EDGAR A. (TED)
(m. 83-jara, 5 februaro 1970, Perto)

Esperantistiĝis ĉe Stott & Co's Business College, kie Thomas Burt instruis en 1929. Biciklis de Nederlando ĝis Svislando por ĉeesti la UK-n en Berno (1939). Dum la Dua Mondmilito loĝis en Anglio kaj revenis Perten en 1948. Prezidanto de la Perta E-Asocio (1949-1950 kaj 1959). "Tre fervora kaj fidela esperantisto."

Fonto: The Australian Esperantist.

WANMER, s-ro M. S.

Aktivis en Brisbano de 1940. Prezidanto de la E-klubo en Brisbano (1942).

WARREN, s-ino

Membrino de la Melburna Komerca Klubo ekde ĝia komenco.

WATERMAN, s-ro WILLIAM LAMBERT
(n. 1869 - m. 4 februaro 1938, Mile End, SA)

"Lia boneco estas lia vera monumento" diras esperante la epitafo sur lia tomboŝtono. Waterman fervore klopodis por E.

Eklaboris je tre frua aĝo kaj pro la laboro mankis al li tempo por studado. La fervoja servo de SA dungis lin kiel maŝiniston ĉe la fervoja metiejo en Islington. Li estis entuziasma sekretario de la Libera Komerco kaj Liberala Asocio (antaŭe la Libera Komerca Asocio) de 1898 ĝis 1904. Tiam li egale entuziasme klopodis por la Enfield-Instituto kiel sekretario, kasisto kaj bibliotekisto.

Kvardekjara lernis E-n kun tia ardo, ke li forlasis siajn fruajn asociojn, inter aliaj la Salajrdecidan Komisionon, kaj la Fervojan Fonduson por Malsanuloj. Nun li klopodis sole por la E-movado. Estis unu el la delegitoj de la sidneja E-kongreso (1923), kiuj intervjuis la NSK-an edukministron pri E kiel fako en la eduka instruplano.

Estis sekretario (1919-1931) kaj prezidanto (1932-1934) de la adelajda E-grupo. Ĉar E malkreskis en Adelajdo dum tiuj jaroj, li sekvis la vastan mondan movadon, precipe la Internacian Katolikan E-Union. Multfoje verkis longan artikolon por la adelajdaj tagĵurnaloj.

Noto: Lia tomboŝtono ne plu ekzistas (North Road tombejo, parcelo 6844, vojeto 43).

Fontoj: Advertiser kaj Register (Adelajdo). Esperanto en Aŭstralio (1905-1985) de Ray Ross.

WATKINS, d-ro

Kasisto de la E-klubo en Hornsby. Vicprezidanto de la E-klubo en Sidnejo je ĝia starigo en 1909.

WAUGH, s-ro A. J.
(m. 1975)

Aktivis en la Perta E-Asocio (de 1959). Heredigis $500 al E.

WEBBER, s-ro W. HAMILTON
(m. 10 oktobro 1961)

Entuziasmis pri E dum 50 jaroj. El Melburno li vojaĝis Eŭropen (1914) por daŭrigi sian karieron en muziko. Dirigentis la Ŝtatan Teatran Orkestron de NSK (1932-1945). Verkis plurajn popolajn kantojn.

WHEELER, f-ino

Fondis la E-klubon de Northcote (VK), kiu daŭris tri jarojn (ĝis 1925).

WHITE s-ro CEDRIC F.

Vicprezidanto de la E-klubo en Melburno (1906-1908). Vojaĝante al la UK en Dresdeno (1908), li instruis E-n dum ŝipvojaĝo.

Fonto: Mercury (Hobarto).

WHITEFORD, s-ro GERALD

Zamenhof-Adresaro 1908. Vicprezidanto de la E-klubo en Melburno (1906-1912). Ĉeestis la duan Aŭstralian E- Kongreson en Melburno (1912). Esperantistigis la dekunupaĝan regularon de la konkurso pri plano por Kanbero, kiun uzis Agache. Hyde kaj Laiho konsultis lin pri sia verko *Aŭstralio: Lando kaj Popolo*.

Oficisto en la Aŭstralia departemento pri enlandaj aferoj. Unu el la unuaj lingvistoj en la Commonealth Public Service (tutnacia publika servo, 1937).

Fonto: Argus (Melburno).

WHITELAW, s-ro MAX

Juna tasmaniano, kiu iris al Antarktiko sur norvega balen-ŝiparo. Esperis lerni E-n dum la vojaĝo de 1926.

Fonto: Mercury (Hobarto).

WIBBERLY, pastro B.

Simpatiis kun E. Gvidis esperantan delegacion al la ministro por edukado de SA (1925).

WICKS, s-ro W. kaj s-ino HILDA

"Li antaŭ unu jaro venis de Anglio kaj ne sciis, ke estis aliaj esperantistoj en Melburno, ĝis li vidis verdan stelon sur la centra stacidomo".

La geedzoj Wicks estis fruaj membroj de la Melburna Komerca Klubo.

Kapabla amatora ŝakludanto. Forlasis Aŭstralion en 1913.

Fontoj: Protokoloj de la Melburna E-Klubo. *Argus* (Melburno).

WILLIAMS, s-ro EDGAR

Zamenhof-Adresaro 1906. De Bendigo. Prelegis pri E en Numurkah (februaro 1908).

WILLIAMS, d-ro FREDERICK JAMES

(n. 12 novembro 1895, Moonee Ponds, VK – m. 15 junio 1961, Melburno)

Esperantistiĝis en 1916. Elstara esperantisto. Prezidanto de la sidneja E-klubo (1928), melburna E-klubo (1947) kaj prezidanto de AEA (1956-1959). De tempo al tempo li vojaĝis tra Aŭstralio por prelegi pri la Londona Misiista Societo. Dume li fervore parolis pri E: al la Ligo de Nacioj, universitatoj, instruistoj, la YMCA kaj YWCA (asocioj por junaj kristanoj respektive kristaninoj). Li formale malfermis la E-Domon en 10 The

Crofts, Richmond (VK) la 12-an de aŭgusto 1960. Prezidis la kongreson en Melburno (1958). Ĉiam portis grandan verdan stelon sur la refaldo.

Ofte parolis ĉe radio pri, ekzemple "La spertoj de esperantisto en Ĉinio". Havis multajn esperantistajn amikojn en Aŭstralio, Nov-Zelando, Ĉinio kaj Papuo-Novgvineo, kaj per korespondado en aliaj landoj.

Arda ano de la Societo de Amikoj (kvakeroj), li estis en kontakto kun aliaj kvakeroj en tridek landoj. E kompensis pro lia mensa izoliteco, dum li vivadis en tropikaj landoj.

Kuracisto, li pasigis du jarojn (1925-1927) en Hangchow, Ĉinio, kun la Londona Misiista Societo. La malsanulejo situis ekster la brita koncesio, sed li kaj lia edzino, Edith, devis subite forlasi Ĉinion – en du horoj - kiam la brita registaro postulis tion de eŭropanoj. Forte sentis, ke la ĉeesto de la britaj soldatoj kaj mararmeo nur endanĝerigas la eŭropajn civilulojn. Dum 1928 laboris en malsanulejo en Lidcombe (Sidnejo). Oni tiam sendis lin al Novaj Hebridoj (eksa nomo de Vanuatuo) kiel medicinisto-misiiston kaj poste al Samara, en Papuo-Novgvineo. Kiam venis la japana invado de Novgvineo, li estis la ĉefa medicina oficisto en Portmoresbo. De 1945 ĝis sia morto li estis okulkuracisto en la Okul- kaj Orel-Malsanulejo de Melburno.

"Ĉiufoje, ankaŭ en tempoj malfacilaj, li senhezite dediĉis sian havaĵon kaj energion en la taskon tiom amatan de li – ĉiam bonhumore, ĉiam fruktodone, el amanta koro, li ĉirkaubrakis la tutan teron" (*The Australian Esperantist*, julio-aŭgusto 1961).

Fontoj: Daily Standard. Evening News kaj *World's News* (Sidnejo). *News* (Adelajdo). *Mercury* (Hobarto). *La Suda Kruco.*

WILLIS, f-ino E.

Membrino de la perta estraro (1945-1950), sekretariino (1946-1947).

WIRTH, s-ro L.W.K. (LOUIS WILHELM KARL)
(n. 1858 Saksio, Germanio – m. 10 oktobro 1950, Brisbano)

Unu el la plej unuaj esperantistoj de Brisbano. En 1909 oni kunvenis en la ateliero de L.W.K. Wirth, kaj tuje elektis lin la E-konsulo de KV. Dum la resto de sia longa vivo li estis fidela esperantisto. Fakte, fine oni donis al li dumvivan anecon. Kiam li paroladis al la tutlanda E-kongreso en Sidnejo en 1923, li forte fascinis la ĉeestantojn per ekspozicio de siaj akvareloj.

L.W.K. Wirth (kiel oni ĉiam nomis lin) estis unu el la gravaj pentristoj de KV. Li estis fekunda pejzaĝ-pentristo. En 1891 li estis inter la fondantoj de la kvinslanda Art Society (art-societo). Dum pli ol tridek jaroj li ekspoziciis siajn pentraĵojn en la ĉiujara art-ekspozicio de KV. Studis en Germanio kaj Anglio antaŭ alveno en Aŭstralio (1882).

Fontoj: Courier kaj *Telegraph* (Brisbano). *The Queenslander.*

WITTBER, s-ro CARL AUGUST

(n. 1849, Silezio, Germanio – m. 8 marto 1926, Adelajdo)

Zamenhof-Adresaro 1905. Esperantistiĝis en 1905. En la sama jaro okazis ĉe li leciono, al kiu venis pluraj studentoj:

"C.A.Uhrlaub, s-ino Hogg, edzino de William Hogg, J. Lyall, kaj virino, kiu neniam identiĝis! Ŝi portis dikan vualon!" Al Wittber apartenas la titolo "Patro de Esperanto en Sud-Aŭstralio".

Wittber migris al SA en 1855 (al Tanunda). Dekdujara komencis labori en la preseja metio sed poste, kiel instruisto, li estis akceptita kiel elstara edukisto de SA. De 1908 ĝis sia emeritiĝo (1917) estro de la lernejo en Gilles-Strato, tiutempe la ĉefa lernejo. Instigis la "penny-bankokonton" en The Savings Bank of South Australia (ŝparbanko de SA), rekomendis progresemajn ideojn por lerni legi muziknotojn, publikigis lernolibrojn de geografio, instruis E-n, presis lernolibrojn per sia propra presmaŝino. Wittber kredis, ke E estas simpla lingvo, kiu anstataŭas la multajn naciajn lingvojn, kaj ke E iĝis utila por komerco. Portis verdan stelon ĝis ĝia emajlo foruziĝis. Korespondis tutmonde en E. Ofte turnis sin al la edukado en Eŭropo. Tiamaniere li trovis E-n – de iu germana fonto. *Australische Zeitung*, la germana ĵurnalo de SA, estis la plej unua ĵurnalo de Aŭstralio, kiu menciis E-n (2 novembro 1887), post kio pluraj aliaj foje traktis pri E.

Interese estas, ke la filo de Wittber estis pioniro aŭtomobilisto kaj li estis tiu, kiu instruis flugadon al Harry Butler (pioniro aviadisto).

Fontoj: Advertiser kaj *Register* (Adelajdo).

WITHERS, s-ino IDA MARY

(n. Nov-Zelando - m.11 julio 1923)

Unu el la unuaj esperantistinoj de Sidnejo, kie ŝi estis anino de la E-estraro dum multaj jaroj. Loĝis en Brisbano, kiam mortis ŝia edzo (1904). Poste transloĝiĝis al la sidneja antaŭurbo Kirribilli. La plej grava afero de ŝia vivo estis *The Bush Book Club* (libroprunta klubo por kamparanoj), kiun ŝi fondis. Tiu klubo sendis milojn da libroj al kamparanoj, speciale virinoj kaj junuloj, kaj ebligis al ili legi romanojn kaj alian literaturon pere de multaj lokaj disdonejoj. Egale valora estis ŝia laboro kiel sekretariino en la Ambulanca Asocio de Sankta Johano (organizo de unua helpo) en NSK. Ida Withers tradukis en brajlon por blinduloj. Kiam ŝi mortis, ŝi estis la prezidantino de la Lyceum-klubo de Sidnejo. Intertempe ŝi klopodis ankaŭ por E. Ŝi estis delegitino al la tria Aŭstralia E-Kongreso (Sidnejo, aprilo 1920).

Sydney Morning Herald (12 julio 1923) skribis pri ŝi: "S-ino Withers daŭre estos rememorata de granda grupo de amikoj kiel serioza sociolaborantino kaj iu kiu dediĉis sin dum siaj lastaj dek jaroj al la bonfarto de la komunumo."

Fontoj: Sydney Morning Herald. Sunday Times (Sidnejo). *La Suda Kruco.*

WOODHOUSE, profesoro WILLIAM JOHN MAITLAND

(n. 7 novembro 1866, Clifton, Westmoreland – m. 26 oktobro 1937, Gordon, NSK)

Vicprezidanto de la E-klubo en Sidnejo ekde ĝia starigo en novembro 1909. Studis lingvistikon kaj iĝis profesoro de la greka.

Fontoj: Dictionary of Australian Biography. Sydney Morning Herald. Daily Mercury.

WOODRUFF, s-ino LEILA

(m. 28 aŭgusto 1976)

Edzino de Ted Woodruff el Moree, NSK. Venis al Aŭstralio el Sud-Afriko, kie ŝi aktivis en la loka E-movado. Dum siaj lastaj jaroj suferis pro artrito.

WOODRUFF, s-ro TED

Aktivis en Sud-Afriko kaj ankaŭ en NSK.

WOOLNOUGH, d-ro SYDNEY JAMES

(m. 67-jara, 1 februaro 1950, Hazelbrook, NSK)

Neniam tre bonfarta, li komencis kiel horloĝisto, ĝis liaj okuloj malboniĝis. Ĉe Kolegio Moore li elstaris en studado de bibliaj lingvoj, speciale la hebrea. Altirata al lingvoj, li esperantistiĝis kaj varbis por E, ĉeestis kongresojn, kaj estis longe konata pro E. Vidu lian longan artikolon en Methodist (oktobro 1932). Post pluraj jaroj en la Anglikana Eklezio li studis medicinon kaj iĝis kuracisto en Parramatta.

"Fidela kaj helpema … Esperanto estis ĝojo al li, kaj la leteroj kaj gazetoj, kiujn li sopire atendis, helpis al li venki multajn tedajn horojn. Dum longa kormalsano li ŝatis traduki teksterojn." (*La Rondo*, marto 1950)

WRIGHT, f-ino VICTORIA M.

(n. en 1889, Carngham, VK)

Esperanto, the Universal Language.

LESSONS given at Lindula Girls' High School by Miss Victoria Wright, member Modern Language Association, late of Methodist Ladies' College, Melbourne. By using the International Language it is possible for us to communicate with a person of any nationality, even though he may not know of the existence of the language. Course ends October 30.

La unua instruistino de E en TAS en la porknabina mezlernejo Lindula Girls' High School en Devonport (aŭgusto 1906). Ŝajne ŝi lernis E-n, kiam ŝi interrilatis kun la Fewing-familio de Brisbano, ĉar ŝi instruis en la Gimnazio por Knabinoj de f-ino Fewing. Ŝi instruis en multaj lernejoj por knabinoj en Warwick kaj poste Gympie en KV. Post nur kelkaj monatoj en la Metodista Kolegio por Virinoj en Melburno, ŝi pasigis du jarojn en Devonport, antaŭ ol ŝi transloĝiĝis al OA, kie ŝi estis bibliotekistino. En 1917 transloĝiĝis al Kanado.

Verkis novelojn. Tri eldoniĝis en *Queenslander* kaj du en *Western Mail*, Perto.

Fontoj: kvinslandaj, tasmaniaj kaj okcident-aŭstraliaj ĵurnaloj.

WYBENGA, s-ino MABEL

Aktivis ekde 1969 en Morwell (VK), kie ŝi estis sekretariino.

Verkis *Bonan Tagon* por radioelsendo en 1974.

WYBENGA, s-ro W.

Aktivis en Morwell ekde 1969.

ZAGORSKIS, s-ino MIRDZA (MITZI)
(n. 1926, Latvio – m. 18 oktobro 1974, Kanbero)

Entuziasma esperantistino. Havis multajn postenojn en la E-klubo en Kanbero (de 1963). Prezidantino, kiam ŝi mortis de leŭkemio. Venis Aŭstralien en 1948.

Fonto: Canberra Times.

ZSCHIELE, s-ro Edmund
(n. Lepsiko, Germanio. Mortmalsatis en Germanio dum la Dua Mondmilito.)

Verŝajne la plej sukcesa propagandisto de E en Aŭstralio. Aktoro, verkisto, li faris mondan rondvojaĝon piede kaj reprezentis la Internacian Turisman Societon kaj plurajn eŭropajn gazetojn. Lia intenco estis propagandi E-n ĉie dum siaj vojaĝoj. Ricevis tutnacian atenton en Aŭstralio, ekde kiam li alvenis al Fremantle en julio 1927, vojaĝinte jam pli ol 23,000 mejlojn tra Eŭropo kaj Azio. Fakte en Manĉurio lia kunulo edziĝis al rusino. En Sinaja Dezerto, kiam li trairis ĝin, neĝis. La beduenoj akuzis lin, kvazaŭ estus lia kulpo, sed li eskapis ekzekutiĝon. En Istanbulo li pasigis ok tagojn en malliberejo, suspektate je iu krimo.

En Aŭstralio li intencis piediri, sed pro grandaj distancoj li biciklis tra la kontinento per sia biciklo West. En Perto konatiĝis kun Ernest Maguire, esperantisto, kiu ankaŭ ŝatis bicikladon. Ĉe Kelleberin ili rekontis s-ron C. O'Donoghue, la iaman prezidanton de la sidneja klubo. Kune kun Maguire li trajniris de Kalgoorlie al Port Augusta, kie Maguire apartiĝis de li por iri suden. Zschiele iris en la direkton de Sidnejo. En ĉiu loko li ricevis grandan publikan atenton. Parolis al multaj grupoj, ekzemple al la Ligo de Nacioj, kaj kompreneble al E-kluboj kaj eĉ parolis radie. Vizitis izolitajn esperantistojn kaj kuraĝigis la starigon de lokaj grupoj, speciale en Kalgoorlie kaj Newcastle. Helpis ĉe la unua Aŭstralia Esperanta Somera Lernejo – en Newport, Sidnejo. *La Suda Kruco* mencias "lian trankvilan, nesintrudan manieron."

Fontoj: La Suda Kruco. La Rondo. West Australian. Western Argus (Kalgoorlie). Courier (Brisbano). Mercury (Hobarto) kaj multaj provincaj ĵurnaloj.

Kongresoj kaj *somerkursaroj* de la Aŭstralia Esperanto-Asocio

1911 – 1-a, Adelajdo, 26-28 oktobro

1912 – 2-a, Melburno, 22-28 oktobro

1920 – 3-a, Sidnejo, 3-9 aprilo

1923 – 4-a, Sidnejo, 30 marto - 5 aprilo

1925 – 5-a, Melburno, 10-16 aprilo

1929 – 6-a, Perto, 8-14 oktobro, nomata Okcidenta Aŭstralia E-Kongreso

1950 – 7-a, Melburno, 3-7 januaro

1952 – 8-a, Sidnejo, 31 decembro 1951 - 5 januaro 1952

1954 – 9-a, Perto, 1-7 januaro

1957 – 10-a, Kanbero, 2-7 januaro

1958 – 11-a, Melburno, 2-9 januaro

1960 – 12-a, Hobarto, 3-9 januaro

1962 – 13-a, Sidnejo, 1-7 januaro

1964 – 14-a, Melburno, 30 decembro 1963 - 5 januaro 1964

1966 – 15-a, Kanbero, 1-8 januaro

1968 – 16-a, Manlio, 1-7 januaro

1970 – 17-a, Perto, 4-9 januaro

1972 – 18-a, Melburno, 2-8 januaro

1974 – 19-a, Brisbano, 2-8 januaro

1976 – 20-a, Melburno, 2-10 januaro, kun la 1-a Pacifika Kongreso

1977 – 1-a somerkursaro, Toowoomba (KV), januaro

1978 – 21-a, Laucestono (TAS), 2-8 januaro

1979 – 2-a somerkursaro, Toowoomba, januaro

1980 – 22-a, Sidnejo, 2-9 januaro

1981 – 3-a somerkursaro, Toowoomba, januaro

1982 – 23-a, Adelajdo, 2-9 januaro

1983 – 4-a somerkursaro, Armidalo, januaro

1984 – 24-a, Kanbero, 7-14 januaro

1985 – 5-a somerkursaro, Armidalo (NSK), 7–19 januaro

1986 – 25-a, Perto, 4-11 januaro

1987 – 6-a somerkursaro, Armidalo, 5–17 januaro

1988 – 26-a, Brisbano, 11-20 septembro 1988, kun la 4-a Pacifika Kongreso

1989 – 7-a somerkursaro, Adelajdo, 9–20 januaro

1990 – 27-a, Melburno, 4–14 januaro

1991 – 8-a somerkursaro, Adelajdo, 7- 19 januaro

1992 – 28-a, Richmond (NSK), 1-a komuna kun NZEA*, 11-22 januaro

1993 – 29-a, Adelajdo, *(kun la 9-a somerkursaro)*

1994 – 30-a, Adelajdo, *(kun la 10-a somerkursaro)*, 16-22 januaro

1995 – 31-a, Southport (KV), 30 junio-6 julio

1995 – 11-a somerkursaro, Adelajdo 9-21 januaro

1996 – 32-a, Aŭklando (Novzelando), 2-a komuna kun NZEA, 3-10 januaro

1996 – 12-a somerkursaro, Adelajdo, 15-27 januaro

1997 – 13-a somerkursaro, Adelajdo, 13-25 januaro

1998 – 14-a somerkursaro, Ipswich (KV), 11-24 januaro

1999 – 33-a, Melburno *(kun la 15-a somerkursaro)*, 10-23 januaro

2000 – 34-a, Sidnejo, 3-a komuna kun NZEA *(kun la 16-a somerkursaro)*, 15-23 januaro

2001 – 17-a somerkursaro, Melburno, 13-21 januaro

2002 – 18-a somerkursaro, Perto, 5-18 januaro

2003 – 19-a somerkursaro, Melburno, 5-17 januaro

2004 – 35-a, Redcliffe (KV), 4-a komuna kun NZEA, 19-25 januaro

2005 – 36-a, Adelajdo, 9-21 januaro *(kun la 20-a somerkursaro)*

2006 – 37-a, Tathra (NSK), 15-27 januaro *(kun la 21-a somerkursaro)*

2007 – 38-a, Hobarto, 7-20 januaro *(kun la 22-a somerkursaro)*

2008 – 39-a, Aŭklando (Novzelando), (Oceania Kongreso, 5-a komuna kun NZEA) 14-21 januaro *(kun la 23-a somerkursaro)*

2008 – 40-a, Hobarto, 24-26 oktobro

2009 – 41-a, Sidnejo, 11-25 januaro *(kun la 24-a somerkursaro)*

2009 – 42-a, Kanbero , 27-30 novembro (Speciala Kongreso)

2010 – 43-a, Sidnejo, 10-23 januaro *(kun la 25-a somerkursaro)*

2011 – 44-a, Adelajdo, 9-17 julio (Jubilea Kongreso)

2012 – 45-a, Brisbano, 28 septembro - 1 oktobro

2013 – 46-a, Melburno, 17-21 januaro (Bonvola Kongreso) *(kun 26-a somerkursaro)*

2014 – 47-a, Kanbero, 3-12 januaro *(kun la 27-a somerkursaro)*

2015 – 48-a, Melburno, januaro *(kun la 28-a somerkursaro)*

2016 – 49-a, Bandung (Indonezio), 1-a Trilanda Kongreso (kun NZEA kaj IEA), 23-28 marto

2017 – 50-a, Brisbano, 6-15 januaro *(kun la 29-a somerkursaro)*

2018 – 51-a, Bekasi (Indonezio), 2-a Trilanda Kongreso kun NZEA kaj IEA), 28 marto - 2 aprilo

2019 – 52-a, Adelajdo, 4–13 januaro *(kun la 30-a somerkursaro)*

2020 – 53-a, Auklando (Novzelando), 10-18 januaro, 6-a komuna kun NZEA *(kun la 31-a somerkursaro)*

Notoj: en 1997 okazis en Adelajdo la 82-a Universala Kongreso de UEA

---

* NZEA – Novzelanda Esperanto-Asocio

* IEA - Indonezia Esperanto-Asocio

1911 – 1-a Kongreso, Adelajdo, 26-28 oktobro (parto 1)

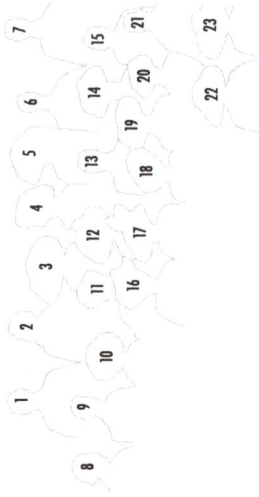

Noto: Vizitu *esperanto.org.au/galerio-de-esperantistoj-en-australio* por vidi la nomojn de la numerigitaj vizaĝoj, aŭ por informi nin pri mankantaj nomoj.

1911 – 1-a Kongreso, Adelajdo, 26-28 oktobro (parto 2)

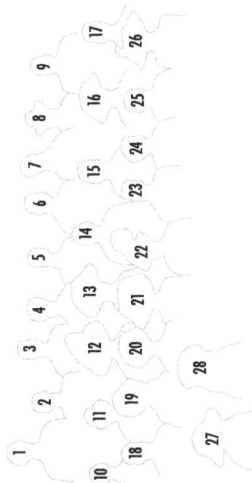

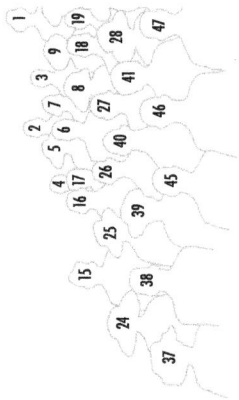

Maldekstre

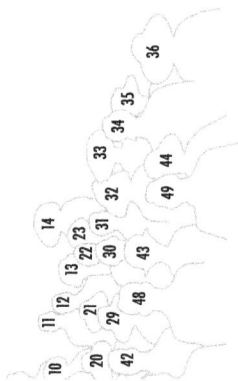

Dekstre

1912 – 2-a Kongreso, Melburno, 22-28 oktobro

Maldekstre

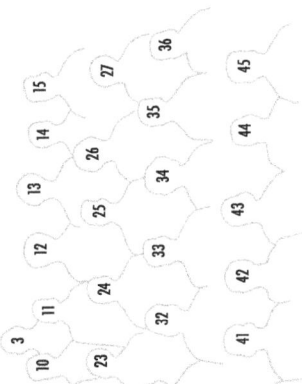

Dekstre

1920 – 3-a Kongreso, Sidnejo, 3-9 aprilo

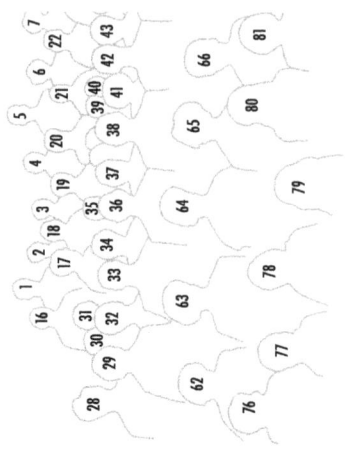

Maldekstre

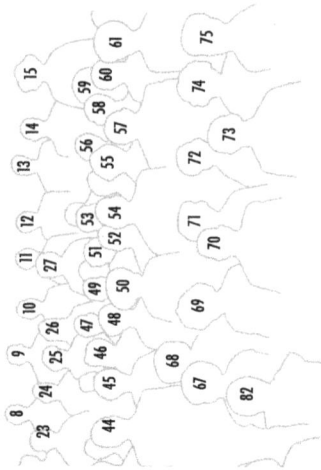

Dekstre

1950 – 7-a Kongreso, Melburno, 3-7 januaro

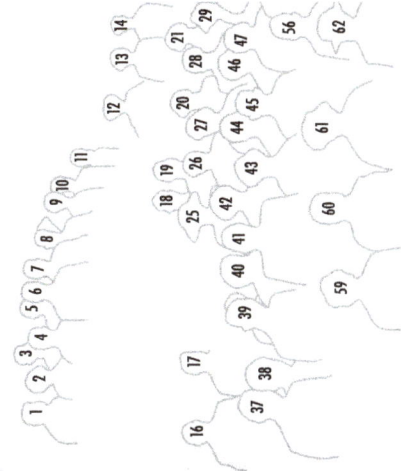

Maldekstre

Dekstre

1957 – 10-a Kongreso, Kanbero, 2-7 januaro

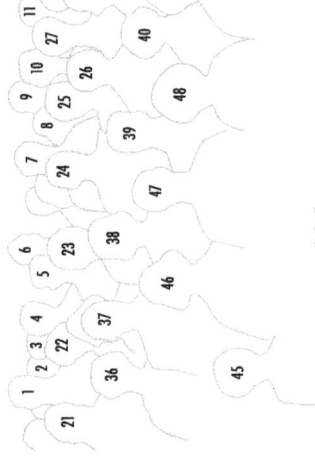

Maldekstre

Dekstre

1962 – 13-a Kongreso, Sidnejo, 1-7 januaro

1964 – 14-a Kongreso, Melburno, 30 decembro 1963 - 5 januaro 1964

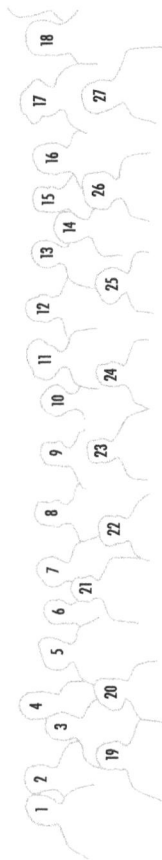

1 2 3 4 5 6 7 8 9 10 11 12 13 14 15 16 17 18
19 20 21 22 23 24 25 26 27

1972 – 18-a Kongreso, Melburno, 2-8 januaro (parto 1)

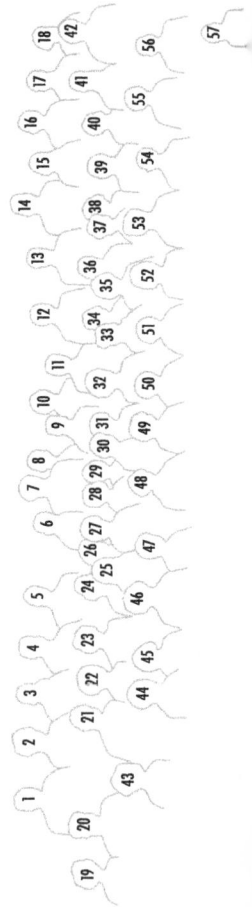

1972 – 18-a Kongreso, Melburno, 2-8 januaro (parto 2)

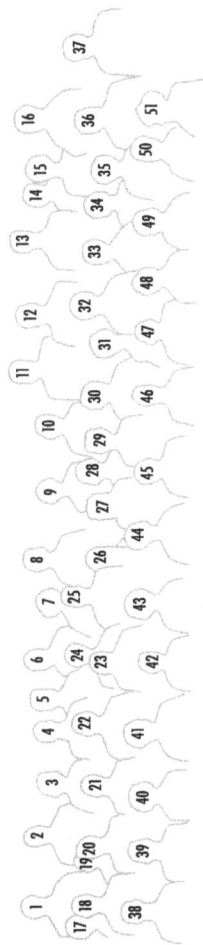

1974 – 19-a Kongreso, Brisbano, 2-8 januaro

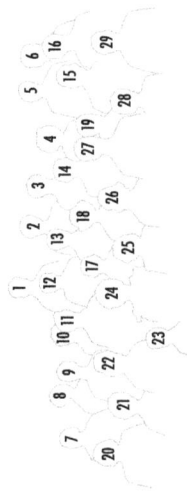

1976 – 20-a Kongreso, Melburno, 2-10 januaro, kun la 1-a Pacifika Kongreso (parto 1)

1976 – 20-a Kongreso, Melburno, 2-10 januaro, kun la 1-a Pacifika Kongreso (parto 2)

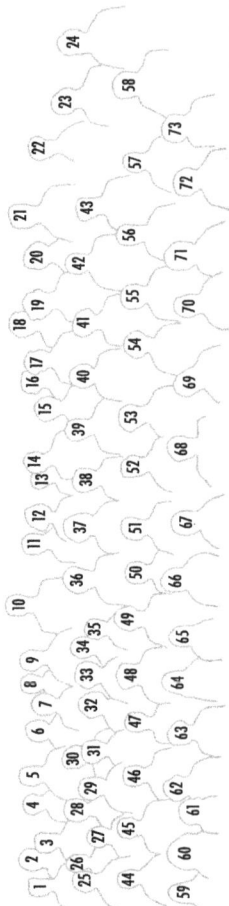

1990 – 27-a Kongreso, Melburno, 4–14 januaro

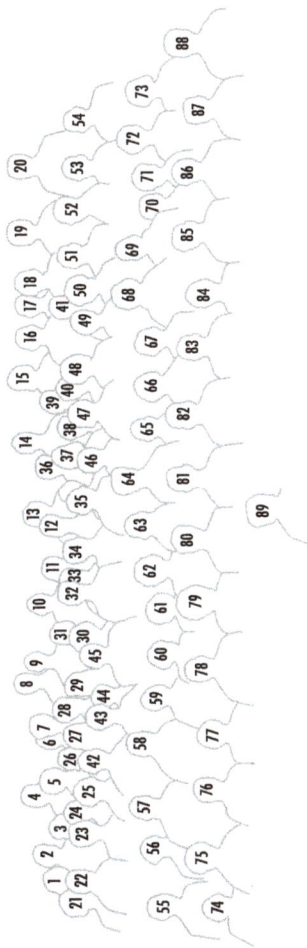

1994 – 30-a Kongreso, Adelajdo, *(kun la 10-a somerkursaro)*, 16-22 januaro

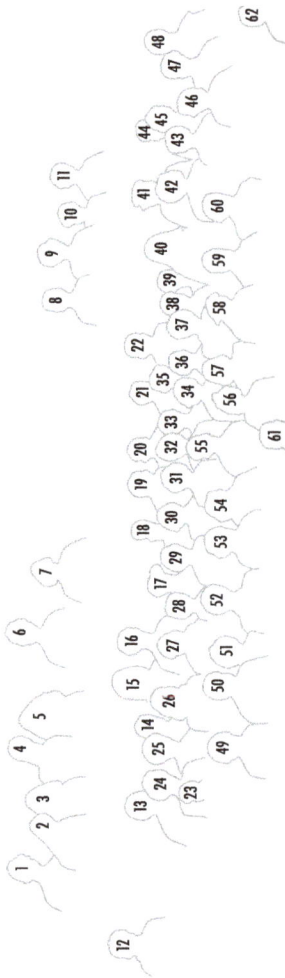

2000 – 34-a Kongreso, Sidnejo, 3-a komuna kun NZEA (*kun la 16-a somerkursaro*), 15-23 januaro

2001 – 17-a somerkursaro, Melburno, 13-21 januaro

2003 – 19-a somerkursaro, Melburno, 5-17 januaro

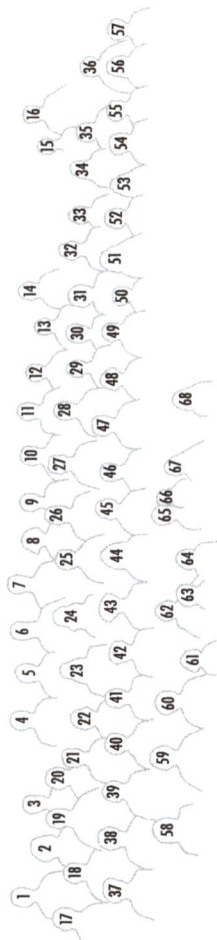

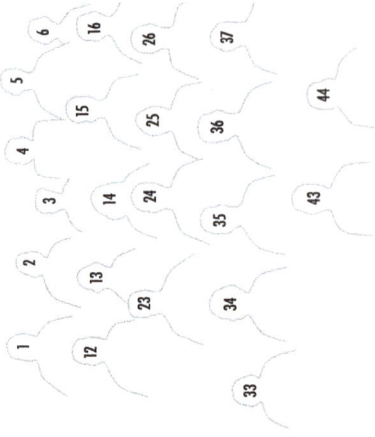

Maldekstre

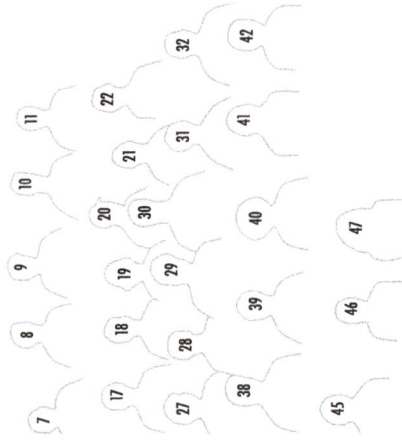

Dekstre

2004 – 35-a Kongreso, Redcliffe (KV), 4-a komuna kun NZEA, 19-25 januaro

2005 – 36-a Kongreso, Adelajdo, 9-21 januaro *(kun la 20-a somerkursaro)*

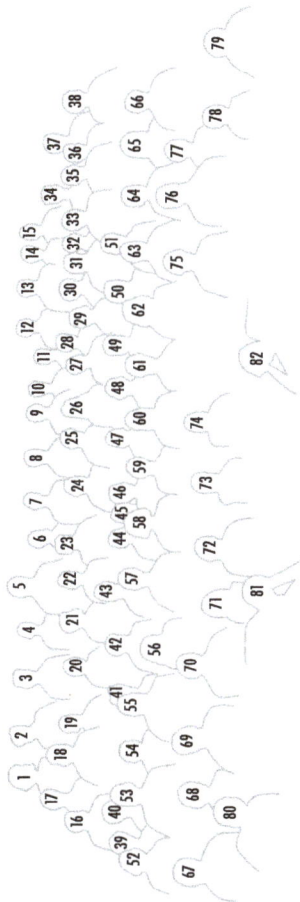

2006 – 37-a Kongreso, Tathra (NSK), 15-27 januaro (kun la 21-a somerkursaro)

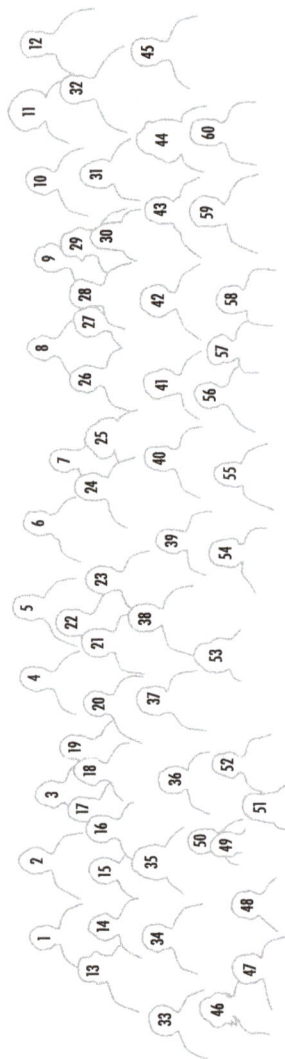

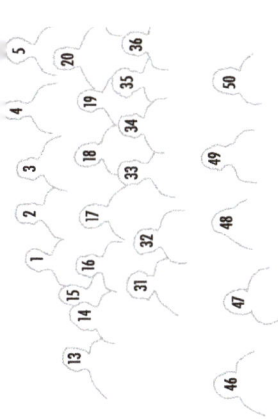

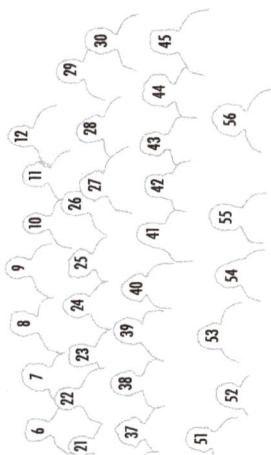

Maldekstre

Dekstre

2007 – 38-a Kongreso, Hobarto, 7-20 januaro *(kun la 22-a somerkursaro)*

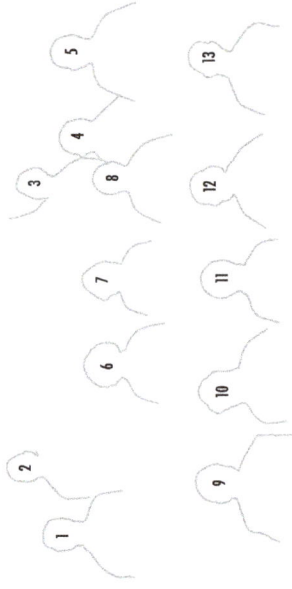

2008 – 40-a Kongreso, Hobarto, 24-26 oktobro

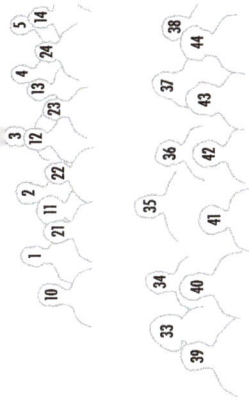

Maldekstre

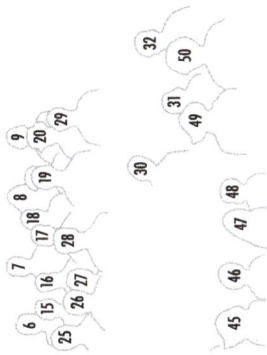

Dekstre

2008 – 39-a Kongreso, Aŭklando (Novzelando), (Oceania Kongreso, 5-a komuna kun NZEA)

14-21 januaro *(kun la 23-a somerkursaro)*

2009 – 41-a Kongreso, Sidnejo, 11-25 januaro (kun la 24-a somerkursaro)

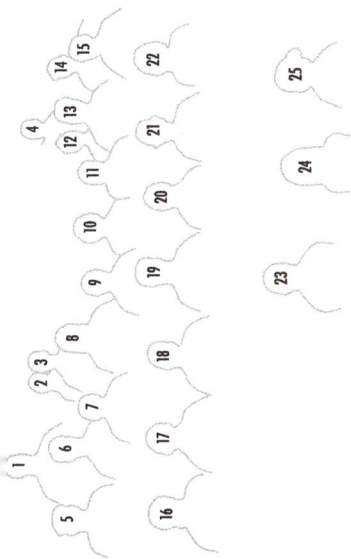

2009 – 42-a Kongreso, Kanbero, 27-30 novembro (Speciala Kongreso)

2010 – 43-a Kongreso, Sidnejo, 10-23 januaro (kun la 25-a somerkursaro)

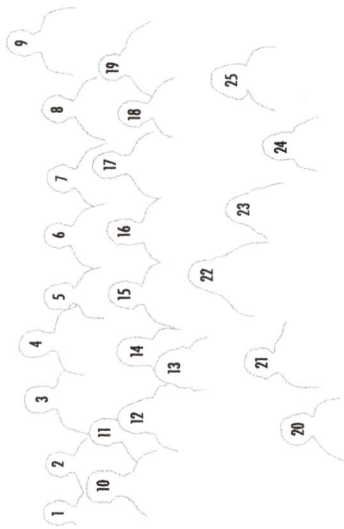

2011 – 44-a Kongreso, Adelajdo, 9-17 julio (Jubilea Kongreso)

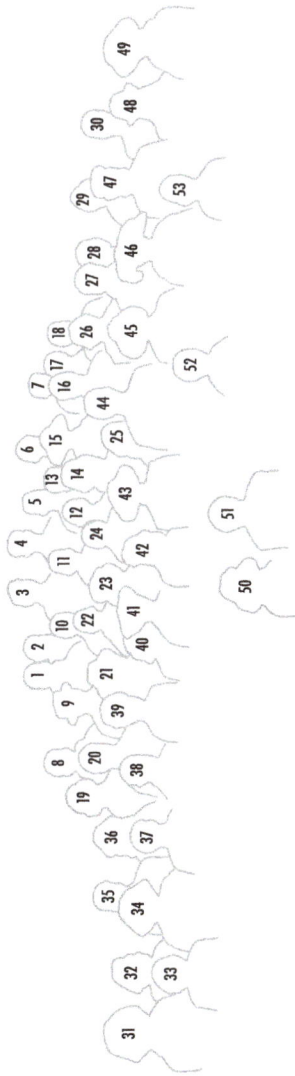

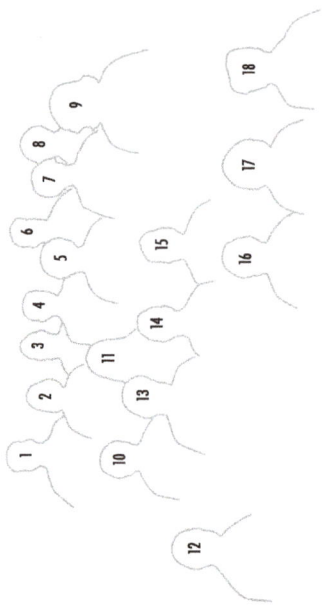

2012 – 45-a Kongreso, Brisbano, 28 septembro - 1 oktobro

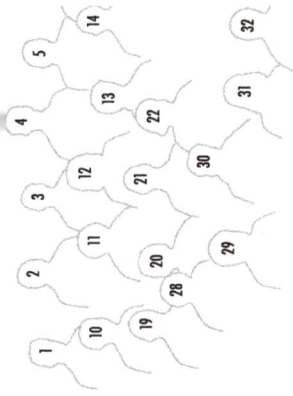

Maldekstre

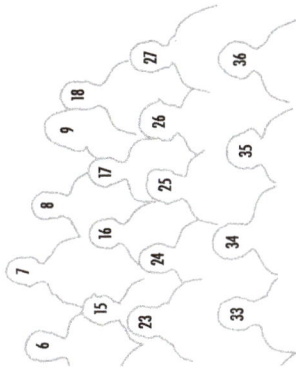

Dekstre

2013 – 46-a Kongreso, Melburno, 17-21 januaro (Bonvola Kongreso) *(kun 26-a somerkursaro)*

2014 – 47-a Kongreso, Kanbero, 3-12 januaro (*kun la 27-a somerkursaro*)

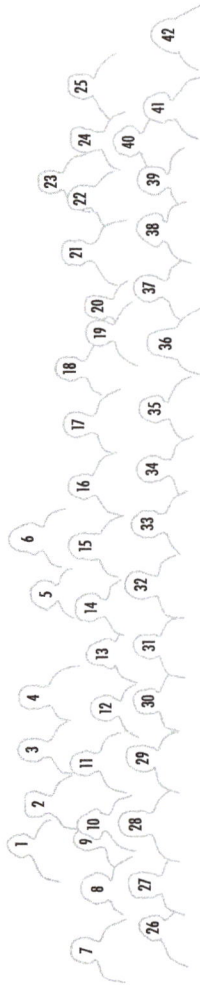

2015 – 48-a Kongreso, Melburno, januaro (*kun la 28-a somerkursaro*)

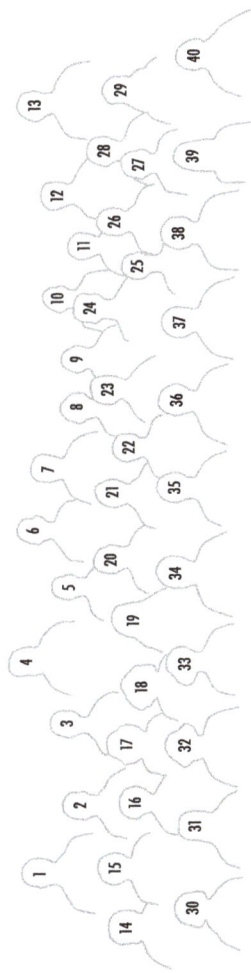

2016 – 49-a Kongreso, Bandung (Indonezio), 1-a Trilanda Kongreso (kun NZEA kaj IEA), 23-28 marto

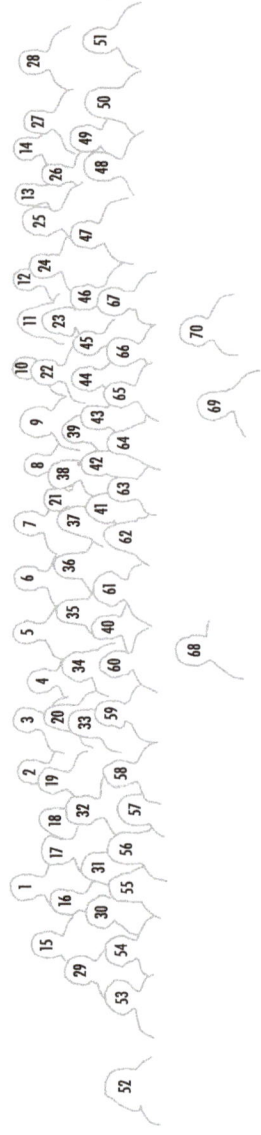

2017 – 50-a Kongreso, Brisbano, 6-15 januaro (*kun la 29-a somerkursaro*)

2016 – 49-a Kongreso, Bandung (Indonezio), 1-a Trilanda Kongreso (kun NZEA kaj IEA), 23-28 marto

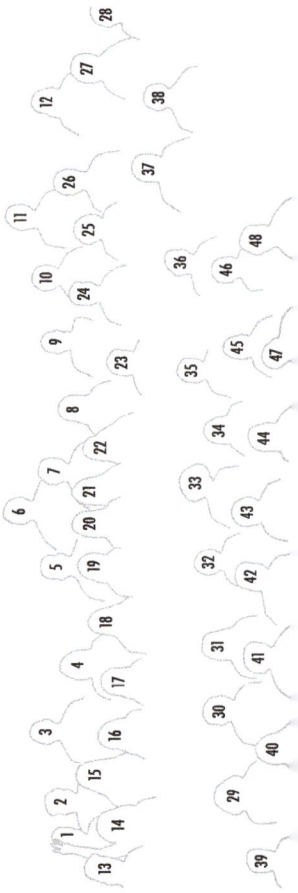

2020 – 53-a Kongreso, Auklando (Novzelando), 10-18 januaro, 6-a komuna kun NZEA (*kun la 31-a somerkursaro*)

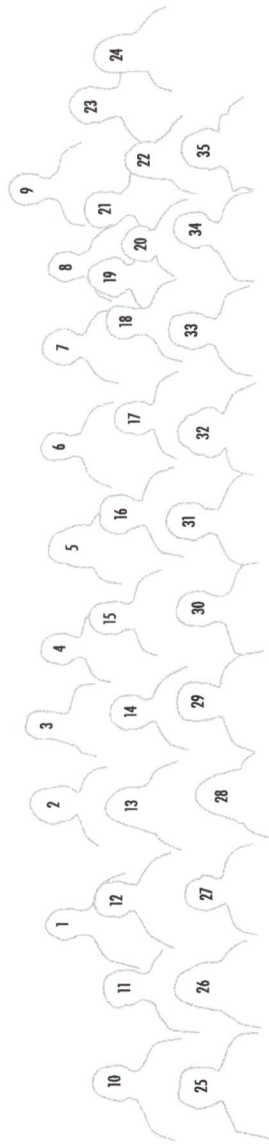

ADAMS , JOHN WIELD

Li naskiĝis la 4-an de marto 1933 en Bendigo (VK). Li havas unu pli junan fraton. La patro de John laboris en la tiea Commonwealth Bank, poste en la geelonga (1942) kaj fine melburna bankoj (1951) kaj la familio sekvis lin.

Lia duagrada edukado okazis en Geelong Grammar School de kie li aliĝis al la Commonwealth Bank en Geelong (1950). Li edziĝis en Essendon al Elrae Earle (1961). Ili havas kvar infanojn kaj ok genepojn, inkluzive de la plej aĝa nun forpasinto (bicikla akcidento). La familio vivis en North Balwyn.

Kun sia edzino Elrae

En 1997 John kaj Elrae retiriĝis al Torquay kaj en 2004 ambaŭ komencis lerni E-n kaj ambaŭ iris al someraj E-lernejoj en 2005, 2007 kaj 2010.

En 2006 John iĝis sekretario de la Torquay Esperanto Coffee Club. En 2011 kaj 2012 li estis prezidanto de la E-Federacio de VK, dum kiu tempo li diĝitigis la arkivojn de la Federacio.

John iĝis sekretario de la Adam Lindsay Gordon Commemorative Committee en 2006. Kadre de ĝi li komencis organizi la Torquay Froth and Bubble Literary Festival (2008) kiu en 2009 inkluzivis, la unuan fojon en Aŭstralio, lingvan festivalon kun prezentado de E. Por la celebrado de la150-a datreveno de la morto de la poeto (en 2020) John kun Travis M. Sellers kompilis *The Encyclopedia of Adam Lindsay Gordon*.

BEHARRY-LALL, INDRANI

Ŝi naskiĝis la 12-an de novembro 1941 en San Nicolas, insulo Aruba, tiam nederlanda kolonio en la Karibea maro. Ŝi havas unu pli aĝan fraton.

Post la mezlernejo en Aruba ŝi, kiel 16-jara, ekstudis en Nederlando optikon. En 1960 ŝi transloĝiĝis al Londono, kie ŝi studis kaj diplomiĝis kiel optometristo.

De 1967 Indrani loĝis kaj laboris dum 3 jaroj en sia fako en Gvajano.

En 1970 ŝi elmigris al Vankuvero (Kanado). En 1988 ŝi venis al Aŭstralio kun 2-jara labor-vizo kaj en 1999 decidis resti permanente en Adelajdo. En decembro de 1999 ŝi emeritiĝis.

E-n ŝi eklernis en 1972 en Vankuvero en 10-semajna vespera E-kurso. Proksimume en 1982 ŝi partoprenis somer-kurson en San Francisco (Usono).

Ŝia unua UK estis en 1972 en Portland (Oregon, Usono), kiun sekvis 11 pliaj.

Ŝi estis la kasistino de la Vankuvera E-Klubo dum proksimume 15 jaroj. Dum kelkaj jaroj ŝi gvidis tie ankaŭ konversaciajn klasojn.

Dum la dua Pacifika Kongreso (Vankuvero, 1982) Indrani laboris en la kongresa komitato. Dum la UK en Vankuvero (1984) kiel membro de LKK (Loka Kongresa Komitato) ŝi respondecis pri ĉiuj ĝiaj artaj programoj.

Tuj post sia alveno al Adelajdo ŝi fariĝis kasisto de la loka klubo. Krom unu jaro ŝi plenumas tiun taskon konstante. Inter 1992 kaj 1997 okazis en Adelajdo vico de somerlernejoj kaj ŝi aktive partoprenis ankaŭ en ilia organizado. Dum la adelajda UK (1987) ŝi laboris en la LKK, same por la Jubilea Kongreso de AEA en Adelajdo (2011).

De 2009 Indrani membras en la Pasporta Servo de UEA.

De 2012 ŝi estas membro de la estraro de AEA.

Inter ŝiaj hobioj estas vojaĝado (vizitis jam multegajn landojn sur ĉiuj kontinentoj inkluzive de la Arkto kaj Antarkto), muziko, dancado, floraranĝado, legado. Ŝi engaĝiĝas i.e. en naturprotektado, Unesko, konversaciaj lecionoj por enmigrintoj kaj diskut-rondo.

BISHOP, ALAN

Alan John Bishop naskiĝis la 14-an de oktobro 1937 en Crayford, Kent (Anglio). Lia edzino estas Jennifer, esperantistino, kaj ili havas 2 filojn kaj 5 genepojn.

Alan edukiĝis en la lernejo University College, Hampstead (Anglio) kaj sukcesis akiri diplomon pri matematiko, fiziko, kemio kaj plia matematiko. En 1956 komenciĝis lia dujara militservo kiel radarnaviganto en la aerarmeo, kie li jam tiam konatiĝis kun komputiloj. Poste li daŭrigis sian studadon de matematiko, fiziko kaj kemio ĉe Universitato Southampton kaj ricevis bakalaŭran diplomon kun plej alta sukceso. Li daŭrigis sian edukadon ĉe Kolegio Loughborough, kie li trejniĝis kiel sportinstruisto.

En 1962 li edziĝis al Jennifer kaj poste pasigis 3 jarojn ĉe Universitato Harvard, Cambridge, Massachusets, Usono (du jarojn pere de gajnita stipendio kaj unu kiel instruisto) kaj li ricevis diplomon pri edukado en matematiko.

En 1965 li akceptis postenon pri edukado en matematiko ĉe Universitato Hull, York, Anglio, kie li doktoriĝis. En 1970 li eklaboris ĉe Universitato Cambridge, Anglio. Gravajn 3 monatojn li pasigis en Papuo Novgvineo (1977), 5 monatojn en la Universitato de Monash en Melburno (Aŭstralio) kaj poste Universitato en Giorgia (Usono). Jam internacie konata en la kampo de matematika edukado en 1992, Alan kaj Jenny transloĝiĝis al Aŭstralio kaj li akceptis konstantan postenon ĉe la melburna Universitato Monash, de kie li oficiale emeritiĝis en 2002.

Pro la komenco de LOTE-programo (lingvo alia ol la angla) pri lingvoinstruado, li kaj Jennifer preparis esplorprojekton pri E en bazaj lernejoj, EKPAROLI. Ĝia subtitolo estis "Esperanto kiel propedeutika lingvo internacia". Jennifer instruis E-n dum unu jaro en 3 lernejoj kaj daŭrigis ankoraŭ unu jaron en unu lernejo. Eĉ se la registaro ne subtenis la projekton, Alan kiel "esplordekano" de sia fakultato pri edukado atingis, ke la universitato subtenu ĝin. Tiel eblis pagi salajron al tri kunlaborantinoj, inter ili al Jenny. La rezulto de la eksperimento montris, ke la infanoj, kiuj lernis E-n en baza lernejo, havis pli grandan inklinon al lingvolernado en duagrada lernejo.

Alan komencis lerni E-n en 1993 dum la somerkursaro en Adelajdo (instruis Vera Payne). Poste li partoprenis plurajn AEA-kongresojn kaj somerkursarojn en Aŭstralio.

En 1997 li respondecis pri la artaj aranĝoj dum la UK en Adelajdo. Dum la UK en Fortalezo (Brazilo, 2002) li transprenis la laboron de la dirigento de la internacia ĥoruso kaj faris ĝin dum pluraj UK-j ĝis 2015. Dum la UK en Florenco (Italio, 2006) li organizis la tutan Internacian Artan Vesperon kune kun Mireille Grosjean. Dum certa tempo li zorgis pri la Muzika Esperanto-Ligo (faka asocio de UEA).

Dum kelkaj jaroj Alan estis membro de la E-teamo de la multkultura komunuma Radio 3ZZZ (Melburno). Li ne nur legis artikolojn, preparis la muzikajn partojn, sed komplete preparis plurajn elsendojn.

Li prelegis dufoje ĉe UK kaj konferenco de ILEI (Internacia Ligo de Esperanto-Instruistoj). La temoj estis pri matematiko kiel kultura produkto kaj pri metodoj de esplorado en instruado.

En 2017 Alan kaj Jenny ree ekloĝis en Kembriĝo, Anglio.

BISHOP, JENNIFER

Jennifer Ruth Bishop naskiĝis la 19-an de aprilo 1939 en Isleworth, Middlesex (Anglio). Ŝi estis la sola infano de siaj gepatroj. Ŝia edzo estas Alan Bishop, emerita profesoro pri edukado, esperantisto. Ili havas du filojn.

Ŝia avo estis esperantisto, kiu partoprenis la 3-an UK-n en Kembriĝo (Anglio). Ankaŭ ŝiaj gepatroj estis esperantistoj. Ili loĝis en Londono, sed havis kontakton kun eksterlandaj esperantistoj jam dum la Dua Mondmilto, kaj eĉ helpis ilin per sendado de nutraĵpakaĵoj.

Post la duagrada lernejo Jennifer edukiĝis ĉe Southampton Universitato (Anglio) kaj akiris diplomon pri la germana kaj franca lingvoj kaj poste diplomon pri edukado kaj instruado.

Post pasigo de 3 jaroj kun sia edzo en Kembriĝo, Massachucets (USA, 1965) la paro revenis al Hull,Yorkshire (Anglio) kie ŝi instruis la francan lingvon en baza lernejo antaŭ ol naski 2 filojn. En 1992, post translokiĝo al Aŭstralio, dum 3 jaroj ŝi instruis E-n en baza lernejo, kiel parto de esplorprojekto EKPAROLI organizita de ŝia edzo ĉe Universitato Monash en Melburno.

Ŝiaj kromaj interesoj estas kantado, vojaĝado, klimatoŝanĝiĝo, domprizorgado kaj ĝardenumado.

Ŝia unua leciono de E okazis en suda Francio ĉe plumamiko de ŝia patro (1950). Poste ŝi faris kurson de Humphrey Tonkin ĉe Universitato Harvard, Kembriĝo (Massachucets, USA, 1962). Tamen por koncentriĝi pri sia lernado de E, Jennifer atendis ĝis 1987 en Kembriĝo (Anglio). En Anglio, post kiam ŝi faris perkorespondan kurson, ŝi akiris ŝtatan GCSE diplomon pri E (1988). Dum la UK en Seulo (1994) ŝi sukcesis en ILEI- (Internacia Ligo de Esperanto-Instruistoj)-ekzameno kaj ĉe UK en Havano (2010) ŝi sukcese faris la ekzamenon de UEA-KER C1.

Ŝi instruis dum la somerkursaro de AEA en Adelajdo, kiel helpsekretariino prizorgis la gazetaran servon dum UK en Adelajdo (1997), respondecis pri AEA-somerkursaro en Melburno (1998), estis prezidantino de AEA (1999) kaj poste direktoro pri edukado en la AEA-estraro. Ĝis 2015 ŝi laboris ankaŭ kiel aŭstralia komisiito de ILEI. Tiam, pro manko de membroj, la grupo ĉesis funkcii.

Jennifer membris en UEA, ILEI, ŝi iĝis Fratulo de AEA en 2000.

Kune kun sia edzo ŝi multe vojaĝis eksterlande ankaŭ krom partopreni UK-jn kaj ĉiam penis kontakti esperantistojn.

En 2017 la paro Bishop ree ekloĝis en Anglio.

BROADBENT, HENRY

Kun sia edzino Betty

Henry naskiĝis la 22-an de decembro 1929 en Victor Harbor (SA) kiel la kvara ido de siaj gepatroj. Li edukiĝis en malgranda kampara lernejo apud la farmbieno de sia patro, en altlernejo de Victor Harbor (1942-1943) kaj de Whyalla (1944-1946) kaj fine en la Universitato de Adelajdo, kie li iĝis elektroinĝeniero.

Li laboris ĉe la loka elektro-provizanto ETSA (Electricity Trust of South Australia) kaj post 3 jaroj translokiĝis al Cooma (NSK), kie li helpis dezajni hidroelektrocentralon por la Snowy Mountains Authority (neĝmontara projekto). Tie li renkontis sian postan edzinon Betty. La paro vojaĝis al Anglio por renkonti la parencojn de Betty kaj restis tie dum 2 jaroj, dum kiuj naskiĝis iliaj du gefiloj. Dum 1966-1974 la familio loĝis en NT kaj Henry laboris kiel inĝeniero de la mineja firmao de Peko Mines ĉe Tennant Creek . La familio plinombriĝis per la naskiĝo de la dua filino de la geedzoj. Ili transloĝiĝis al Melburno en 1974 ĵus antaŭ la ciklono, kiu detruis Darvinon. Dum sia tempo en NT Henry membris en Lions Club. Dum 1985-1986 ili konstruis dometon en Somers, sur la marbordo de duoninsulo Mornington (VK) kaj al tiu ili transloĝiĝis 2-3 jarojn post la emeritiĝo de Henry (1992).

Kion fari en la nova loko? Betty sugestis lerni lingvon, eble la germanan aŭ la hispanan. Henry vidis reklamon "Lernu Esperanton" en *Australian Geographic* de Dick Smith. Li rememoris ke jam en 1948 aŭ 1949 iu donis al li broŝuron pri E en la universitato, sed la ĉefo de la kolegio atentigis lin ke "li kaj lia edzino lernis la lingvon en 1914 sed ĝi malaperis dum la Unua Mondmilito". Serĉante E-n ili trovis en la telefonlibro la numeron de Stephen Pitney. Tiu sendis ilin al Ruth Tummen, kiu instruis E-n en la CAE-konstruaĵo en Flinders Strato, Melburno. Tio okazis en 1996 kaj en 1997 Henry kaj Betty jam ĉeestis la UK-n en Adelajdo. Ili aliĝis al la E-Federacio de VK kaj helpis organizi la somerkursaron en 1999. Poste ili ĉeestis somerkursarojn en Sidnejo, Brisbano, Adelajdo, OA, Hobarto kaj Novzelando kaj multajn aranĝojn en VK. Ili ambaŭ estis membroj de la estraro de E-Federacio de VK, Betty kiel sekretario kaj Henry kutime kiel kasisto. Nun Henry sed ne plu Betty estas membro la Melburna E-Asocio. Li iĝis kasisto de 3ZZZ Esperanto-radio (ĉe Melbourne Ethnic Community Radio) en 2001 kaj ankoraŭ servas en tiu funkcio.

Ili membriĝis ankaŭ al kelkaj lokaj organizoj. La CAA (Community Aid Abroad, kiu absorbiĝis al Oxfam), lokaj Probus-kluboj, FOLKLAW (Friends Of Local Koalas, Land And Wildlife), kaj Friends of Coolart Homestead and Wetlands, kie Henry estas kasisto.

Henry estas membro de la politika partio de CEC (Citizens Electoral Council of Australia), kiu aktive eldonas politikan informadon kaj radioelsendas pri la ideoj de la ekonomikisto Lyndon H. LaRouche Jr. kaj lia edzino Helga Zepp-LaRouche (la "Silk-Road Lady").

Li membriĝis al John Chappell Natural Philosophy Society kaj dum 2012 prezentis teorion pri kiel aliaj planedoj kaŭzis katastrofojn en la pasinteco. Henry konsideras sin unu el tiuj scientistoj, kiujn multaj nomas herezuloj, ĉar ili opinias alie pri la geologia, kosma, atoma, relativeca kaj klimata teorioj, ol estas instruate en la lernejoj.

COLEMAN, GORDON

Gordon naskiĝis al la gepatroj Joseph kaj Phillis en 1949 en Londono (Britio) kiel unu el 5 infanoj.

En 1964 li aliĝis al la brita armeo kaj fine iĝis membro de life guards (gvardio). Dum sia militservo li vojaĝis al multaj landoj: Singapuro, Malajzio, Kanado, Danio, Germanio, Dubajo, Ŝarĝaho, Omano, Irlando, Kimrio kaj Skotlando, kie li renkontis sian estontan edzinon Ann.

En 1982 Gordon venis al Adelajdo kun sia propra familio. En 1984 li ekstudis en la Universitato de SA kaj post 4 jaroj li ricevis diplomon pri instruado (Diploma of Teaching) kaj pri edukado (Bachelor of Education). De tiam li laboras kiel instruisto en elementaj lernejoj en la sudaj antaŭurboj de Adelajdo. Gordon kaj Ann laboras ankaŭ por la bonfara organizo Tutmonda Vizio (World Vision) kaj mem "adoptis" pere de ĝi kvar infanojn. La veraj posteuloj de Gordon estas du filoj, unu filino kaj du nepoj.

Pri E Gordon aŭdis la unuan fojon iam en la 1960-aj jaroj. La temo restis netuŝita, sed ankaŭ ne forviŝita ĝis 2005. Tiam, veturigante sian aŭtomobilon, li aŭdis la radioelsendon, en kiu Gloria Bristow parolis pri la ĵus okazanta adelajda somerkursaro. Serĉo en la telefonlibro – tie sub kapvorto Esperanto troviĝis la adreso de Max Wearing. Gordon ne hezitis, li iris kun Max al la somerkursaro kaj de tiam lia esperantisteco iom post iom plifortiĝis. Kun la helpo de Max li dum jaroj lernadis la lingvon (ĝi estas lia unua fremda lingvo) kaj en 2005 li eĉ vojaĝis al Usono por partopreni la Nordamerikan Somerkursaron (NASK). Li aktive informadis pri E (pedagogiajn instancojn, eĉ ministerion pri edukado), argumentis, organizis kaj mem instruis infanojn en sia lernejo (ĝis 2016).

Krom E Gordon ŝatas vojaĝi en la mondo, komputili kaj legi mormonajn historiajn librojn.

COOPER, JONATHAN

Jonathan naskiĝis en junio 1957 en Sidnejo, kiel la plej juna el kvar infanoj. En la lernejo li studis, inter aliaj studfakoj, la germanan. Malgraŭ ke li ĝuis tiun lingvon, li rimarkis kiom da esceptoj ĝi havas. Do, li decidis inventi sian propran, senseceptan lingvon. Ne longe poste li eksciis per la radio pri E. "Ho," li pensis, "iu jam faris la saman!" Do, li trovis libron en la loka biblioteko, *Teach Yourself Esperanto*, kaj lernis la internacian lingvon. Tamen, dum la postaj ok jaroj li ne renkontis iun ajn alian, kiu parolas E-n. Fakte, li ne sciis, ke aliaj esperantistoj eĉ ekzistas en Aŭstralio.

Li studis art-edukadon ĉe la Universitato de NSK (1975–1978), edziĝis, kaj li kaj lia edzino ekloĝis en Manlio, plaĝa antaŭurbo de Sidnejo. Tie li eksciis, ke ekzistas ne nur alia esperantisto, sed loka E-klubo! Ĝiaj membroj kunvenadis ĉiusemajne en la vesperlernejo de Manlio kaj Jonathan plibonigis sian E-n sub la sperta instruado de Marjorie Duncan.

En 1982 li dungiĝis al la Art-Galerio de NSK kiel muzea klerigisto. En 1983 li ĉiĉeronis partoprenantojn de la Aŭstralia E-Kongreso tra la Art-Galerio. En 1984 li kaj lia juna familio (filo kaj du filinoj) transloĝiĝis al Valley Heights en la Bluaj Montoj. Jonathan foje ĉeestis lecionojn kaj kunvenojn ĉe E-Domo, Sidnejo, sed bedaŭrinde lia konversacia praktiko de E multe malkreskis.

En 1994 la familio transloĝiĝis al Green Point en la Centra Marbordo, norde de Sidnejo. Tie li eksciis, ke ekzistas malgranda E-klubo, kiu kunvenas en loka kafejo. Do, lia kontakto kun Esperantio rekomencis.

En 2001 li verkis artikolon en E pri arto, kiun la revuo *Monato* eldonis kaj en la sama jaro li iĝis "administristo de informoj" por la Art-Galerio de NSK, respondeca por la retejo kaj kutimaj eldonaĵoj. En 2012 li ĉeestis sian unuan UK-n (en Hanojo) kaj prelegis pri moderna arto kadre de la Internacia Kongresa Universitato. Je la fino de la sama jaro lia laborposteno nuliĝis, do li decidis frue emeritiĝi. Li prelegis dum ĉiu aŭstralia E-kongreso de post 2013 kaj dum la 100-a UK en Lillo (2015).

Li estas membro de UEA, AEA (de 2013 estrarano) kaj E-Federacio de NSK (kiel estrarano de post 2013 kaj prezidanto de post 2016). Li administras la retejojn *esperanto. org.au* (por AEA) kaj *esperantohouse.org.au* (por E-Federacio de NSK).

Krom arto kaj E liaj ŝatokupoj inkluzivas programadon, legadon kaj kuiradon.

DELAMORE, RICHARD

Richard Phillip Delamore naskiĝis la 13-an de februaro 1987 en Emerald (KV). Lia jutuba kaj interreta kaŝnomo estas Evildea.

Li estas la plej aĝa el la tri filoj de Connie Frankze kaj Baden Delamore. La originala nomo de lia edzino estas XU Juan, sed ŝi uzas la anglan nomon Kristy.

Li frekventis elementan lernejon en pluraj lokoj: Saphire (KV), Rockhampton (KV), Milla Milla (KV), Ravenshoe (KV) kaj Emu Park (KV), gimnazion en Yeppon (KV) kaj Hellyer College (TAS).

Kiel 17-jara Richard eniris la armeon (2005) kaj unue edukiĝis kiel radioteknikisto, poste komputilisto. Li servis kiel komputila administranto dum 6 jaroj (plejparte en Sidnejo kaj Singleton) kaj atingis la rangon de lance-kaporalo.

Li ekstudis E-n en 2010 dum la deĵorado en Singleton. Li uzis Lernu.net kaj poste *Esperanto by Direct Method*. Li lernis E-n ĉar li volis regi fremdan lingvon. Antaŭe, en la gimnazio li studis la japanan, sed neniam vere ellernis ĝin.

En 2010 post kiam li forlasis la armeon, Richard transloĝiĝis al Sidnejo kaj ekstudis la teatran arton ĉe Sydney Theatre School. Li diplomiĝis je la fino de 2010.

Inter 2010 kaj 2011 li sensukcese provis vivteni sin kiel aktoro kaj dume li plentempe laboris kiel komputiladministranto ĉe diversaj firmaoj.

En 2013 Richard lanĉis Esperanto-TV kaj prizorgis la projekton dum du jaroj. Li transdonis la postenon de Direktoro al Robert Poort en Usono, kiu iom poste fermis la interretan televidstacion.

Richard lanĉis en 2015 la popularan E-jutuban kanalon Evildea, kiu havas nun pli ol 6.100 abonantojn. En 2016 li ekis Amikumu kune kun Chuck Smith (fondinto de E-Vikipedio kaj kreinto de E-kursoj de Duolingo). UEA fariĝis ĝia oficiala sponsoro. En aŭgusto de 2017 Amikumu kolektis $ 150 000 de 15 investintoj dum kaj tuj post la UK.

En sia libera tempo Richard ŝatas cerbumi pri kiel plibonigi la mondon, studi la ĉinan, legi librojn kaj jutubumi (videoblogi) per aliaj lingvoj.

En diversaj periodoj li membris/-as en AEA, E-Federacio de NSK, IKEF (Internacia Komerca E-fakgrupo) kaj UEA.

Richard partoprenis la Trilandan E-Kongreson en Bandung (2016) kaj JES (Junularan E-Kongreson), UK-n kaj IKEF en Sudkoreio (2017).

Kiel posedanto de la plej granda E-videoblogo kaj de la E-firmao Amikumu Richard uzas E-n ĉiutage. Pro sia agado li estis elektita „aŭstralia esperantisto de la jaro 2015" kaj estas ofte intervjuata. Kelkajn fojojn li mem verkis artikolojn por *Libera Folio*, revuo *Esperanto* kaj *TEJO Tutmonde*.

Li laboras ankaŭ kiel estararano de la Asocio de Lingvaj Festivaloj.

DESAILLY, PAUL

Paul Joseph Desailly naskiĝis en mezklasan aŭstralian familion en Melburno la 3-an de aŭgusto 1952. Feliĉa kaj stabila hejmo estis tie ame provizita de liaj gepatroj (Brigid kaj Ted) kune kun liaj ekstreme bon-humuraj pli aĝaj fratinoj: Mary, Bernadette, Christine, Joan. Regis tie etoso maltrude neformala de rom-katolikismo, sed Paŭlo rifuzis akcepti ajnajn religiajn instruojn jam en la aĝo de naŭ kaj duono de jaroj.

El lia geedzeco kun ĉina esperantistino Velanta naskiĝis du filoj (ambaŭ esperantistoj): Eddie (naskiĝis en 2003 en Pekino), kaj Amin (naskiĝis en 2010 en Whyalla).

En 2010 Paul iniciatis kaj gvidis E-kurson en Whyalla (regiona urbo de SA 300 km nordokcidente de Adelajdo). Samjare li kaj lia familio transloĝiĝis al O'Sullivan Beach, suda antaŭurbo de Adelajdo, en kies regiono li same okazigis E-kursetojn.

Paul sukcese studis en multekostaj elementa lernejo kaj gimnazio, sed frue forlasis siajn studojn je propra volo por enspezi en komerca bilard-salono kaj poste por manaĝeri rok-muzikan grupon. La fruaj sepdekaj jaroj estis favora tempo por ekigi karieron kiel vendisto, merkatisto kaj administristo ĉe BP Australia, John Lysaghts (BHP), Comalco, Alcan, Stanley Tools kaj multaj aliaj grandegaj firmaoj. Per manaĝeraj travivaĵoj en multnaciaj korporacioj li gajnis la spertojn por sukcese establi en 1991 sian propran kaj multege profitdonan import-kompanion kun tri aliaj komercistoj; du el ili estis tiom malhonestaj, ke Paul perdis sian tutan havaĵon dudek jarojn poste kaj tiam eklevis la plumon.

Se oni kalkulas ankaŭ liajn mallongajn vizitojn al Ĉinio en 1992 (la Kvina Pacifika Kongreso en Qingdao) kaj en 1996 (la Unua Azia Kongreso en Ŝanhajo), inter 1996 kaj 2006 Paul pasigis preskaŭ 10 jarojn en Ĉinio kiel instruisto ĉefe de la angla (kaj iomete de E kaj la franca). La tutan jaron 1995 li pasigis en industria urbo Katowice (Pollando) kun la celo disvastigi bahaismon. Tie li ne enspezis, sed en Ĉinio estis tiutempe facile por denaska anglaparolanto esti pagata kiel instruisto de la angla eĉ en universitatoj, kiel estis en la kazo de Paul.

E-n li eklernis en du apartaj kursoj dum 1990, gviditaj senpage de Errol Chick kaj Marcel Leereveld. En 1989 dum la Fera Kurteno disfalis kaj Tiananmen erupciis, Paul alprenis bahaismon. Liaj libroj kaj artikoloj verkitaj en E kaj anglalingve atestas lian grandan sindediĉon al bahaismo kaj al konvinko de bahaanoj lerni E-n.

Libroforme aperis lia *Realigas la mondan pacon la Bahaa kredo kaj Esperanto* (Melburno, 2002) kaj *La Principo de Universala Helpa Lingvo* (broŝuro, 2013). Liaj artikoloj pri bahaismo, Lidia Zamenhof kaj aliaj temoj aperadas en ESK.

Du elektronikaj libroj aperis anglalingve en 2016 por i.a. esperantistigi la tutan bahaanaron: *PROOF - for the lay person* kaj *From Babel to baha'i*.

Kadre de E-eventoj Paul okazigis bahaajn fakkunsidojn, paroladojn kaj aranĝojn.

Li partoprenis plurajn enlandajn kaj internaciajn E-aranĝojn kiel ekz. UK-jn en Seulo (1994), Adelajdo (1997), Ĉinio (2004); la Kvinan Pacifikan Kongreson (Ĉinio 1992), IJK-n (Rusio, 1995), 1-an Azian Kongreson de E (Ĉinio, 1996), 2-an Azian Kongreson de E (Vietnamio, 1999), IJK-n (Honkongo, 2000), 4-an Azian Kongreson de E (Nepalo, 2005), 5-an Azian Kongreson de E (Barato, 2008), 6-an Azian Kongreson de E (Mongolio, 2010), 1-an Iranan Kongreson de E (Irano, 2014), 9-an Azia-Oceanian Kongreson de E (Vietnamio, 2019).

EGGER, KARL

Karl naskiĝis en decembro de 1934 en Aŭstrio. Lia metio estas brikmasonisto. Li lernis ĝin 4 jarojn antaŭ sia alveno al Aŭstralio kaj nur kelkajn semajnojn post la enmigro li jam povis labori uzante siajn spertojn. De la masonista laboro li emeritiĝis en 1996 aŭ 1997.

Proksimume en 1997 li aŭskultis la elsendon de Radio 3ZZZ por la aŭstra komunumo kaj aŭdis la unuan fojon pri E. Li eklernis la lingvon (liaj instruistoj estis Marcel Leereveld kaj Franciska Toubale) kaj verŝajne de 2007 li estas kunlaboranto de la esperantlingva elsendo de sama radiostacio (en Melburno).

Karl havas unu fraton kaj unu fratinon.

ELSE, NICOLE

Nicole naskiĝis en 1960 en Francio al franca patro kaj germana patrino. La patrino parolis kun ŝi germane kaj la patro france. Ŝiaj gepatroj konatiĝis per E kaj parolis kune E-n ĝis la patrino relative bone regis la francan. Ankaŭ la germanaj geavoj de Nicole estis esperantistoj.

Nicole mem lernis E-n kiel 6-jarulo en Gresillon (Francio) kie ŝia patro instruis E-n al la komencantoj. Poste ŝi havis multajn okazojn por paroli E-n kun la hejmaj gastoj kaj ĉe renkontiĝoj. Ŝia unua UK estis la londona en 1971, kiam ŝi estis nur 11-jara kaj ankoraŭ ne komencis lerni la anglan.

Kiel junulino Nicole multe vojaĝis tra Eŭropo kaj aktivis en la estraro de JEFO

(Junulara Esperantista Franca Organizo). En 1982 ŝi konatiĝis kun Cameron, juna brita esperantisto. Ili decidis kune vivi unue en Parizo, ĉar ŝi tiam studis tradukadon en pariza universitato. Dum iom da tempo ili loĝis ankaŭ en Londono, tie naskiĝis ilia unua filo Patrick. La patro de ŝia edzo jam de longe vivis en Aŭstralio kaj laŭ la deziro de Cameron ankaŭ la paro ekloĝis ĉi tie en 1988. La komuna lingvo de Nicole kaj Cameron estis ĉiam E. En 1990 naskiĝis la dua filo de Nicole, Dominic, kaj samjare la paro disiĝis.

Komence de la 90-aj jaroj ŝi ne plu estis tre aktiva esperantistino, dediĉis sin al la edukado de la filoj. Post kelkaj jaroj Nicole laboris en la E-domo de Sidnejo kiel volontulo, iom poste AEA dungis ŝin partatempe por prizorgi la libroservon (2004-2006).

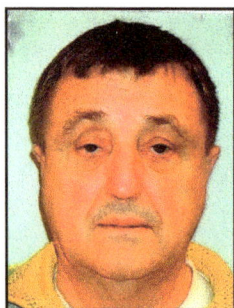

Djakarta-Paris, via Roubaix : M. Sunardo, visiteur de marque des Espérantistes du Nord

En 2006 okazis 6-monata kurso por fariĝi instruisto de fremdaj lingvoj en la universitato de NSK en Sidnejo. Helpe de stipendio de E-Federacio de NSK Nicole partoprenis la kurson kaj iĝis unu el la nur du personoj en Aŭstralio, kiuj havas universitatan diplomon kiu mencias specife E-n (LOTE certificate – lingvo alia ol la angla). Tiu kurso estis por diversaj fremdaj lingvoj, inkluzive de E. Daniel Kane instruis la parton kiu rilatas al E kaj aliaj instruistoj instruis pli ĝenerale pri lingvo-instruado.

De 2008 Nicole estas estrarano de la E-Federacio de NSK. Dum longa tempo ŝi provlegis la novaĵleteron de Roger Springer kaj daŭre provlegadas Telopeo-n, la novaĵletero de la E-Federacio de NSK. Ŝi ŝatas traduki infanrakontojn kaj kunlaboras kun la ne-esperantista organizo BookBox, kiu publikigas E-rakontojn sur Jutubo (tiel jam aperis 17 esperantigitaj fabeloj). Krome ŝi ŝatas verki artikolojn, krei filmetojn, kolektas librojn kaj ludilojn, lernas lingvojn, ekz. la ĉinan.

En 2005 Nicole verkis libron por infanoj kun titolo *Mummy, why can't we all speak the same language?*. Ĝia dua eldono aperis en 2006, la tria, kun nova titolo: *Foreign languages, what they don't often tell you*, estis eldonita en 2009. Kompreneble parto de la libro temas pri E (la 1-an kaj la 2-an eldonis AEA, la 3-an Nicole.)

Ŝi partoprenis 7 UK-jn kaj multajn diversajn E-renkontiĝojn. Nicole uzas E-n ĉiun tagon, ĉar ŝi interŝanĝas mesaĝojn kun diversaj esperantistoj kaj multe legas en E en la reto.

FARKAS, LASZLO

Laszlo aŭ Les (en Aŭstralio) naskiĝis la 6-an de majo 1942 en Gyöngyös (Hungario). Lia sola frato ankoraŭ vivas tie, dum Les elmigris al Aŭstralio. En Hungario li finis mezgradajn studojn en tiel nomata "gimnazio", en Aŭstralio li studis flegadon kaj laboris en sia fako dum proksimume 25 jaroj ĝis sia emeritiĝo.

Eĉ se li aŭdis pri E ankoraŭ junaĝe, li eklernis ĝin nur dum la somerkursaro en Melburno (1998). Poste partoprenis pliajn kursarojn en Melburno, Brisbano kaj Adelajdo. Li membras krom en E-Federacio de VK ankaŭ en AEA kaj SAT (Sennacieca Asocio Tutmonda).

De pluraj jaroj li laboras en la redakcio de la E-elsendo de Radio 3ZZZ en Melburno, nuntempe li havas la funkcion de vic-kunvokanto. Malgraŭ ke li dependas de dializo (de 2010), Les preskaŭ ĉiusemajne venadas al la radio-studio.

Li tre ŝatas muzikon, precipe la klasikan kaj la dixiland-stilan.

FELBY, ROBERT

Robert Felby nakiĝis la 11-an de julio 1932 en la ĉefurbo de Danio: Kopenhago.

Li estis lernanto plejparte en la malfacilaj militaj jaroj (1939-1945) kaj eklaboris jam kiel 14-jara, unue en porcelanfabriko. Poste li estis ŝipkonstruisto, bakisto, hospitala laboristo, kokin-bredisto kaj multo alia en dudeko da diversaj laborlokoj ne nur en sia hejmlando, sed ankaŭ en Anglio kaj Aŭstralio. Pleje li ŝatis la noktogardistan postenon (1962-1974, Danio). Pro sia pacamo kaj rifuzo militservi li pasigis 22 monatojn dum la jarojn 1954-1956 en punlaborejo "Gribskov".

En 1974 Bob venis kun siaj edzino Audrey (1935-2012, esperantistino) kaj tri infanoj en Aŭstralio. Nun li havas 5 genepojn.

AEA honoris Bob per titolo "Fratulo de Esperanto".

Krom la gepatra dana kaj E li parolas angle kaj interkompreniĝas ankaŭ norvege, svede kaj germane.

Li eklernis E-n en 1951 unue el *Esperanto for ungdommen* de L. Friis. Poste kun la helpo de instruistino el Jutlando, s-ino Graule, iom pli per koresponda kurso kaj en vesperlernejo.

Li partoprenis kelkajn somerkursarojn en Helsinoro (Danio), kelkajn danajn kongresojn, Dan-Svedan E-tagon, kelkajn ekskursojn al Svedio, UK-jn en Kopenhago (1956), Tampereo (1995) kaj en Adelajdo (1997). Li ĉeestis multajn aŭstraliajn kongresojn kaj somerkursarojn kaj preskaŭ ĉiujn kunvenojn aranĝitaj de "Esperanto en Sudaŭstralio".

Dum 1967-1968 li estis prezidanto de la Frederikssunda E-klubo kaj samtempe redaktis ĝian membrogazeton Frederikssundaj Frenezaĵoj (Danio). En Adelajdo li tre baldaŭ post sia alveno organizis ĉiusemajnan kunvejon por la esperantistoj, ofte instruis novajn interesiĝantojn. Li estis sekretario, poste vicprezidanto, bibliotekisto (la libroj estis en lia hejma laborĉambro), fondinto kaj redaktanto de monata bulteno *Tamen Plu* (finis per la 31-a jarkolekto en 2012). Li helpis prepari multajn dan-svedajn E-tagojn, ekskursojn, marŝojn, zamenhoffestojn, plurajn somerkursarojn kaj kongresojn adelajdajn.

Bob kontribuadis per artikoloj kaj rakontoj al *Tamen Plu*, *Esperanto sub la Suda Kruco* kaj kelkaj liaj rakontoj aperis ankaŭ en *Monato*.

En 2005 AEA eldonis lian aŭtobiografion *Malgrava historio pri mia vivo*.

En la vivo de Bob tre gravas muziko. Kiel 14-jara li jam ludis en mandolinorkestro en Kopenhago. Krom mandolinon li ludas ankaŭ gitaron kaj balalajkon. Dum multegaj E-kunvenoj li akompanadis la komunan kantadon per ludado sur iu el siaj muzik-instrumentoj.

Bob estas konata vegetarano kaj best-amanto.

FURNESS, MARGARET

Margaret Elyena Furness naskiĝis proksime al Adelajdo la 16-an de septembro 1951, la dua de kvar infanoj de siaj gepatroj. Ŝia patro Eric unue estis aviadilisto, kaj poste iĝis obstetrikisto. Ŝia plej aĝa fratino Rosemary Lloyd iĝis eminenta profesoro pri franclingva literaturo.

Margaret diplomiĝis en la medicina fako de la Universitato de Adelajdo en 1974 (MB, BS) kaj poste ricevis plian diplomon (Dip Obs RANZCOG). En 1981 ŝi iĝis radiologo (FRANZ, Fellow of the Royal Australian & NZ College of Radiologists) kaj pli specializiĝis pri ultrason-diagnozado (DDU) en 1984.

Ŝi laboris unue en la Flinders Medical Centre, post tio kiel direktoro de la radiologia fako de la Hospitalo Queen Victoria (1984-1995), kaj fine en la Hospitalo por Virinoj kaj Infanoj kiel ĉefo de la Perinatal imaging (1995-2004) – ĉiuj en Adelajdo. En 2004, por protesti kontraŭ la velkado de la publikaj hospitaloj, ŝi fruemeritiĝis. Pri sia laboro Margaret publikigis plurajn fakajn artikolojn, troveblajn en diversaj anglalingvaj sciencaj ĵurnaloj.

Margaret unuafoje esperantistiĝis 16-jara lernante memstare el la lernolibro *Teach Yourself Esperanto*, kaj tiam ricevis Elementan Diplomon. Ŝi ĉeestis somerstaĝojn en Habère-Poche (Francio), Grésillon (Francio), kaj San Francisco (Usono), kaj E-junul-renkontiĝon en Belgio. Ŝi plurfoje preskaŭ kabeis, sed fine revenis al la sudaŭstralia klubo post somerlernejo, instruita de Trevor Steele (verŝajne en 1986).

En 1992-1996 kaj 2005 Margaret helpis prepari la adelajdajn E-somerlernejojn kaj krome gastigadis la invititajn eksterlandajn instruistojn. Tiutempe ŝi partoprenis unu AEA-kongreson en Melburno. Dum 1992-1995 ŝi prezidis la lokan E-klubon. Ŝi laboris en la Loka Kongresa Komitato de la adelajda UK (1997). Krom la adelajda ŝi ĉeestis UK-jn en Vieno (1992), Valencio (1993), kaj Vilno (2005).

Margaret prelegis okaze de Kongresaj Universitatoj; en Valencio pri Prifeta Ultrasondiagnozado, kaj en Adelajdo pri Mediaj problemoj en Aŭstralio.

Ŝi estas dumviva membro de UEA, sed antaŭ iom da jaroj, pro malplia E-aktiveco, donacis siajn E-ĵurnalojn al klubo en Afriko.

Margaret verkis diversajn mallongajn artikolojn por *Tamen Plu*, *ESK*, *Monato* (1996), *Eurokka Rok-gazeto* (1997 aŭ 1998). Ŝiaj laboroj por la UK en Adelajdo (1997) inkluzivis vidbendon *Al Sud-Aŭstralio*, "patrinecon" de kompakta disko kun aŭstraliaj kantoj en E: *Unu Voĉo*, kaj de infanlibreto *Bib la Koalido* (tradukita de Gaye Phillips kaj Kay Anderson). Margaret organizis la esperantigon de la klasika aŭstralia filmo *Ŝtormido*. Ŝi mem pagis la rilatantajn elspezojn kiel la koston de la rajto projekcii la filmon kaj la kopiadon.

Aliaj ŝiaj interesoj estas vojaĝado, ĝardenumado kaj fotado. En 2011-2012 ŝi redaktis la ĵurnalon de heredaĵ-rozoj en Aŭstralio.

GALLAGHER, JOHN

John Gallagher (la familia nomo en la gaela lingvo signifas "amiko de fremdulo") naskiĝis en Lancaster (Britio) la 26-an de februaro 1964. Li havas du pli aĝajn duonfratojn. La familio elmigris al Aŭstralio en 1965.

Lia labora kaj vojaĝa historio estas iom malkovenciaj: li estis pleniganto de kapkusenoj en Amsterdamo, ŝarkbuĉanto en la Granda Barierrifo, stratportretisto en diversaj landoj de Eŭropo. Li iĝis komerca pentristo dum siaj tri jaroj en la greka insulo Kreto kaj en Anglio, poste poŝtisto en Anglio kaj en Aŭstralio.

Li renkontis sian postan edzinon Lesley - "Lenjo" en sia kafejo en Townsville, ilia filino Jasmino naskiĝis en Perto (1994). E-n li renkontis kiam li komencis studojn por fariĝi mezlerneja instruisto (1997, Adelajdo, fako socio kaj medio) kaj eklernis ĝin en 10-semajna vespera E-kurso antaŭ la tiea UK. La instruisto de la kurso, Paul Desailly, petis John venturigi lin al la kursloko kaj John surpriziĝis, kiel facila estis la lernado. Lia signopentrista sperto subtenis la UK-n per pli ol 30 standardoj laŭ la ĉefstrato de Adelajdo. Poste li ĉeestis la sidnejan kaj melburnan somerajn kursojn (verŝajne en 1998 aŭ 2000) kaj faris la meznivelan lingvan ekzamenon.

En tiu tempo li faris retpaĝon por la E-grupo en Adelajdo kaj Radio 3ZZZ intervjuis lin pri tiu agado. De 2000 ĝis nun li havas la rolon de landa organizanto de Pasporta servo de UEA. Li translokiĝis al bienieto en TAS en 2000 kaj dum dek jaroj laboris kiel anstataŭa instruisto en 28 malsamaj lernejoj. E-o estis ege utila ilo kaj helpis lin en tiu rolo.

Ĉi-tempe lia plej granda defio estas transformi la familian gastej-bieneton al daŭrigebla komerca sukceso. Li tre ĝuas sian vivon tie, ĝojas ludi gitaron por vizitantoj kaj kuiri plantbazitajn manĝaĵojn kaj konservaĵojn el la loke kultivitaj legomoj kaj fruktoj.

GRADUSSOV, SHIRLEY

Shirley naskiĝis en 1927 en Busselton (OA). La rusan nomon ŝi havas de sia edzo, kun kiu ŝi havas 2 filojn kaj 1 filinon. Ŝi komencis lerni fremdajn lingvojn kiel junulino kaj komence ŝi tiom ekscitiĝis, ke ne povis dormi. Evidente ŝi havis lingvan talenton, ĉar ŝi daŭrigis la lernadon kaj poste mem iĝis mezlerneja instruistino de la germana, franca kaj angla.

Pri E ŝi aŭdis la unuan fojon dum iu lingva konferenco. Ŝi partoprenis kelkajn lecionojn de Vera Payne kaj baldaŭ ŝi daŭrigis per memlernado. Unu foje ŝi esperantumis en Eŭropo kaj en Gresillon (Francio) ŝi faris buŝan kaj skriban ekzamenojn pri E.

Shirley estis membro de Internacia Ligo de Esperanto-Instruistoj, AEA kaj E-Ligo de OA (ELOA) kaj partoprenis kelkajn AEA-kongresojn (laste la jubilean en Adelajdo, 2011). En la estraro de ELOA ŝi plenumis foje la rolon de prezidantino, alifoje vic-prezidantino. Ŝi kunorganizis kelkajn E-semajnfinojn en la ĉirkaŭaĵon de Perto, kiam oni klopodis havi interesajn programerojn kaj dume paroli nur en E. Ŝi instruis E-n en semajne 1-fojaj lecionoj plejparte al pliaĝuloj.

Shirley ŝatis legi la E-literaturon kaj mem verkis kelkajn artikolojn.

GÜLTLING (aŭ GUELTLING), VOLO

Volo naskiĝis la 30-an de decembro 1927 en Hamburgo (Germanio). Kiam li havis malfacilaĵojn trovi laboron, en 1955 li elmigris al Aŭstralio. Li ne havas gefratojn kaj neniam edziĝis.

Oni klasifikis lin kiel first class *machinist* (mekanikisto unuagrada), sed ĉi tie lia klasifiko pliboniĝis al *turner* (tornisto) kaj li povis labori en *toolroom* (ilar-ejo). Poste li laboris en desegnejo, kie li faris desegnaĵojn por pecoj, kiujn oni produktis en la laborejo. Dum la lastaj du jaroj li laboris en librovendejo kiel stokisto kaj pakisto.

Jam en la lernejo li lernis la anglan, poste la danan (pro la proksimeco de Danio kaj vizito de danaj aŭtobusoj kun danaj esperantistoj) kaj pro sia laboro jam en Aŭstralio la francan. E-n li lernis en militkaptitejo en Belgio, ĉar lia patro jam estis esperantisto.

Kiam li alvenis al Sidnejo, li tuj kontaktis s-ron Matassin, ekmembris en la loka E-klubo, kie li post multaj jaroj fariĝis vicprezidanto. Li ĝis nun restas membro de la Hamburga E-Societo.

Volo partoprenis la unuan postmilitan germanan E-kongreson kaj junularan tendaron, kie li konatiĝis kun multaj eksterlandaj esperantistoj. Li intencis vojaĝi al la SAT-kongreso en Parizo (1949), sed li devis trakti tiom da burokrataj dokumentoj, ke li nur post la kongreso povis vojaĝi. Sed la vizon por Francio li povis uzi por vojaĝi al la UK en Parizo (1950). Volo partoprenis tendaron de unu semajno en Huskvarna kaj poste la SAT-kongreson en Stokholmo (1951), kaj la UK-n en Oslo (1952). Li ĉeestis multajn aŭstraliajn kongresojn.

Nun Volo loĝas en maljunulejo en la Blua Montaro. Pro la artrito en sia maldekstra genuo li bezonas prizorgadon, sed li ankoraŭ veturigas sian aŭton kaj havas intereson pri teozofio, rabdado, lingvoj kaj sano.

Volo helpis al Ralph Harry fari la *Aŭstralian Esperanto-vortaron* (1983, dua eldono), tre utilan vortaron pri aŭstraliaj vortoj. Tamen, pri unu vorto, kiun tradukis Harry, li ĝis nun ne konsentas: "aŭso" (laŭ Volo ĝi devus esti "aŭstĉo").

HELDZINGEN, HEATHER

Heather Heldzingen (fraŭline Clarke), naskiĝis la 14-an de novembro 1948 en Melburno. Ŝi devenas el laborista familio kaj havas unu fratinon. En 1967 ŝi edziniĝis al Ivan Heldzingen, esperantisto, komputilisto kaj instruisto. Ili loĝis en Melburno (VK) kun siaj du filinoj kaj unu filo. Ŝi nun havas ses genepojn.

Dum 30 jaroj ŝi laboris kiel kontisto plejparte por advokatoj. En 1996 ŝi ekstudis psikologion ĉe Universitato Monash kaj poste ĉe Universitato Deakin. Post la diplomiĝo ŝi laboris en sia fako kaj fine estris organizon (psiko-socian), kiu helpis la suferintojn de gravaj mensmalsanoj vivi en komunumo pli bone. Ŝi emeritiĝis en 2012 por flegi sian edzon, kiu havis cerbtumoron.

Inter la hobioj de Heather estas laboro en la ĝardeno, legado kaj vojaĝado per E.

Ŝi komencis lerni E-n ĉe la Melburna E-Klubo en 1964. Ŝiaj unuaj instruistoj estis Helen Prent (Fantom), Alida Leereveld kaj Valda King. Heather estis aktiva membro en la junulara grupo de tiu klubo. En 1967 ŝi geedziĝis kun alia membro, Ivan Heldzingen, kaj ili aĉetis domon en unu el la melburnaj antaŭurboj - Boronia. La paro fondis tie la Boronian E-Klubon kaj ankaŭ instruis en ĝi E-n ĝis 1972 kiam, pro familiaj kaj studaj devigoj, la klubo fermiĝis kaj ili forlasis la movadon.

En 2003 Heather kaj ŝia edzo ree aliĝis al la Melburna E-Klubo kaj partoprenis en la Aŭstralia E-Kongreso en Redcliffe (KV). Post nelonge ambaŭ rolis en la estraroj de la Aŭstralia kaj Melburna E-Asocioj. De 2004 ĝis nun ŝi estas la kasisto de la Melburna E-Asocio kaj ekde 2010 kasisto de AEA.

Ŝi membriĝis al UEA en 2004 kaj ŝi kaj ŝia edzo partoprenis en UK-j tra la mondo: Pekino, Vilno, Florenco, Havano, Roterdamo, Kopenhago, Hanojo. Post la morto de Ivan ŝi ĉeestis la UK-jn en Rejkjaviko, Bonaero, Lillo kaj Nitro.

Ŝi kunorganizis du AEA-kongresojn en Melburno, aliajn en Kanbero, Brisbano kaj Bandung (Indonezio), krome la Zamenhofajn Festojn kaj aliajn klubaktivaĵojn en Melburno. Ŝi estis unu el la du laborantoj, kiu konvertis la libron *Lingvaj Resondoj* de Marcel Leereveld al EPUB-libro.

Ekde 2014 Heather estas membro de la teamo, kiu ĉiusemajne elsendas E-programojn de Radio 3ZZZ (Melburno). Ŝi ĉiujare vojaĝas per E aŭ al kongresoj aŭ por viziti siajn E-amikojn. Multfoje en la jaro ŝi gastigas esperantistojn ne nur el Aŭstralio, sed ankaŭ el aliaj landoj.

HORVATH, SANDOR

Sandor naskiĝis la 9-an de septembro 1952 en Budapeŝto (Hungario). Lia patrino, aktorino, estis tiam nur 18-jara kaj post unu jaro foriris de la edzo kaj fileto. Sufiĉe grandan rolon en la vivo de Sandor havis lia patra avino, de kiu li jam junaĝe aŭdis pri E kaj de kiu li ricevis sian unuan fotilon. La avino kaj la avo pro politikaj kialoj dum multaj jaroj vivis en Sovetunio. Post la 2-a mondmilito ili revenis al Hungario, tie la avo estis dum 2 jaroj ministro pri eksterlandaj aferoj.

En 1956, portante sian filon en terpomsako, la patro de Sandor fuĝis al Aŭstrio. Tie la germana iĝis la ĉiutaga lingvo de Sandor. Li iĝis aŭstra civitano en 1969 (kaj daŭre estas).

Dum 8 lernejaj jaroj li loĝis en internulejo, poste sekvis 9 monatoj en la deviga militservo.En 1972 li komencis en Graz inĝenieran kurson, sed post duona jaro forlasis ĝin. Li forvojaĝis al Vieno kaj ekstudis en la Pedagogia fakultato de Universitaet Wien matematikon kaj la rusan (1973-1979). En tiu tempo li konatiĝis kun maoismo kaj iĝis ĝia adepto (1974-1978).

Dum la sama periodo li ekkonis Doris, naskiĝintan en Aŭstralio, sed vivantan en Aŭstrio. Post 7 jaroj da geedza vivo ili decidis translokiĝi por 1 jaro al ŝia hejmlando, por ke ŝi povu reviziti la lokojn de sia infanaĝo, sed post kelkaj tieaj monatoj ili disiĝis. Sandor elektis resti en Aŭstralio. En 2-monata kurso li lernis la anglan kaj en 1-jara kurso en Adelajdo atingis diplomon pri edukado (Diploma in Education). Sekvis 5 jaroj instruante matematikon kaj la germanan al mezlernejanoj en Adelajdo kaj 1 jaro en Kanbero. Post kiam li diplomiĝis ankaŭ pri la angla (2-jara duontempa studado), li ekinstruis la lingvon en UNISA (Universitato de SA - samloke, kie li mem studis). De tiam (1991) li restis en la universitato, sed de 1997 sub la ŝildo de CELUSA (Centre for English at the UNISA). Ĉar lia laboro en la universitato ĉiam estis duontempa, de 1991 li laboris ankaŭ en la lernejo por aborigenoj – Tauondi. Li instruis tie matematikon, poste la anglan, iom da komputilado, faris tie la lernejan ĵurnalon, helpis en aliaj kursoj.

Dum unu jaro li instruis la anglan en universitato en Koreio (proksimume en 2007), kaj plurfoje al aborigenoj en Anangu-Pitjantjatjara-Yankunitjatjara-teritorio (SA). Pro tiu tasko li iomete lernis la pitjintjara lingvon (krom la hungara, germana kaj angla li parolas ankaŭ la francan).

En lia privata vivo estis signifa la nelonga rilato kun Chris, kies rezulto estas filino Petra. Krom ŝi la grava virino por Sandor iĝis lia vivkunulino Helen Palmer. Ŝi eniris lian vivon en 1986, kiam ŝi ekloĝis en la domo, kie loĝis Sandor. Temas pri domo, en kiu inter 1979 kaj 2019 vivis komunume 60 diversaj personoj, kiujn ligis ilia naturamikeco, vegetaranismo, kontraŭ-aŭtomobilismo, preteco vivi kiel familio kaj parte ankaŭ E.

Eĉ se li posedas veturig-permesilon, Sandor neniam havis propran aŭton, li multe biciklas. Siatempe li partoprenis kampanjon kontraŭ instalo de uranminejo en Aŭstralio, la polico trifoje malliberigis lin.

Eĉ se la unuaj informoj pri E venis ankoraŭ de lia avino, al sia unua kurso de la lingvo li iris nur en 1986. Pasis pliaj jaroj, poste en 1995 plia lingvolernado dum somerkursaroj en 1992 kaj 1994. La veran trarompon signifis la alproksimiĝo de la UK, okazigota en Adelajdo. Ĝi donis al Sandor motivon por serioza lernado kaj poste por helpado al la organizantoj de la evento. Li partoprenis UK-jn ankaŭ en Berlino (1999), Tel-Avivo (2000, samjare kongreson de Sennacieca Asocio Tutmonda - SAT en Moskvo), Zagrebo (2001 kun Helen, SAT-kongreson en Nagykanizsa, Hungario), Pekino (2004) kaj en Vilno (2005), Lillo (2015), Lisbono (2018). Li partoprenis ankaŭ la E-kurson en Pluezec, Francio, 3 semajnojn turismis helpe de esperantistoj en Koreio (2002). Li partoprenis multajn Aŭstraliajn somerkursarojn kaj mem estis la ĉeforganizanto de la Adelajda en 2005 kaj ĉefe de la Jubilea Kongreso de AEA en 2011. En Adelajdo li estis la ĉefa motoro de la E-ekspozicio en la Migrada Muzeo (2011) kaj estis li, kiu en E salutis la televid-spektantoj ĉe kanalo SBS en 2011, okaze de ĝia jubileo. Laŭ la ideo kaj gvidate de Sandor la sudaŭstralianoj okazigis en 2005 la 1-an vintrokursaron, kiu atingis poste 10 ripetojn.

Sandor estis la organizanto de la 1-a sudaŭstralia Lingva Festivalo – en Thebarton Senior College. Kompreneble, E estis unu el la prezentitaj lingvoj. Samloke li organizis ankaŭ la 2-an kaj 3-an Lingvajn Festivalojn (2013, 2014, 2015, 2016). Por fari la festparoladon li invitis profesoron Ghilad Zuckermann, kiun li instigadis organizi lingvan festivalon ĉe la Universitato de Adelajdo, ĝis en 2014 la universitata festivalo sukcese okazis. Sandor helpis ankaŭ tiam kaj ĉe la 2-a universitata Lingva Festivalo en 2017 ankaŭ. E ambaŭfoje estis unu el la prezentitaj lingvoj.

De 2009 li gvidas la membrojn de Esperanto en Sud-Aŭstralio aŭ kiel prezidanto aŭ vicprezidanto. De 2004 laboris kiel vicprezidanto ankaŭ en la estraro de la AEA, kiel ĝia prezidanto de 2012. Estas tiu AEA-estraro, kiu okazigis trilandajn kongresojn de AEA en Indonezio (2016 en Bandung kaj 2018 en Bekasi). Li membras ankaŭ en UEA kaj membris en SAT. Sandor esperantigis ne nur Helen, sed ankaŭ plurajn siajn parencojn, amikojn, diversajn siajn studentojn.

Memorinda restas la celebrado de lia 60-a naskiĝtago. Sandor organizis ĝin en kinejo Capri kaj partoprenis ĝin proksimume 200 liaj amikoj kaj konatoj.

JOHNS, JOANNE

Joanne (fraŭline Broxson) naskiĝis la 9-an de junio 1980 en Gosford (NSK) kiel la sola infano de siaj gepatroj. La familio translokiĝis al Port Macquarie en 1987 kaj konstruis domon ĉe hobia farmbieno en apuda urbeto.

Post la mezlernejo ŝi studis ĉe teknika kolegio kaj ricevis diplomojn de elektra inĝenierarto kaj komputiko. Ekde tiam ŝi laboris en variaj postenoj pri komputiloj kaj grafika dizajno.

En 2002 ŝi translokiĝis al Brisbano, kie ŝi renkontis sian postan edzon Peter. Ili kune translokiĝis al Melburno (2012) kaj tie ambaŭ esperantistiĝis preskaŭ samtempe fine de 2013, pere de la tiamaj rimedoj en la interreto.

Joanne ĉeestis sian unuan E-kongreson en Kanbero en 2014. En la sama jaro, ŝi kreis retejon por la Melburna E-Asocio (MEA), starigis paĝon ĉe Meetup kaj dimanĉajn kunvenojn por komencantoj, kaj iĝis kunredaktantino de *Esperanto Sub la Suda Kruco* (ĝis la fino de 2019). Pro tiu laboro ŝi ricevis la premion de AEA "Esperantistino de la jaro" (2014).

En 2015 ŝi iĝis estraranino de MEA kaj AEA, gajnis la konkurson de la Tutmonda Esperantista Junulara Organizo (TEJO) pri la emblemo de la Internacia Junulara Kongreso (IJK), sukcesis en la elementa lingva ekzameno kaj kreis kelkajn t-ĉemizojn por vendi (la plej populara diras: "Se vi povas legi ĉi tiun ĉemizon mi jam ŝatas vin"). Ŝi kaj Peter ĉeestis la 100-an UK-n en Lillo (Francio) kaj poste iris per karavano al la IJK en Wiesbaden (Germanio).

En 2016 ŝi sukcesis en la norma supera ekzameno kaj iĝis vic-prezidantino de MEA, en 2017 ĝia prezidantino.

En 2020 ŝi kaj Peter refoje translokiĝis al Brisbano. Inter ŝiaj ŝatokupoj troviĝas desegnado, fotado, legado, spektado de filmoj, kaj promenado en naturo.

KANAĈKI, SVETISLAV

Li naskiĝis kiel kvara el 6 gefratoj la 16-an de februaro 1926 en Banatsko Arandjelovo (provinco Vojvodino de tiama Reĝlando Serbio-Kroatio kaj Slovenio).

Kiel sepjara li ekfrekventis elementan lernejon kaj 13-jara eklernis metion. Li lernis esti tajloro ĉe Nikola Radin en sia naskiĝloko. Dum flagris la Dua Mondmilito Svetislav finis sian metilernadon kaj en januaro 1943 iĝis pagata tajloro-helpanto. Post kelkaj monatoj li foriris al urbo Boĉar labori ĉe la tiea tajloro Istvan Nemeth.

Sian 18-an naskiĝtagon li ricevis mesaĝon de sia patro, ke li devas reveni hemen kaj prezenti sin en militpolicejo. Oni sendis lin kun aliaj samaĝuloj al vilaĝo apud Rumanio: Nakovo. Ili restis ĉe familioj, de kie la viroj estis batalantaj en la fronto. En septembro 1944 la fronto atingis la regionon kaj en la venonta monato Svetislav ricevis ordonon prezenti sin kiel tajloro en milit-laborejo kaj tie fliki uniformojn de la mortintaj soldatoj. Traŝiritaj vestaĵoj kun sekiĝinta sango pensigis lin pri tiuj, kiuj iam surhavis ilin - ies patroj, fratoj, amikoj aŭ malamikoj.

La 27-an de junio 1946 Svetislav diplomiĝis kiel memstara metiisto-tajloro kaj fondis propran firmaon kun nomo Svetislav Kanaĉki Tajloro por Viroj kaj Virinoj.

Dek jarojn poste, la 10-an de junio 1956 li vojaĝis kun turisma grupo al Parizo dirante, ke li volas vidi la modon. Sed anstataŭ reveni li anoncis sin ĉe franca policejo kiel rifuĝinto. Li postlasis edzinon kaj 2-jaran filinon Gordana, kiuj estis multe ĝenataj de la hejma polico, sed komence de 1958 sukcesis aldoniĝi al Svetislav en Parizo. Tiel estis plenumita la postulo por ricevi aŭstralian vizon: havi kompletan familion. Unue ili vojaĝis al Ĝenovo (Italio) kaj de tie per ŝipo "Romo" al Aŭstralio.

Ili atingis Melburnon la 21-an de februaro 1959 kaj nur 2 tagojn poste Svetislav eklaboris ĉe firmao StilRex Holl. Kiam tiu post 10 jaroj bankrotis, li dungiĝis ĉe fimao Virinaj vestaĵoj Edo de Kalifornio. Sekvis kelkaj aliaj laborlokoj, la lasta estis firmao LUTONI, kie en 1971 Svetislav akcidente falis de ŝtuparo. Li suferis rompiĝon de spin-vertebroj kaj ne plu povis labori.

Estis 1955 kiam Svetislav renkontis E-n. Unu lia kliento en la tajlorejo menciis ĝin kaj korespondadon en la internacia lingvo. Svetislav pridemandis lin pri la afero kaj aliĝis al la baldaŭa kurso de E, sed li havis tro da laboro kaj ne povis perdi sian tempon lernante ligvon.

En 1974 li ekmemoris pri E en Parizo. Unu persono aligis lin al UEA kaj li ricevis la Jarlibron, kiu enhavis adresojn de esperantistoj-delegitoj kaj funkciuloj. Sub "Aŭstralio" li trovis la nomon de Marcel Leereveld, sed tiu loĝis en TAS. Tra Herbert Koppel kaj s-ino Plink li ricevis libron kun nomo Kenneth Linton, kiun li la saman tagon vizitis en lia hejmo. La sekvantan lundon li jam estis en la melburna klubo en Richmond. Kun manko de la scipovo de la angla li ne povis partopreni kurson de E, sed regule venadis al la klubo, aŭskultis, membriĝis kaj amikiĝinte kun Herbert Koppel ekaktivis.

En 1976 post la Unua Pacifika Kongreso (januaro) oni elektis Svetislav prezidanto de la Melburna E-Societo. Li restis en tiu funkcio dum 5 jaroj. Li membriĝis al UEA kiel dumviva membro kaj en 1979 fariĝis UEA-delegito por VK.

En 1990 li organizis AEA-kongreson en Melburno.

En 1987 li eksciis pri la fondo de nova radio-stacio, Radio 3ZZZ. De 1988 Svetislav laboris por havi tie esperantlingvan radio-programon. La granda tago estis la 26-a de junio 1989. Tiam okazis la unua elsendo de esperanta radio-programo ĉe la melburna etna komunuma radio 3ZZZ ĉe ondoj 92.3 FM (www.3zzz.com.au). Unue ĝi daŭris 15 minutojn, poste 30 kaj de 1995 unu horon. Ĝi regule elsendadas siajn semajnajn programojn ĝis nun, sed de 2006 sen Svetislav, kiu pro sanproblemoj transdonis siajn taskojn al aliaj esperantistoj.

En septembro 1994 la elsenda grupo atingis tutlandan persatelitan elsendon pere de la sistemo COMRADSAT. La esperantlingva dissendado daŭris ĝis majo 2003. La elsendo ricevis de 3ZZZ kvar diplomojn.

UEA, kies dumviva membro li estas, premiis Svetislav per Diplomo pro elstara agado por la internacia lingvo Esperanto (2009). En 2015 UEA dankis lin pro fidela kaj seninterrompa individua membreco de pli ol 40 jaroj.

LEE, KAM

Kam Stanley Lee naskiĝis en Honkongo (Ĉinio) la 13-an de novembro 1958 al ĉinaj gepatroj.

Li studis ĉe Universitato de Tasmanio kaj akiris diplomon pri kemio kaj biokemio.

Ĉe Universitato Latrobe en Melburno li akiris gradon MSc (magistro de scienco) en kemio.

Dum kelkaj jaroj li laboris en fromaĝprodukta fabriko.

Kam ŝatas muzikon, ŝakon, futbalon kaj ludas violonon.

E-n li ekstudis dum siaj mezlernejaj jaroj.

Li estis administra direktoro de AEA (2010-2014) kaj grafika redaktanto de *Esperanto sub la Suda Kruco* (ESK) dum 2012-2014. Dum 2010-2013 li rekonstruis kaj prizorgis la AEA-retejon. Li estas dumviva membro de AEA.

Dum la E-aranĝoj li ofte prezentas memverkitajn teatraĵetojn kaj fotas. En *ESK* aperis pluraj liaj artikoloj kaj fotoj.

LEEREVELD MARCEL

Kun sia edzino Alida

Marcel naskiĝis en la jaro de la morto de Zamenhof, 1917, en la nederlanda Amsterdamo. Ĉar la gepatroj estis operamantoj, kaj ĉar lia patro estis artisto, Marcel, same kiel Marcel Marceau, ricevis la en Nederlando tiutempe tute ne uzatan nomon de la pentristo en La Bohème. La gepatroj kaj li loĝis en malkara subtegmentejo ĉe la kanaloj en la centro de la urbo, tiel rigardante la en Holando faman Westertoren, de la Okcidenta Preĝejo. En la jaro post lia naskiĝo, dum la granda influenzoepidemio, lia patrino estus mortinta se nediplomita kuracisto, forte laborante, ne savintus ŝin.

Ĉar la patro estis adepto de la franca filozofo Jean-Jacques Rousseau, li ne sendis la knabon al lernejo, ĝis en lia aĝo de naŭ la registaro devigis lin. Cetere la patro ne estis kapabla instrui lin kaj li do perdis la unuajn tri jarojn de lernejumado. Laŭ posta profesoro lia tio tute ne efikis sur lin kaj jam en la sesa lernejojaro li elstaris pri "lingvismo".

Dum Marcel ankoraŭ estis en mezlernejo, lia avo vizitis ĉiujn gefilojn kaj genepojn, ordonante ke ili lernu E-n per la radiolecionoj de s-ro Heilker en la katolika radiostacio. Dekono da ili obeis lin, sed post kelkaj monatoj la plejparto perdis interesiĝon kaj maldaŭrigis. Nur Marcel kaj liaj patro kaj fratino daŭrigis la studadon. En 1934 li membriĝis en unu el la 18 amsterdamaj kluboj de la nederlanda Laborista E-Asocio. La sekvantan jaron, post sukcesa trapaso de sia unua ekzameno en la lingvo, li biciklis al Parizo por tie partopreni en la kongreso de Sennacieca Asocio Tutmonda (SAT), kiu kongreso estis la lasta vizitata de Lanti, la iniciantinto kaj de SAT kaj de *Plena Ilustrita Vortaro*. Pro amiko Johann Appell, la konata marksisto de Hamburgo, kiu vizitis en 1920 Leninon, por ŝanĝi ties politikon, Marcel samtempe aniĝis al la Karl-Marksa kontraŭ-Lenina Spartacus-Ligo, kaj dum pluraj jaroj antaŭ kaj post la milito redaktis ĝian E-gazeton Klasbatalo. En 1936 Marcel dum kvin monatoj perbicikle ĉirkaŭvojaĝis tra Francio, preskaŭ ĉiun nokton gastigate ĉe membroj de SAT kaj aliaj esperantistoj. Dum tiuj kvin monatoj li vizitis kaj paroladis en multaj E-kluboj kaj renkontis tie kaj en kongresoj plurajn konatajn kaj multajn nekonatajn esperantistojn, i.a. Gaston Waringhien, kaj en Liono Lydia, unu el la filinoj de Zamenhof. Lydia tiutempe loĝis ĉe d-ro Borel, direktoro de la Liona radio-stacio.

Antaŭ kaj post la milito Marcel vizitis plurajn E-kongresojn de SAT kaj de la nederlanda Laborista E-Asocio, kaj poste, el Aŭstralio, kelkajn UEA-kongresojn, plurfoje partoprenante en la programo. Intertempe li sukcesis en la plej alta de la Akademio sankciitaj ekzamenoj, kaj li trapasis ekzamenojn, krom la nederlandan, ankaŭ en la lingvoj franca, germana, angla, itala, hispana kaj lernis la danan, malnovgrekan, kaj indonezian lingvojn kaj latinon. Dum kvin jaroj li laboris kiel tradukisto en la nacia banko de Nederlando. Sed en 1952 li kun sia esperantista edzino kaj iliaj du infanoj elmigris el Nederlando al Aŭstralio, invititaj de la Melburna E-Klubo. Post kelkaj monatoj da ĉiaspecaj manlaboroj li eniris en Geelong College por instrui tie la francan lingvon dum du jaroj. Post tio li akceptiĝis ĉe la kvakera lernejo en Hobarto kiel instruisto de la franca kaj germana lingvoj, kaj poste sukcesis enkonduki E-n kiel devigan lernfakon en la sepa kaj oka klasoj. Intertempe li estis stariginta la Hobartan E-Klubon kaj poste sukcesis, kun la helpo de Ralph Harry, enkonduki E-n kiel fakon por akceptati kiel studistoj en la universitaton. Li por tio verkis la studprogramon kaj ekzemplan ekzamenon.

Pro kverelo kun la direktoro de la kvakera lernejo Marcel forlasis, post kvin jaroj, tiun lernejon kaj akceptis postenon de ĉefinstruisto de lingvoj en Caulfield Grammar School en Melburno. Li tie instruis la germanan kaj reenkondukis la francan kaj latinon, poste enkondukis la hispanan kiel devigan en la elementa lernejo, kaj post tio enkondukis E-n. Li restis tie ĝis sia emeritiĝo en 1981. Dum la 1970-aj jaroj kaj longe poste li kun la edzino vojaĝis dum lernejaj feriadoj (en Aŭstralio tri fojojn jare) tra la tuta mondo, ofte vizitante esperantistojn kaj E-klubojn. En multaj landoj ili vojaĝis du-aŭ trifoje aŭ eĉ pli; en Indonezio dekdufoje. Ili estis membroj de la Pasporta Servo kaj tiel gastigis konatajn samideanojn. Li krome, sur du akreoj, prizorgis la ĝardenon kaj ĉevalon. Marcel estis membro de Oxfam (karitata organizaĵo), de Greenpeace, de Amnesty International, kaj dum kelka tempo de la Laborista Partio. En la kadro de AEA li estis tre aktiva, plurfoje vicprezidanto kaj dufoje prezidanto, kaj ĉefis la Ekzamenkomitaton dum multaj jaroj, enkondukante tri novajn ekzamenojn , la bazan, la mezan, kaj la altan. Por tiuj li verkis libretojn kun gramatikaj konsiloj kaj kun vortlistoj kaj kun ekzamenekzemploj. Tiuj novaj ekzamenoj estis tre popularaj, kaj okazigataj i.a. en ĉiuj somerkursaroj. Li instruis en multaj somerkursaroj, komencante en 1993 en Adelajdo, kaj organizis kelkajn, inter aliaj li tute sole sukcese organizis la kongreson kaj somerlernejon en la jaro 2007 en Hobarto. Li ankaŭ mem organizis plurajn ne-Esperantajn somerlernejojn de po pli ol mil lernantoj kun trideko da instruistoj.

En la jaro 2007 la tiama estraro de AEA eksigis lin kaj aliajn kiuj malsamopiniis pri la ŝanĝo de asocio al kompanio kaj pri la uzado de la mono de AEA . Nur antaŭ kelkaj jaroj AEA denove iĝis asocio kaj la elĵetitoj reaniĝis al ĝi. Intertempe Marcel finis sian tricentpaĝan libron pri la tuta gramatiko de E, *Lingvaj Resondoj*, nun haveblan ankaŭ elektronike.

Krom amanto de siaj postvenantuloj kaj de E Marcel estas amanto de operoj kaj vidis centon da ili. Li tre interesiĝas pri aliaj artoj kaj multe vizitadis kaj vizitadas pentristajn ekspoziciojn en- kaj eksterlandajn.

LINNANE, BRENDAN

Kun sia edzino Carol

La antaŭuloj de Brendan estis Irlandanoj, sed la estonta patro de Brendan devis serĉi laboron aliloke. Li iris al Anglio same kiel lia estonta patrino, flegistino. Ili geedziĝis en 1943. Post unu jaro ili ekhavis filinon, la 8-an de aŭgusto 1948 naskiĝis Brendan.

En 1950 la familio migris al Aŭstralio - Adelajdo en la espero, ke en la varma klimato estos por la patro-konstruisto multe da laboro.

El la 12 lernejaj jaroj gravis por Brendan la lecionoj de la latina kaj de la franca, poste utilaj ĉe la lernado de E. Li elektis la profesion de instruisto, pro kio la registaro finance subtenis liajn postajn studojn, sed postulis, ke li laboru kiel instruisto almenaŭ 3 jarojn. Post 3 jaroj kaj 3 monatoj en la posteno Brendan konvinkiĝis, ke la instruisteco ne taŭgas por li kaj forlasis ĝin. En 1973 li dungiĝis kiel civilulo por la aerarmeo de usona militbazo en Germanio unue por 6 monatoj, poste por pliaj 2 jaroj.

De tie li forvojaĝis al Usono. Kun grupo da 11 aliaj samaĝuloj li per buseto travojaĝis la landon de Novjorko, Ĉikago ĝis Losanĝeleso kaj reen. Post ĉi-interesa sperto li iris al Kanado kaj dum 6 monatoj li laboris kiel farbisto de internaj muroj de domoj.

Ree en Aŭstralio dum unu jaro li laboris kiel oficisto en socia asekuro kaj en 1978 li iris al Melburno por partopreni porradiistan kurson. Restis tie 2 jarojn dum kiuj li renkontis Carol, sian nunan edzinon. Kiel radiisto li laboris en Melburno, Alice Springs, denove en Melburno, Adelajdo, Darwin kaj ree en Adelajdo. Kiam la registaro decidis nuligi la postenojn de radiistoj, Brendan laboris dum 4 jaroj ĉe Ausstudy, oficejo, kies tasko estis distribui la ŝtatan subten-monon al studentoj. Unu el liaj postenoj estis kasisto. Kiel kasisto li havis malgrandan oficejon kaj kiam ne estis tro da laboro, li aŭskultadis la radion. Iun tagon en 1993 li aŭdis tie elsendon de stacio 5EBI, kie Bill Menary kaj Kep Enderby parolis pri E. Por Brendan estis surprizo, ke tiu lingvo ankoraŭ ekzistas. Li iris al la anoncita prelego en la Universitato de Adelajdo kaj decidis lerni la lingvon. En la biblioteko li pruntis la unusolan tiean E-libron *Teach Yourself Esperanto* ekstudis la lingvon kaj baldaŭ eniris la movadon.

Li partoprenis la adelajdan UK-on en 1997, kaj parte ĉeestis somerkursarojn en Adelajdo, Melburno kaj Hobarto. Li instruis E-n dum adelajda vintrokursaro en 2013. Dum certa tempo li gvidis la legogrupon en Adelajdo. Verkis broŝureton Esperanto sen neologismoj.

La lingvoj ĝenerale interesas Brendan, krom la angla kaj E li parolas france kaj germane kaj iomete lernis la ĉinan, araban kaj polan.

Ĝis sia emeritiĝo Brendan laboris por la ministerio de transportado. Li enkomputiligis raportojn pri trafikakcidentoj kaj lokigis la akcidentojn sur la elektronikajn mapojn.

Ankaŭ la edzino de Brendan, Carol, lernis E-n kaj akompanadas sian edzon al E-aranĝoj (ekz. UK en Slovakio, 2016). Brendan kaj Carol havas du filojn kaj unu filinon. Por estis proksimaj al sia sola nepino, la paro pasigis en la lastaj jaroj plurajn monatojn en Anglio, sed fine de 2019 revenis al Adelajdo.

LUŜNIKOV, DMITRIJ

Dmitrij naskiĝis la 10-an de oktobro 1971 en urbo Sarapul, respubliko Udmurtio (Rusio). Li devenas el laborista familio, havas unu fratinon. En 1997 li edziĝis kaj nun havas du gefilojn. En 2000 li kun familio transloĝiĝis al Sankt-Peterburgo. En 2009 li enmigris Aŭstralion, en 2014 iĝis aŭstralia civitano. La familio loĝas nun en Sidnejo.

Li studis en Elektronika Fakultato de Udmurtia Ŝtata Universitato en Sarapul kaj poste laboris kiel inĝeniero.

Eklernis E-n en 2008 dum la unua Somera E-Studado (SES) en Modra (Slovakio). Lia instruisto estis Stano Marĉek. Sekvis AEA-kongresoj en Sidnejo (2009, 2010), Jubilea Rusa E-kongreso en Sankt-Peterburgo (Rusio, 2010), Jubilea Kongreso de AEA en Adelajdo (2011), kongresoj en Brisbano (2012), Kanbero (2014), Melburno (2016), Trilanda kongreso en Bandung (Indonezio, 2016). En 2012 li partoprenis la UK-n en Hanojo (Vietnamio).

Li ekmembris en la EF NSK en 2009, de 2010 Dmitrij membras en AEA. De 2016 li estas vicprezidanto de la E-Federacio de NSK kaj de 2013 direktoro de la Lingva-Festivala Asocio.

LUTZ, MIRANDA

Kun siaj edzo Kishor kaj du filinoj

Miranda naskiĝis en 1977 en Melburno. Ŝi estas la tria el kvar infanoj de Geoff kaj Carol Lutz.

Ŝi komencis lerni E-n 16-jara. Kune kun sia patrino ŝi partoprenis la lund-vesperajn lecionojn de la Melburna E-Asocio. Iliaj instruistoj estis Errol Chick, Herbert Koppel kaj la ĵus alveninta al Aŭstralio Jennifer Bishop. Post iom da tempo eklernis E-n ankaŭ ŝia frato Andrew kaj lia filo Luke.

Miranda studis ĉe Strathmore Secondary College (finis en 1995) kaj diplomiĝis kiel bakalaŭrino de parol-patologio ĉe Universitato La Trobe en 2002. En 2006 ŝi translokiĝis al Sidnejo por studi (kun Igor Couto kaj Nicole Else) en la unua oficiale agnoskita kurso de la aŭstralia registaro por E-instruistoj ĉe aŭstralia universitato sub la gvidado de profesoro Daniel Kane. Miranda diplomiĝis kun Advanced Certificates in TESOL (Teaching English to Speakers of Other Languages – instruado de la angla al alilingvuloj) and LOTE (Languages other than English – neanglaj lingvoj) en Esperanto – Universitato de NSK (2006). Ŝi diplomiĝis kun Certificate IV in Training and Assessment ĉe North Melbourne Institute of TAFE (Technical and Further Education) en 2008 kaj atingis magistrecon pri aplikado de lingvistiko ĉe Universitato Macquarie (2009).

En 1996 Miranda partoprenis la E-kurson de la Ŝtata Universitato en San Francisko. Estis membro de la Loka Kongresa Komitato por la UK en Adelajdo en 1997 kun la respondeco pri la junularaj programoj. Ŝi aperis sur la kovrilo de la revuo Esperanto por reklami la UK-n en 1996. En 1999 Miranda vojaĝis en Ĉinio uzante plejparte E-n.

Ŝi estis estraranino de AEA (2005-2010) kaj estas ĝia dumviva membro. Iam membris en la Skolta E-Ligo, UEA, kaj estis komitatanino de UEA. En 2007 ŝi oficiale salutis la kongresanojn nome de AEA dum la UK en Jokohamo. Miranda partoprenis somerkursarojn kaj eventojn en Aŭstralio, kelkajn UK-jn kaj Internaciajn Junularajn Kongresojn, la Azian Kongreson en Bangaloro (Hindio), kaj Internacian Seminarion en Germanio (fine de 2008 – komence de 2009).

Ŝi multe vojaĝis tra la mondo. En Nepalo ŝi konatiĝis kun Kishor Shrestha kaj edziniĝis al li en 2010. Ili havas 2 filinojn, Jasmin (naskiĝis en 2013) kaj Nikita (naskiĝis en 2014). Ŝi havas postenon de specialistino pri lingvaj patologioj: ŝi helpas infanojn pri lingvaj, parolaj kaj komunikadaj problemoj.

Miranda estis unu el la unuaj membroj de du kluboj: Torquay Esperanto Kafo-Klubo kaj Melburna Esperanto-Kafo-Klubo.

MALCOLM, HUGH

Li estas supozeble la sola esperantisto en Aŭstralio, kiu esperantistiĝis pro sia posteno.

Iam en la mezo de la 1980-aj jaroj la E-Ligo de OA serĉis lokon, kie eblus deponi ĝian libro-kolekton. La tiama bibliotekisto de la tiam nova universitato Murdoch estis afabla, kolektema viro kaj ofertis sian bibliotekon. Unue la ĉef-katalogisto provis katalogi la librojn sed, malgraŭ ke li komprenis diversajn lingvojn, li ne konis E-n. Poste francino, kiu parolis almenaŭ du lingvojn, provis katalogi la librojn, sed ŝi ne ŝatis la taskon. Do, la tasko venis al Huigh. Li rapide konstatis, ke ne eblas facile katalogi librojn kiujn oni ne povas aŭ legi aŭ kompreni, do li komencis lerni E-n.

Bonŝance ĝuste dum tiuj jaroj aktivis en Perto du bonaj profesiaj instruistinoj. Lia gvidantino tra la korespond-kurseto estis Shirley Gradussov kaj poste Vera Payne.

Bedaŭrinde la ĉefo de la Murdoch-biblioteko mortis kaj la ĉef-katalogisto iĝis la nova ĉef-bibliotekisto. Li forigis la E-librojn el la universitata biblioteko. La kolekto venis al la domo de Huigh. Poste li forlasis OA-n, sed li vidis la kolekton ankoraŭ ĉe la okcident-aŭstralianoj.

Kiam li revenis al Kanbero, la esperantistaro estis dormanta. Marjorie Ellyard ankoraŭ vivis, sed ŝi havis neniun grupeton. La kolekto apartenanta al AEA restis ĉe AIIA (Aŭstralia Instituto por Internacia Aferoj) en ilia konstruaĵo en la antaŭurbo Deakin. Ĝi estis sub la manoj de studento en ANU (Aŭstralia Nacia Universitato) kiu studis por doktoriĝi kaj havis malmulte da tempo. Nova bibliotekisto de AIIA volis forigi la kolekton. Bedaŭrinde Ralph Harry jam mortis kaj neniu havas pruvon, ke li aranĝis kun konsiderinde granda pago, ke la kolekto restu en la biblioteko de AIIA daŭre. Nenia dokumento ekzistas pri la pago aŭ pri la interkonsento. Huigh negocis kun la viktorianoj, pakis kaj forsendis la kolekton al ili. Ĝi estis en deponejo tie. Finfine la Esperanto-Domo en Surry Hills, NSK, estis preta transpreni la kolekton. Post la AEA-kongreso en Melburno, kelkaj esperantistoj pakis la kolekton la duan fojon kaj sendis ĝin al Sidnejo. Post kelkaj vizitoj al Sidnejo kaj per helpo de Ian Wylless kaj Dmitri Luŝnikov, la kolekto estis surbretigita en la tiea arĥivejo.

Huigh nun vivas en Kanbero. Tie li kaj Johano Garvey renkontiĝadis ĉiusemajne por babili en la urbocentro, kelkaj aldoniĝis al ili kaj tiel komenciĝis E-grupeto. La kutima membreco nun estas ĝis sep esperantistoj.

MANLEY, TERRY

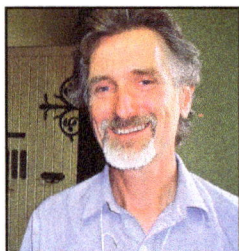

Li naskiĝis la 30- an de januaro 1951 en Sidnejo kiel meza en familio de kvin infanoj. La gepatroj estis laboristoj.

Li lernis ĉe katolikaj lernejoj en Sidnejo, poste studis inĝenieradon ĉe Universitato de NSK (diplomiĝis en 1973).

Post mallongdaŭra posteno en tiu fako Terry laboris kiel poŝtliveristo, vojlaboristo, biciklo-fabrikisto, fruktorikoltisto, ĝardenisto, domriparisto k.a. Foje instruis matematikon al unuopaj infanoj.

Inter 1975 kaj 1992 li biciklis al ĉiu el la aŭstraliaj ŝtatoj, laborante en diversaj lokoj kaj kampoj. En 1994 li edziĝis al Helen Webb, filino Elissa naskiĝis en 1996.

En Sidnejo (1994-2000) Terry laboris kiel metiisto pri ledo kaj plumoj. La familio translokiĝis (2000) al Narromine (centra NSK), kie Terry laboris kiel ĝardenisto kaj riparisto en hejmo por maljunuloj.

En 2006 li translokiĝis al Armidale (NSK) kaj laboris kiel ĝardenisto kaj riparisto ĉe Steiner-lernejo.

Terry komencis lerni E-n de Marie Mueller en Atherton (1989, norda KV). Aliaj liaj instruistoj estis John Abood (Darwin, 1990) Vera Payne kaj Shirley Gradusov (Perth, 1990), Joe Wearing (Adelaide, 1991), Marcel Leereveld kaj gesinjoroj Fallu (Melbourne, 1991), Marc LeFevre (Launceston, Tasmanio, 1991) kaj Edna Turvey (Sydney, 1992). Tiuj lecionoj okazis dum intertempaj restadoj dum lia bicikla rondvojaĝo en Aŭstralio.

Terry ĉeestis ĉiujn aŭstraliajn kongresojn-somerkursarojn inter 1992 kaj 2000 (escepte de Ipswich, 1998). Li aktivis en la sidneja grupo (1992-2000) kaj kunorganizis la somerkursaron-kongreson de AEA en Sidnejo (2000).

Dum 1994-1997 li estis prezidanto de SES (Sidneja E-Societo) en 1994 vic-prezidanto de la E-Federacio de NSK, redaktoro de *Telopeo* (gazeteto de EF NSK, 2000-2005) kaj oficisto kaj domriparisto por EF NSK (1994-2000). Li ĉeestis la UK-n en Adelajdo (1997).

Li verkis kaj mem presigis *Historio de Esperanto en Aŭstralio 1985-2005* kiel daŭrigon de *Esperanto en Aŭstralio (1905-1985) Historio de AEA* de Ray Ross. La eldonkvanto de la verko de Terry estas nekonata, ĝi ne havas ISBN).

Post la translokiĝo al kamparaj regionoj de NSK (2000) Terry estis malpli aktiva, sed tamen ĉeestis plurajn aŭstraliajn kongesojn-kursarojn (2001, 2003, 2004, 2005, 2006, 2011, 2015 kaj 2017). En 2018 li eniris la estraron de AEA. De 2019 li estas redaktanto de *Esperanto Sub la Suda Kruco*.

Krom E Terry interesiĝas pri budhismo, biciklado, promenado, tajĉio, ĝardenumado kaj naturo.

NIELSEN, MARJA

Marja Nielsen van der Nol naskiĝis kiel unu el du filinoj de Pieter van der Nol kaj Guurtje van der Nol - Wijnrox en Amsterdamo (Nederlando) la 10-an de aŭgusto 1940. La familio transloĝiĝis al Indonezio en 1950. Ili loĝis en Pekalongan (1950), en Tegal (1951 kaj 1952) kaj poste en Semarang (1952-1954), kiam la unua filino bezonis frekventi mezlernejon. Ili denove transloĝis al Surabaya en 1955, ĉar la laboro de ŝia patro tiam estis en la orienta parto de Javo.

En julio de 1956 la familio reiris al Nederlando por ferii. Post tri monatoj la gepatroj reiris al Indonezio, sed Marja kun sia fratino restis en Nederlando por frekventi mezlernejon.

En 1957 la ŝtatprezidanto Sukarno forsendis la nederlandanojn el Indonezio, sed baldaŭ li konstatis, ke li ne havas sufiĉe da indonezianoj por anstataŭi la spertulojn. Do, la patro de Marja devis resti en Indonezio, dum la patrino unue iris al Changi-tendaro (Singapore), kaj poste al Nederlando. En 1958 la patro revenis al Nederlando. Tie ne estis domo kaj laboro por la patro, kaj la tuta familio denove transloĝiĝis, tiutempe al Aŭstralio. Ili loĝis en Migrant Accommodation Centre en Woodside. La patro iris al Whyalla en novembro 1958 kaj la familio sekvis lin en januaro 1969. Marja studis en la Wattle Park Teachers College kaj en la Universitato de Adelajdo (1959-1960) kaj iĝis instruistino de elementa lernejo. En tiu fako ŝi laboris ĝis sia emeritiĝo en 1999.

En 1964 ŝi edziniĝis al Birger Vilhelm Østrup Nielsen en Kopenhago (Danio). Ŝia unua filino naskiĝis en Kopenhago, Danio. La geedzoj transloĝiĝis al Whyalla en 1965 kaj en tiu jaro naskiĝis la dua infano, filo. En 1968 la tria infano, filino, naskiĝis. Marja havas ok genepojn kaj unu pranepinon.

Kiam la patrino pakis por transloĝiĝi, Marja trovis E-poŝvortaron. Marja demandis al la patrino kio ĝi estas. Estis E-vortaro. E estas lingvo por la tuta mondo. Marja neniam forgesis ĝin.

En 2011 Marja aliĝis al la Universitato de la Tria Aĝo (U3A), al la germana grupo. En ĝi estis virino kiu parolis pri la E-lecionoj, kiun ŝi ankaŭ vizitadis. Do, fine estis oportuno por lerni pli pri E. Paul Desailly estris la E-kurson kaj Marja aliĝis al ĝi. Post tri monatoj Paul foriris sed la studentoj liaj deziris daŭrigi la studadon. En la interreto Marja trovis E-lecionojn kaj la grupo daŭrigis la studadon de E en la sekva jaro. La grupo sendadis siajn lecionojn al Paul, kiu rekomendis kiel onta instruisto Trevor Steele.

En aprilo 2014 Marja kaj Fran Mason organizis pere de U3A la unuan viziton de Trevor Steele, kiu gvidis 3-4 tagan E-kurson. La dua vizito de Trevor okazis en oktobro 2015 kaj de tiam ĉiujare unu aŭ dufoje.

En 2013, 2015, 2017 Marja partoprenis la vintran E-kurson en Adelajdo kaj en januaro 2015 ŝi partoprenis somerkursaron en Melburno.

La entuziasmo por E rapide infektis unu el ŝiaj filinoj: Birgita Carney. Tre baldaŭ ankaŭ la edzo de Birgita - Michael kaj ilia plej juna infano - Madelene, eklernis E-n en Adelajdo. De februaro 2016 lernas la lingvon ankaŭ nepino de Marja, Phoebe, kaj en aŭgusto 2017 la alia nepino, Hattie aliĝis. Ili loĝas en Kanbero kaj la avino regule lecionas al ili pere de skajpo.

Marja tre ŝatas fari poŝtkartojn, brodi kaj sebadon. En 1992 ŝi komencis partoprenadi kune kun sia edzo internaciajn marŝojn per IML - International Walking Association. Per tiu aranĝo ŝi vizitis Novzelandon, Japanion, Tajvanon, Koreion, Danion, Nederlandon, Francion, Irlandon, Kanadon, Usonon kaj Kanberon en Aŭstralio.

En Whyalla ŝi estas prezidantino de Whyalla Family History Group Inc., kaj ankaŭ faris ĝian novaĵlerteron. Kiel membro de la komitato de U3A en Whyalla ŝi reprezentas la organizon en la kunvenoj de U3A SA en Adelajdo. Ŝi tre ŝatas genealogion.

PARRIS, ESTHER

Ŝi naskiĝis en septembro 1955 en Londono, Anglio, de gepatroj el Gujano. Post diplomiĝo ĉe BTEC (Business and Technology Education Council) en komerco kaj financo, ŝi elmigris en 1988 al Perto (OA), kie ŝi laboris en la banka industrio.

En 1991 ŝi translokiĝis al Melburno, kie ŝi laboris en diversaj postenoj i.a. kiel sekretariino, asistantino, kaj projektadministrantino ene de grandaj korporacioj. Ŝi emeritiĝis de korporacia vivo en 2016.

Kiam ŝi loĝis en Londono, ŝi ekkonis fremdajn lingvojn kaj partoprenis en pluraj lingvaj kursoj, inkluzive la franca, germana, rusa, hispana, portugala, itala kaj sveda.

En 2003 dum studado por ricevi Victorian Certificate of Education (diplomo de duagrada edukado) en la ĉina lingvo (mandarena), ŝi eksciis pri E de Ivan Heldzingen, kiu konvinkis ŝin lerni E-n, ĉar la sekvan jaron la UK okazos en Pekino. Tiel ŝi komencis sian okupiĝon pri E kaj ekde tiam ŝi ĉeestis kongresojn en Italio, Argentino kaj Francio.

Ŝi estis la sekretariino de la Melburna E-Asocio dum multaj jaroj kaj ankaŭ nuntempe estas anino de la estraro de AEA. Ŝi helpis en la organizado de pluraj somerlernejoj de AEA en Aŭstralio.

Krom lingvoj ŝi havas multajn kaj diversajn interesojn. Konvinkita pri vivdaŭra lernado, en 1998 ŝi studis kaj akiris diplomon en klinika hipnoterapio. Ŝi ankaŭ studis kaj akiris diplomojn pri turismo, komunikado kaj amaskomunikiloj, komerco, medicina terminologio, AUSLAN 1 kaj 2 (signolingvo por surduloj), reiki kaj instruado de la angla kiel fremda lingvo.

Kiam ŝi loĝis en Perto, ŝi faris kelkajn paraŝutajn saltojn kaj aliĝis al la Irlandaj Teatraj Aktoroj (ITA). Kiel anino de ITA ŝi estis premiita kiel la dua plej bona aktorino en subtena rolo dum Okcidentaŭstralia Ŝtata Drama Festivalo en 1990.

Nuntempe ŝi engaĝiĝis en POW (*Performing Older Women's Circus* – cirko de pliaĝaj aktorinoj) kaj aktoris en multaj prezentaĵoj. Ŝi partoprenas en diversaj korpekzercaj klasoj inkluzive de aerial yoga, reformer Pilates, tajĝio, line dancing, latinamerika kaj afro-funk-danco kaj ĵus komencis baletajn lecionojn.

Ŝi faras ankaŭ volontulan laboron por helpi maljunulojn en du hejmoj kaj ĉe la centralo de la Ŝtata Biblioteko de VK.

PAYNE, VERA

Kun sia edzo Barrie

Vera Afriĉ naskiĝis en decembro de 1934 en la vilaĝo Brgud, ne malproksime de Opatija, en Kroatio, tiutempe regata de Italio. Ŝia patro estis vivinta dum 8 jaroj (inkluzive de tiuj de la Granda Depresio) en la Orfosejoj de OA; reveninte al Brgud en 1933 li antaŭvidis kion la kreskado de faŝismo faros en Eŭropo, do pruntoprenis monon de aŭstraliaj amikoj por ke li kaj la familieto povu vivi en relative sekura lando. Li iris antaŭen por pretigi dometon, kaj en januaro 1938 Vera (3-jara) alvenis kun sia patrino kaj frato Miro (13-jara), en Boulder. La ŝipo alportanta ilin al Fremantle estis la Ormonde.

Ili loĝis 6 jarojn apud Fimiston, kie nun estas vastega subĉiela orminejo, videbla el spaco; poste ili translokiĝis al Clancy-Strato. Vera ĉeestis Boulder Central Primary School kaj diplomiĝis el Eastern Goldfields High School. En 1953 ŝi komencis studi en la Universitato de OA en Perto kaj fariĝis licenciulo post la studado de 4-jara kurso en la fakultato Education; ŝi krome gajnis la Teacher's Higher Certificate el la Instruista Kolegio, Claremont.

Ŝi instruis gamon da studobjektoj en diversaj altlernejoj (en Bullsbrook, Pingelly, Denmark, Perth) kaj precipe la anglan kaj anglan literaturon en la pli supraj klasoj.

En januaro 1959 ŝi edziniĝis al Barrie Payne, kaj poste naskis du filinojn, Michele kaj Catherine.

La intereso pri E komenciĝis kiam ŝia patro iam opiniis al ŝi, ke tiu Internacia Lingvo estas vere bonega koncepto. Jen la komenco de "paralela vivo" por ŝi.

Vera komencis lerni E-n en 1970 per korespondaj kursoj kaj aliĝis al la E-Ligo de OA. Kiam Barrie vendis sian transport-komercon al TNT, la familio transloĝiĝis al Sidnejo kaj loĝis 2 jarojn en Cronulla. La studado de E daŭris, kaj Vera amikiĝis kun multaj samideanoj. La familio partoprenis en AEA-kongreso en Melburno en 1972.

Reveninte al Perto, oni persvadis ŝin komenci instrui, kvankam ŝi mem ankoraŭ estis komencantino. La studado progresis (ĝis la AEA-ekzameno "Alta"), kaj ankaŭ la instruado. *PEAC* (*Primary Extension and Challenge*) ebligis ŝin instrui E-n al tre kapablaj infanoj en Embleton/Morley kaj ankaŭ ĉe Deanmore en Karrinyup. En 1980 ŝi instruis plurajn lingvojn, inkluzive de E, ĉe All Saints College, Bull Creek, dum la fondiĝa jaro. Dum 1984-1986 ŝi instruis E-n ĉe WA College of Advanced Education (nun Universitato Edith Cowan).

Dum pluraj jaroj ŝi instruis E-n ankaŭ en vesperaj klasoj ĉe Perth Modern School kaj dum unu jaro ĉe Churchlands Senior High School, samtempe kaj plentempe dumtage instruante diversajn temojn en aliaj altlernejoj. Pluraj studantoj el tiuj vesperaj klasoj aliĝis al la E-Ligo de OA kaj partoprenis en AEA-aferoj.

Kiam Curtin Universitata Radio komenciĝis en Perto, ŝi disaŭdigis E-kurseton kaj informadon.

En 1983 ŝi partoprenis en la 3-semajna Somersesio ĉe la Ŝtata Universitato de San

Francisko (Claude Piron kaj Josimi Umeda instruis) kaj en 1987 ŝi mem fariĝis unu el la instruistoj tie - la unua aŭstraliano kaj la unua virino iam invitita.

Vera instruis plurfoje en aŭstraliaj somerkursaroj kaj unufoje en Nov-Zelando. Dum pluraj jaroj ŝi gvidis E-lecionojn ankaŭ en sia domo.

En 1997 ŝi respondecis kiel "kongresejestrino" dum la preparado por la 82-a UK en Adelajdo (Kep Enderby estis la prezidanto); bedaŭrinde, pro la morto de sia patrino en la sama jaro fine ŝi ne povis la kongreson partopreni. Ŝi ja ĉeestis du UK-jn: en Beogrado (1973) kaj en Bejĝingo (1986).

Ŝi estis la help-tradukantino al Profesoro Pierre Ullmann (Usono), kiu tradukis en la anglan la verkon de Ken Linton, Kanako el Kananam. Ŝi estis la provleginto por la plurjara reta E-eldonaĵo de d-ro Donald Broadribb, Mirmekobo, kaj provlegas Esperanto sub la Suda Kruco por AEA. Ŝi estas Dumviva Membro de la E-Ligo de OA, kaj Fratulo de AEA (1990).

Ŝi aktivis dum pluraj jaroj en la OA filio de Amnestio Internacia, kaj nuntempe respondecas kiel WASFR Guest Speaker Liaison – eltrovinte interesajn parolantojn por la OA Memprovizantaj Emeritoj.

Ŝi amegas legi bonan literaturon, tre ŝatis vojaĝi, kaj ankoraŭ ĝuas kuiri.

PHILLIPS, GAYE

Kun Kay Anderson

Ŝi esperantistiĝis en Brisbano (1972).

Kompilis Aŭstralio kantas sian historion. Ĝi estas grava kolekto de aŭstraliaj kantoj por esperantistoj. "Ŝi elstare organizis kantadon ĉe E-eventoj".

Ĉeestis kongreson en Katmanduo (1998). Kune kun Kay Anderson tradukis por la UK en Adelajdo porinfanan libreton Bib la Koalido.

Dum la Dua Mondmilito ŝi laboris ĉe la Land Army (Terarmeo) kaj gvidis semajne dancadon por italaj militkaptitoj. Membro de amatora grupo, kiu donis koncertojn por soldatoj.

PITNEY, STEPHEN

Stephen naskiĝis la 18-an de majo 1957. Lia edzino estas Lian kaj ili havas unu filinon (Kara) kaj unu filon (William). La familio loĝas en Hawthorn, Melburno, kie Stephen laboras kiel konstruaĵa kvalitkontrolisto.

Li aŭdis pri E unue en 1990 per radia intervuo kun Kep Enderby ĉe radio ABC. En 1992 li komencis partoprenadi la kunvenojn de la Melburna E-Societo. Inter 2000 kaj 2011 li estis kasisto de AEA.

Li partoprenis la 2-an Azian Kongreson en Ŝanhajo (verŝajne en 1995), la adelajdan UK-n (1997) kaj la somerkursarojn-kongresojn de AEA en Adelajdo (1995, 1996, 2005, 2011), Perto (2002), Melburno (2001, 2003, 2016), Tathra (2006), Hobarto (2007), Sidnejo (2008, 2009), Kanbero (2010), Redcliffe (2006) kaj Brisbano (2017).

ROLLS, KEN

Je la 20-a de aŭgusto 1936 Zadee Mary Rolls (Molly) donis vivon al sia sesa infano Kenneth John. La patro estis Albert Henry Rolls (Bert).

Kenneth - li ĉiam estis kaj estas "Kenneth" en la familio - frekventis la lokan elementan lernejon (de 1942), same kiel liaj gefratoj. Tiu lernejo konsistis el unu ĉambro, en kiu lernis infanoj en 6 niveloj. Estis nur unu instruisto por la ses klasoj, kutime instruistino. Dum 1947 la lernejo ĉesis funkcii. Ken devis iri al la internulejo en la urbo Forbes. Ĝi estis Kolegio de la "Fratuloj de Maria" (*Marist Brothers' College*) en NSK. Ĝi havis tri klasojn en la elementa lernejo, kaj kvin en la gimnazio (tiam estis nur kvin jaroj en la gimnazio). La tri klasoj en la elementa lernejo estis jaroj 4, 5 kaj 6. Ken kompletis la sesan jaron de sia elementa lernado kaj poste studis en la gimnazio dum kvin jaroj. Je la fino de 1952 li faris la ekzamenojn por lernojaro 11, kiu nomiĝis *leaving certificate* (finjara diplomo), ĉar ĝi estis la fina jaro de la gimnazio, kaj studentoj "forlasis la lernejon" je la fino de la jaro kun diplomo, ke ili sukcese trapasis la finan jaron de la gimnazio. Ken sukcese trapasis nur du temojn, kiuj estis fiziko kaj la franca lingvo.

Je la komenco de 1953 Ken ekstudis en speciala lernejo por studantoj, kiuj intencis membriĝi ĉe la Fratuloj de Maria en Macedon (VK). En 1954 Ken daŭrigis sian preparadon por la religia vivo en la monaĥinejo en Mittagong (NSK), kie li membriĝis je la 2-a de julio 1954 kun la nomo fratulo Leo Bernard. Post kelkaj monatoj fratulo Leo decidis, ke la religia vivo ne estas por li, kaj je 5-a de decembro 1954 li forlasis la monaĥejon kaj reiĝis Ken.

Komence de 1955 li iris al Kolegio de Sankta Patriko (*Saint Patrick's College*), internulejo en Sale (VK), institucio de la Fratuloj de Maria. Tie li studis la anglan, la francan, fizikon, kemion, teorian kaj aplikatan matematikon. Je la fino de la jaro li iĝis *dux* (la unua studento) en la klaso!

En la oficialaj ekzamenoj administrataj de la ŝtato li sukcesis ĉe ĉiuj ses temoj kun la plej alta grado en tri temoj. Inter 1956-1959 Ken studis ĉe la Universitato de Melburno (VK) kaj fine iĝis *bachelor of engineering* (bakalaŭro de inĝenierado). Tiam la universitato aspektis pli amika ol la reala mondo, kaj li decidis studi por iĝi magistro de inĝeniera scienco (*master of engineering science*) en ergonomio. Li komencis en januaro 1960 kaj kompletigis la 12-monatan kurson en 35 monatoj, en novembro 1962. Sed li bone ludis ŝakon! (Poste, ĉirkaŭ 1980, li ludis kontraŭ komputilo en publika loko, kaj venkis ĝin! Poste, ĉirkaŭ 2020, li ludis kontraŭ komputilo kaj detruatis - ĝi venkis lin. Komputiloj pliboniĝis; Ken, ne.)

En 1961 Ken renkontis flegistinon Janice Ann Taylor, kiun li edzinigis en 1963. Ili havis 9 infanojn.

De 1962 ĝis 1968 li laboris ĉe la Universitato de Melburno, faranta esploradon pri aŭtomobila sendanĝereco. Li studis teorion de statistikoj dum unu jaro, kaj psikologion dum du jaroj.

Dum tiu tempo Ken aŭdis pri E kaj interesiĝis. Kelkaj studentoj skribis pri tio en la universata ĵurnalo *Farrago* (Miksaĵo), kaj iu menciis Idon. Ken vizitis la magistratan bibliotekon kaj pruntprenis la libron *Teach Yourself Esperanto*. Li ekstudis la libron kaj tuj havis problemon. "Esperanto estas tute logika kaj konforma kaj ne havas esceptojn!" Kiam li malkovris, ke ĝi tamen ne estas perfekta, Ken forlasis ĝin.

En 1969 Ken eklaboris ĉe *General Motors-Holden* kaj restis tie ĝis 1994.

De 1979 lia edzino havis problemojn pri sia dorso. Ŝi mortis en 1986.

Dum ĉi tiuj jaroj Ken skribis sian pensojn en Cent Pensoj por Bona Vivo, kiujn li uzis en siaj Taglibroj.

En 1986 lia filo Timothy interesiĝis pri E. Do, Ken veturis kun Tim al la E-klasoj en Richmond, kie ambaŭ komencis lerni E-n. La instruisto estis Herbert Koppel. Tim, tamen, baldaŭ perdis intereson kaj ĉesis lerni.

En marto 1988 Ken renkontis vidvinon Christine Mary Sylvia Hubert, kiu estas eŭrazianino kaj naskiĝis en Srilanko. En decembro de la sama jaro ili geedziĝis.

En 1999 Ken verkis kaj presigis taglibron *Diary 1999* (*Taglibro*) en la angla kaj en E, enhavanta informojn pri, kaj la regulojn de E kaj 400 vortojn por la Baza Ekzameno de E. Ĝi enhavis ankaŭ 52 pensojn el la *Cent Pensoj por Bona Vivo*, unu por ĉiu semajno.

En la jaroj 2000 kaj 2006 Ken verkis kaj presigis du taglibrojn. Unu enhavis la 400 vortojn por la Baza Ekzameno ktp, simile al tiu el 1999. La dua enhavis 600 ekstrajn vortojn por la Meza Ekzameno kaj aliajn 52 pensojn el la *Cent Pensoj por Bona Vivo*.

Ken fiere diras al ĉiuj, ke sia edzino, bofilino kaj tri bofiloj - kvin personoj kiuj alvenis lian vivon kiel maturuloj - naskiĝis en kvin landoj sur kvar kontinentoj. En Aŭstralio tio ne estas problemo.

En 2018 Ken kaj Christine aĉetis pli malgrandan domon, kiu estas pli fora de la kunvenejo por la esperantistoj en Melburno, kaj do Ken ne plu partoprenas tiujn kunvenojn.

Ken diras, ke li havis bonan vivon, sed li spertis ankaŭ multajn problemojn, sur kiuj li bazis sian liston *Cent Pensoj por Bona Vivo*. Li partoprenis grupkonsilajn kunsidojn, kiam diversaj personoj diskutis siajn problemojn, kaj post tiuj li dankas sian Dion, ke li estas ĝuinta bonan vivon.

Surfote la tri medaloj maldekstre sur lia brusto estas armeaj medaloj: *Australian Defence Medal* (medalo por defendo de Aŭstralio), *Efficiency Decoration* (medalo pro efika laboro); kaj *Anniversary of National Service Medal* (jubilea medalo pro soldatservo).

La du medaloj dekstre sur lia brusto estas pro la servado al la Katolika Eklezio, en organizo *Knights of the Southern Cross* (Kavaliroj de la Suda Kruco). La aŭstralia registaro ne agnoskas ĉi tiujn, kaj pro tio oni ne rajtas porti ilin sur la maldekstra brusto.

Ken perdis unu edzinon, unu koramikinon, du el siaj filinoj kaj ambaŭ siajn filojn, ĉiujn pro memmortigo. La unua edzo de lia dua edzino estis murdita (politika murdo, ĉar li estis tamilo).

SCHMIDT, MARC

Jonathon Marc Schmidt naskiĝis la 4-an de septembro 1973 en Hornsby, antaŭurbo de Sidnejo, kaj kreskis en Normanhurst, apuda antaŭurbo. Lia patrino Jennifer naskiĝis en Sidnejo, kaj kreskis en la kamparo de NSK. Lia patro Reinhold naskiĝis en Germanio kaj enmigris Aŭstralion kiel juna viro. En Esperantio oni nomas Marc - Marko. Fojfoje li uzas la pseŭdonomon "Mevo". Li havas du fratojn, edzinon kaj unu filon.

Marc eksciis pri E kiel infano. Li avide legis la bildostrion *Tintin*. En la kolofono de *Tintin*-libroj estis longa listo de la lingvoj, en kiuj *Tintin* eldoniĝis kaj inter ili aperis ankaŭ E. Pro scivolo Marc prenis vortaron kaj lernis pri E.

Li ĉeestis lernejon en Normanhurst. En 1992 li komencis studi historion kaj literaturon en la Universitato Macquarie, en 1996 li diplomiĝis kiel altlerneja instruisto.

En 2000 eldoniĝis lia unua bildostrio en la aŭstralia gazeto *Tango*. En la sama jaro li ankaŭ vojaĝis al Sudkoreio por instrui la anglan lingvon al infanoj. Baldaŭ li eklernis E-n retpoŝte de Detlef Karthaus, sed ĉesis post kelkaj monatoj.

Ĝis 2003 li loĝis ĉefe en Koreio. En tiu jaro usona eldonisto (SLG Publishing) decidis eldoni lian unuan bildstrian libron: *Egg Story* (Rakonto de Ovoj). La libro aperis en 2004 kaj komplete forvendiĝis en la angleparolantaj landoj, precipe Usono (en kelkaj aŭstraliaj librovendejoj ankoraŭ haveblas). Poste Marc verkis du aliajn librojn por la sama eldonisto.

En 2003 li vizitis Dresdenon (Germanio) por lerni la germanan lingvon kaj tie renkontis sian estontan edzinon, japaninon Fuyuko Tahira. Ili restis tie ĝis 2005. Post tio li laboris kiel instruisto en Japanio.

Estis 2009 kiam Marko ekopiniis, ke la lernado de la angla en ne-anglaparolantaj lando ne estas justa maniero por internacia interparolado. Tial li rekomencis lerni E-n per lernu.net ĝis li atingis iometan fluecon en ĝi. Li ekverkis blogon, kiun rimarkis s-ro Yamauchi Toshirou ("Blanka Meduzo"), membro de la Kioto-Esperanto-Societo. Kiam ili du renkontiĝis, Marko la unuan fojon parolis esperante.

En la sekvanta jaro Marko vizitis la Kioto-Esperanto-Socion, kies anoj sugestis, ke li aliĝu al la pli proksima E-Societo en Hirakata (ESH). Li partoprenis la Kongreson de Esperantistoj en Kansajo (KEK) en 2011 kaj konatiĝis kun aliaj japanaj esperantistoj. En 2012 Marko kaj la anoj de ESH tradukis en E-n lian origine anglalingvan verkon kaj ESH eldonis *Rakonto de Ovoj*. Ĝi vendiĝis bone dum la KEK tiujare (ankoraŭ aĉeteblas en la UEA-libroservo).

Marko revenis al Aŭstralio en 2012 kaj membriĝis en la E-klubo de la Centra Marbordo. En 2013 revenis al Japanio por partopreni la 100-an Japanan E-Kongreson, kun Gerry Phelan de la Centra Marbordo. Postkongrese, la du tranoktis en la E-domo en Yatsugatake, apud Tokio, kun pluraj aliaj kongresanoj.

Poste sekvis la kongreso kaj kursaro en Kanbero (2014). Postkongrese li kaj lia edzino transloĝiĝis al NT por labori en lernejo en Gunbalanya. Marko aliĝis al AEA. En 2015 la paro transloĝiĝis al Timber Creek, en 2017 al Palmerston, kie naskiĝis ilia filo Albert. Marko instruis E-n ĉe la 2-a Trilanda Kongreso en Bekasi, Indonezio (2018).

Marko tre ŝatas bildstriojn, pensadon, vojaĝadon kaj bakadon.

SPRINGER, ROGER

Roger naskiĝis en 1931 en St Leonards, NSW.

Ekde sia frua infanaĝo li kredis, ke la mondo bezonas duan, komunan, kreitan lingvon por ĉiuj. En 1959 je la aĝo de 28 jaroj li eksciis pri ekzisto de E, aĉetis E-lernolibron kaj lernis la lingvon, kiun li ĉiam kredis devi ekzisti.

Ekde 1949 Roger laboris kiel mapisto por Lands Department (registara fako pri bienoj).

Liaj kvalifikoj estis Land and Engineering Survey Draftsman Certificate, Sydney Technical College (1954, inĝeniera termezurista diplomo), Sydney Technical College, kaj la Diploma of Public Administration and Management (1969, diplomo pri publika administrado kaj manaĝerado), NSW Institute of Technology.

Li estis parttempa prelegisto ĉe Sydney Technical College pri administraj proceduroj (1970-1975). Li finis sian mapistan karieron kiel ĉefmapisto de la Centra Mapa Instanco de NSK je la aĝo de 55, emeritiĝis en 1986 kaj revenis al Manlio. Li fariĝis domluanto en 1976. Uzante sian pension kaj la dumvivajn ŝparaĵojn, li aĉetis kelkajn ludomojn.

En 1948 Roger aliĝis al la Parttempa Rezerva Armeo kaj lernis ludi sakŝalmon. Li estis sakŝalmludanto ĝis 2005. Li aliĝis al la Pipe Band (flutara bando) de Manlio kaj Warringah en 1991. Tie li havis postenon de pipe major (muzikistarĉefo) kaj restis en tiu posteno dum 10 jaroj.

Inter 1945-1949 li posedis malgrandan dupersonan velboaton.

La unua edzino kaj patrino de la kvar infanoj de Roger mortis pro kancero (1985), same lia dua edzino (2002). Nun li havas trian edzinon, Mei.

Kiam Roger laboris en Bathurst (1976) li organizis en la loka universitata FM Radio kvin-minutan dulingvan programon du fojojn semajne. En ĝi unu rolanto parolis E-n kaj la dua respondis angle por ke la aŭskultantoj povu kompreni la elsendon. Tiuj programoj estis elsendataj de 1980 ĝis 1987 ĉe la Bathurst kaj Manly-Warringah FM radioelsendoj. La E-Klubo de Manlio aktive apogis tiun projekton.

Roger estis sindediĉa prezidanto de la E-Federacio de NSK dum 8 jaroj (ĝis 2016).

"*La ŝlosilo al dulingvismo*" (Esperanto Pocket Textbook) estas la produkto de 2-jara laboro (dezajna kaj produkta) de Roger, celanta propagandi E-n.

Kiam li vidis, ke necesas unuigi la E-movadon en Aŭstralio, en 2011 Roger komencis prepari kaj dissendadi retan semajnan informilon Aŭstraliaj Esperantistoj, kiu regule kaj seninterrompe aperadas ĝis nun.

STEELE, KATARINA

Katarina Steele (fraŭline Bodnárová), naskiĝis la 10-an de marto 1960 en Čierna nad Tisou en la slovaka parto de iama Ĉeĥoslovakio. Ŝi devenas el laborista familio, havas unu fraton. En 2004 ŝi edziniĝis al Trevor Steele, aŭstralia E-verkisto, instruisto, kaj venis kun li al Aŭstralio. En 2009 ŝi iĝis aŭstralia civitanino. Loĝas en Adelajdo, SA.

Ŝi studis en Pedagogia Fakultato de UPJŠ (Univerzita Pavla Jozefa Šafárika) en Prešov, Slovakio, fako: instruado en la 1-4-a klasoj de elementa lernejo (1978-1982). En 1987 ŝi doktoriĝis pri pedagogio ĉe la sama universitato. Aliaj kursoj: kurso pri turismo kaj ĉiĉeronado (1994), diplomiĝo pri gvidado de Cseh-metodaj E-lingvokursoj (Internacia E-Instituto – IEI - en Hago, Nederlando kaj Tabor, Ĉeĥio,1996); rajtigo gvidi A-gradajn Cseh-seminariojn por estontaj E-instruistoj (Hago, IEI, 1996).

Ŝi instruis en la 1-4-a klasoj de kvar slovaklingvaj bazlernejoj (inter 1982 kaj 1990) kaj en la 1-9-a klasoj de hungarlingva bazlernejo en Slovakio (1996-2002). De 2005 ŝi vivtenas sin kiel manlaboristo en flor-fabriko en Adelajdo. Ekde novembro 2018 ŝi estas deputitino en la loka magistrato de Mitcham (parto de Adelajdo).

Ŝi eklernis E-n en libertempa kurso dum la universitataj studoj (Prešov, 1980).

Ŝiaj esperantaj postenoj estis: organizantino de turismo kaj sekretariino en la sidejo de Slovakia Esperanta Asocio en Poprad (1991-1993); volontulino en la oficejo de Tutmonda Esperantista Junulara Organizo en Roterdamo (1994-1995); staĝistino ĉe Internacia E-Instituto (IEI) en Hago (1995-1996), volontulino en la Centra Oficejo de UEA en Roterdamo, Nederlando (2002-2003).

Ŝi prelegis, instruis kaj propagandis E-n en Brazilo (1996); staĝis ĉe Literatura Foiro - koop en Milano (Italio) kaj La Chaux-de-Fonds (Svislando, 1997); gvidis lingvokursojn por infanoj laŭ Mazi-filmo dum Paska Semajno Internacia en Germanio (1997, 1999, 2001, 2003); instruis E-n en elementaj lernejoj en 10-tagaj kursoj (Bangalore kaj Salem en Barato, 2004); kunorganizis someran lernejon de AEA en Adelajdo (2005), jubilean kongreson de AEA en Adelajdo (2011), ekspozicion pri la historio de E en Aŭstralio en la Migrada muzeo de Adelajdo (2011); instruis E-n dum la somerkursaro de AEA kaj Novzelanda E-Asocio en Aŭklando (2008).

De 2007 ŝi zorgas pri la arĥivo de E en Sudaŭstralio. En 2008 ŝi organizis eldonon de E-poŝtkarto kun la bildoj de aŭstraliaj E-verkistoj.

Ŝi ekmembris en la Slovakia E-Asocio en 1981, de 1994 ŝi estas dumviva membro de UEA, de 2005 membro de AEA.

Ŝi estis sekretariino de la Slovakia E-Federacio (1998-2001), komisionanino en Rondo Familia de UEA (2000-2006), de 2008 ŝi estas ĉefdelegitino de UEA por Aŭstralio.

Partoprenis 11 UK-jn de UEA.

En 2001 ŝi estis redaktorino de revuo *Esperantisto Slovaka* (de SKEF), membrino de ĝia redakta komitato en 2002. Ŝi redaktis la bultenon *Familia Esperanto* (de *Rondo Familia* de UEA, 2000-2003). Ŝiaj artikoloj kaj intervjuoj aperis inter aliaj en *La Gazeto, Internacia Pedagogia Revuo, Esperantisto Slovaka, Tejo Tutmonde, Esperanto sub la Suda Kruco*.

STEELE, TREVOR

William Trevor Steele naskiĝis la 14-an de majo 1940 kiel la unua el sep infanoj en Mareeba, vilaĝo en norda KV. Liaj gepatroj estis Herbert Steele kaj Dorothy (naskita Smallwood). Unu el liaj fratoj lernis E-n kaj lia sola filo David estas denaska parolanto de ĝi. Liaj unua edzino Edith kaj posta fianĉino Ania ambaŭ lernis la internacian lingvon. Lia dua edzino Katarina estas aktiva esperantistino.

Trevor frekventis la bazan lernejon en sia hejmvilaĝo Ravenshoe (okcidente de Cairns, 1945-1952) kaj la katolikan internulejon-gimnazion St. Augustine's College en Cairns (1953-1957). Dum 1958-1960 li studis por esti katolika pastro ĉe Pius XII Seminary en Banyo (norde de Brisbano), sed forlasis ĝin. Dum 1961 li laboris en la segejo de sia patro en Ravenshoe. Li ricevis pedagogian diplomon de Kelvin Grove Teachers' College (1962-1963, Brisbano), bakalaŭrecon de la Universitato de KV, Brisbano (1974) kaj magistran diplomon samloke (1979).

Dum sia laborvivo li agis ĉefe kiel instruisto de diversaj temoj, inter kiuj la ĉefaj estis la germana lingvo, la latina kaj historio (li emeritiĝis en 2010), sed dumtempe li estis ankaŭ masaĝisto, farbisto, taksiisto, gvidanto de kursoj de Silva Mind (teknikoj de persona evoluigo) k.a. Li laboris en pluraj landoj: Germanio, Anglio, Hispanio, Ukrainio, Estonio kaj kompreneble Aŭstralio (krom TAS en ĉiuj ĝiaj provincoj). Alia laboro, kiu estas la bazo de lia romano *Neniu ajn papilio*, estis prizorgi eksmalliberulojn en Germanio (1969 kaj 1971-72, Grossburgwedel).

Trevor eklernis E-n aŭtodidakte (Anglio, 1970) post mallonga enkonduko de instruista kolegino. Li sukcesis ĉe ĉiuj ekzamenoj de AEA (la klereca en 1982) kaj nun estas la komisiito pri ekzamenoj de AEA. Dum 2001-2010 li estis membro de la Akademio de Esperanto. Li estis instruisto de E preskaŭ seninterrompe, unue en la brisbana klubo en 1973. En 1996 li instruis la lingvon al infanoj de tri Montessori-lernejoj en Perto. Kiam li estis en Aŭstralio, li instruis ĉe ĉiu somera lernejo de AEA. De 1976 verŝajne ĝis 1980 li redaktis *Transoceana*, la organon de PAPIE (Pacifika Asocio Por Instruado de Esperanto, aperis verŝajne 16 numeroj; Trevor estis samtempe la prezidanto de PAPIE).

Eksterlande li instruis E-n en: Bydgoszcz, Pollando (tie instruis ankaŭ la germanan kaj la anglan en 1991-1992, 1997-1998, ĉe "Esperantotur"), San Francisko (USA, 1997), en Kaunas, Vilnius (Litovio, 1998, 2001), Palanga, Kaunas (1999), Honkongo (2000), diversaj lernejoj en Bengaluro kaj Salem (Barato, 2004). Du fojojn (1977 kaj 1995) li volontulis ĉe la E-komunumo "Bona Espero" en Brazilo.

Li estis prezidanto de AEA (septembro 1988 ĝis septembro 1990) kaj ĝenerala direktoro de UEA (2002 ĝis marto 2004). Ekde 2004 li vivas en Adelajdo, kie li aktive partoprenas en la E-vivo: instruas en sia hejmo, plurfoje en Whyalla (kadre de la Universitato de la Tria Aĝo) kaj dum lingvaj festivaloj en Adelajdo aŭ en Sidnejo. De 2009 prezidas la lokan klubon, gvidas lego-grupon. Kunorganizis la jubilean kongreson de AEA (2011). De 2017 li estas juĝanto de literaturaj verkoj por la Belartaj Konkursoj de UEA. De 2009 li kunlaboras kun la redaktantoj de revuo Monato. Trevor estas honora membro de AEA kaj en 2010 UEA agnoskis lian verkistan laboron per diplomo pri elstara arta agado.

Krom E li ĉiam interesiĝis pri la historio (lia magistra tezo temis pri la kolapso de la germana Vejmara Respubliko). Kiel junulo li ofte ludis kriketon, basketbalon, skvaŝon. Ĉiam li multe legis. Li piedmarŝis trans grandan parton de la aŭstralia kontinento en 1993. Forta intereso lia estas politiko, speciale ekologia politiko. En la jaroj 1986-1988 li eldonis, redaktis kaj ofte kontribuis artikolojn al bulteno *New Leaves*, kiu estis malfermita al ĉiuj kun alternativaj ideoj (kaj ĉiam aperigis artikolon pri E, eĉ kurseton; kelkaj esperantistoj diris, ke ili eksciis pri la lingvo pere de *New Leaves*). Ekde 1970 li estas membro de Amnesty International (unu el la fondaj membroj de ĝia grupo en East Anglia, Anglio). Dum la lasta jardeko li laboras kiel grupgvidanto kaj dum jaroj estis ankaŭ tradukanto en E-n por la Amikaro Bruno Gröning, kiu daŭrigas la agadon de tiu homo, kiu estis probable la plej sukcesa saniganto (per spiritaj metodoj) de la lasta jarcento.

Li partoprenis 10 UK-jn (la unua estis la viena en 1970, en Fortalezo kaj Gotenburgo kiel ĝenerala direktoro de la Centra Oficejo de UEA) kaj krom en Aŭstralio plurajn E-aranĝojn en Germanio, Katalunio, Brazilo, Estonio, Latvio, Litovio. Li faris multajn prelegojn diverslande, en 2011 plursemajnan prelegvojaĝon tra ok urboj en Francio.

E estis lia kontaktlingvo en multaj landoj, kies lingvon li komence tute ne konis. Instruado de E eĉ donis al li enspezon en kelkaj landoj. E estas por li la ilo por krei pli justan mondon sur la kampo de lingvo, unu el la plej gravaj por nia specio entute.

Verkoj en Esperanto:

Sed nur fragmento (romano), 1987, Chapeco, Fonto
Memori kaj forgesi (rakontoj), 1992, Vieno, Pro Esperanto
Apenaŭ papilioj en Bergen-Belsen (romano), 1995, Vieno, Pro Esperanto
Falantaj muroj (vojaĝrakontoj), 1997, Vieno, IEM (Internacia Esperanto-Muzeo)
Australia Felix (rakontoj), 1999, Vieno, IEM
Neniu ajn papilio (romano), 2000, Vieno, IEM
La fotoalbumo, volumo 1 (romano), 2001, Vieno, IEM
La fotoalbumo, volumo 2 (romano), 2005, Vieno, IEM
Diverskolore (vojaĝrakontoj, eseoj kaj noveloj), 2005, Sezonoj
Kaj staros tre alte (romano), 2006, Vieno, IEM
Kvazaŭ ĉio dependus de mi (romano), 2009, FEL (Flandra Esperanto-Ligo)
Flugi kun kakatuoj (romano), 2010, FEL
Paradizo ŝtelita (romano), 2012, FEL
Konvinka kamuflaĵo (aŭtobiografio), FEL, 2014
Dio ne havas eklezion (romano), 2015, FEL
Amo inter ruinoj (romano), 2016, FEL
La fotoalbumo fermiĝas (romano), 2019, FEL
Paŭlus fondinto (romano), 2020, FEL

Kontribuis al:

La maŝino kiu kriis (rakontoj), 1995, Pro Esperanto
Samideanoj (satiroj kaj humuraĵoj), 2006, Sezonoj
Vizaĝoj (novelaro 2000-2009), 2010, Eldona societo Esperanto
La arto labori kune (festlibro por Humphrey Tonkin), 2010, UEA
Serta Gratulatoria (honore al Renato Corsetti), 2016, Mondial

Verkoj en la angla (modifitaj tradukoj de liaj E-originaloj, far' Trevor mem):

Remember and Forget (rakontoj), 1995, Pro Esperanto

No Butterflies in Bergen-Belsen (romano), 1998, Minerva Press

Fatal Empires (romano), 2013, Mirador

Soaring with Cockatoos (romano), 2012, Mirador

Paradise Stolen (romano), 2012, Mirador

As Though Everything Depended On Me (romano), 2012, Mirador

The Photo Album I kaj II (romano), 2018, Mirador, nur elektronika versio

Winter 1968 (romano), 2018, Mirador, nur elektronika versio

God Has No Church (romano), 2019, BookLocker

Traduko en la franca:

Comme un vol d'oiseaux sacre's (romano), 2013, Kava-Pech (traduko de *Flugi kun kakatuoj*, far' grupo gvidata de Ginette Martin).

Traduko en la germana:

Der Flug des Kakadus (romano), 2019, Phoibus (*Flugi kun kakatuoj* tradukita de Christian Cimpa).

Tradukis en E-n (sub pseŭdonimo Mokynis):

La vivo en la nevidata mondo, 2016 (originale publikigita en la angla: *Life in the World Unseen* de Marjorie Hesford).

Liaj tradukoj el la angla en E-n aperis en:

Aŭstralia Antologio, 1988, Edistudio

Kuntradukis :

La aventuroj de Ŝerloko Holmso, 2013, Sezonoj

Multaj liaj artikoloj aperis en: *Monato, Fonto, Esperanto, La gazeto, Literatura Foiro, La kancerkliniko, Beletra almanako, Almanako Lorenz, Esperanto Sub la Suda Kruco, La Ondo de Esperanto* k.a.

Ricevitaj premioj:

Fondaĵo Grabowski (UEA) por *Sed nur fragmento* (1997),

OSIEK-premio por *Falantaj muroj* (2000),

Libro de la jaro (Literatura Foiro - Koop) – dufoje.

STEVENSON, CHARLES FERGUSON

Li naskiĝis la 21-an de majo 1935 en okcidentaŭstralia urbeto York, sed kreskis en Bayswater, ĉe la piedo de Monto Dandenong (VK) kaj studis (de 1966) en Melburno ĉe Universitato Monash. Liaj gepatroj estis oficiroj de la Savarmeo, lia patro estis la ĉefo de la socia laboro de Savarmeo epor la tuta Aŭstralio. Charles mem estas de sia junaĝo ano de "Socio de Amikoj" (kvakeroj).

E-n li renkontis pere de sia konato d-ro Fred

Williams (AEA-prezidanto en 1956-1959), kiu portis sur sia ĉemizo grandan verdan stelon. Iomete poste la junulara grupo, kies ano Charles estis, decidis lerni E-n uzante la lernolibron *Teach Yourself Esperanto* (1959).

En 1961 Charles konatiĝis kun Rex Hanney, de kiu li eksciis pri la E-klasoj, gvidataj de Len Newell en la Universitato de Adelajdo kaj mem ekfrekventis ilin.

Ĉe Universitato Monash li starigis kaj gvidis proksimume 14-membran E-grupon. Tiutempe li eĉ loĝis en la E-domo (kun sia granda amiko Ivan Heldzingen) kaj tie okazis ankaŭ multaj E-kunvenoj.

Post la reveno al Adelajdo li forlasis la movadon, koncentriĝis pri siaj instruistaj laboroj.

Li edziĝis en 1970 al Elizabeth Wilton, aŭtorino, inter aliaj de *A Ridiculous Idea* (1967) kaj *Riverboat Family*, kiuj gajnis la Junior Literary Guild Award en Usono (1969, premio por infanliteraturo). Charles laboris kiel instruisto en mezlernejo.

Charles revenis al la movado iam post 2005 kiel jam emerito.

Li ofte vojaĝas al Anglio. Tie, en 1998, li konatiĝis kun afrikaj rifuĝintoj kaj eksciis pri iliaj malfacilaĵoj. Tiu sperto inspiris lin helpi la rifuĝintojn krei novan vivon en Aŭstralio. Li dediĉas multe da tempo al vizitado de rifuĝintaj familioj, helpas ilin trovi loĝejon, orientiĝi en la burokrataĵoj ks.

Charles mem verkis pri la kvakeroj: *With Unhurried Pace. The History of Quakers in Australia* (1973), *The Millionth Snowflake, History of Quakers in South Australia* (1987), redaktis *As the Seed Grows,* kaj *Essays in Quaker Thought* (1997). Li faris la 1998 Backhouse-prelegon *Embraced by other Selves. Enriching personal nature through group interaction* (Ĉirkaŭbrakita de aliaj memoj. Pliriĉigo de la propra personeco pere de grupa interago).

Kun sia edzino Elisabeth (kiu ankaŭ lernis iom da E) li kunredaktis la kvakeran bultenon *The Australian Friend* (1989-1995).

TOUBALE, FRANCISKA

Ŝi naskiĝis kiel Marie-Françoise Lucienne Raymonde Marre la 14-an de februaro 1943 en urbo Rennes, ĉefurbo de Bretonio, en nordokcidenta Francio. Kiam ŝi eklernis E-n, ŝia instruisto, Klement Martin, esperantigis ŝian nomon al Franciska, nomo, kiun ŝi preferas uzi en Aŭstralio, ĉar ŝia veno al Aŭstralio estas ligita al ŝia vivo kiel esperantisto.

Ŝia patrino, instruistino en baza lernejo kaj talenta piano-ludantino kaj pentristino, mortis je ŝia naskiĝo, ĉar tiam antibiotikoj ne estis uzataj. Estis la avino kiu prizorgis ŝian pli aĝan fratino kaj Franciskan, ĝis ŝia patro ree edziĝis al vidvino, patrino de filo kaj du filinoj. La nova edzino poste naskis duonfratinon. Do oni ne enuis en la hejmo, kvankam la materia vivnivelo ne estis tre alta sekve de la Dua Mondmilito.

Franciska iris al multaj bazaj lernejoj de sia urbo, ĉar ŝiaj gepatroj ofte translokiĝis. Tiamaniere ŝi ĉiufoje perdis siajn amikinojn kaj ne plu povis daŭrigi siajn ŝatokupojn. Por la duagrada lernejo tio ne gravis, ĉar estis nur unu liceo en la urbo.

Je la aĝo de dek ses ŝi sukcese trapasis la konkurson kun 29 aliaj knabinoj por eniri specialan lernejon por fariĝi instruistino de baza lernejo. Je la fino de la studoj ŝiaj rezultoj ebligis al ŝi daŭrigi la studadon anstataŭ tuj eklabori.

Franciska instruis la anglan lingvon en mezlernejo kaj edziniĝis por foriri al Alĝerio en 1968. Ŝi fariĝis sinjorino Toubale kaj naskis du filinojn kaj du filojn. Ŝia edzo instruis ekonomikon en la Universitato de Alĝero. Franciska instruis la anglan, francan kaj latinan en diversaj kolegioj.

Pro la politikaj konfliktoj la familio forlasis nordan Afrikon en 1986. Franciska elektis vivi kun siaj infanoj en la domo de sia avino en Bretonio, dum ŝia edzo preferis vivi en ĉefurbo, en Parizo. Ili do disiĝis.

La avina vilaĝo de ŝia infanaĝo multe kreskis dum la jaroj de ŝia foresto. Sur la eksaj kampoj staris domaroj, kies loĝantoj konsideris Franciska pro la numer-plato de ŝia aŭtomobilo novalvenintino, fremdlandaninon. Malfacila tempo!

En tiu periodo ŝi eklernis kaj aikidon, militarton, kiun ŝi daŭre praktikas kun la rango 5-a "dan", kaj E-n (1989). Ŝia instruisto kuraĝigis ŝin tuj ĉeesti kongresojn kaj petis ŝin anstataŭi lin. Ĝuste tiam, en 1991, amiko, sindikatano, konsilis al ŝi emeritiĝi, ĉar pro la eniro de Francio en la Eŭropan Union virinoj estis perdontaj avantaĝojn donitajn al patrinoj de tri aŭ pli infanoj. Finfine ŝi sekvis la konsilon, emeritiĝis el la lerneja instruista posteno en la nacia edukado kaj komencis instrui E-n en la klubo de sia urbo. Ŝia instruisto estis en la klasĉambro por eventuale korekti la erarojn .

Ŝi trapasis la ekzamenojn de la Franca E-Instituto ĝis la nivelo "kapableco". Ŝi ofte vizitis la Kvinpetalon, la kastelon Grezillon, kaj poste la Pluezekan Renkontiĝon (E-kursaroj en Francio) por pli lerni de spertuloj kiel Georges Lagrange, André Cherpillod aŭ Katalin Kovats.

Kadre de iu kongreso de la Sennacieca Asocio Tutmonda (SAT) Franciska renkontis sian nunan kunulon, Bernie Heinze, kaj ekde 1996 vivas kun li en Melburno.

Instruado de E vojaĝigis ŝin de Rennes kaj Pluezek ĝis Hanojo, Ho Chi Minh-urbo, Katmanduo, Itahari, Christchurch, Rotorua, Makasar, Bogor, Bandung ktp. inkluzive de multaj somerkursaroj en Aŭstralio ekde la jaro 1999.

Ŝi instruis ankaŭ kadre de CAE (Council of Adult Education), kiu poste kunfandiĝis kun la Universitato de la Tria Aĝo de Melburno. Nuntempe ŝi instruas du grupojn kadre de la Universitato de la Tria Aĝo de Knox (Melburno).

Pro la translokiĝo al Melburno aldoniĝis al la malnovaj spertoj novaj: Svetislav Kanaĉki kadre de la zamenhofa festo en 1996 diris, ke li ŝatus havi pli da kunlaborantoj por la E-programo en Radio 3ZZZ ol nur Jennifer Bishop kaj Haeng-Cho Halls. Estante nova en Aŭstralio, Franciska havis malplenan horaron, do ŝi pensis, ke estus bona oportuno lerni ion novan. Haeng-Cho eksiĝis en februaro 1997 kaj Franciska estis akceptita kiel kunlaboranto de 3ZZZ. Ŝi trapasis la ekzamenojn kaj finfine anstataŭis Svetislav kiel kunvokanton de la E-grupo, kiam lia sano ne plu estis sufiĉe bona por ke li daŭrigu tiun taskon en 2006.

Samtempe ŝi fariĝis membro de la Franca Melburna Teatra Kompanio (French Melbourne Theatre) kaj regule ludis en ĝiaj spektakloj dum deko da jaroj.

Krom instruanto de la lingvo ŝi estis vic-prezidantino de AEA (2000 ĝis 2003) kaj ŝi havis diversajn postenojn en la komitato de la E-Federacio de VK, regule organizante ĉiun jaron du seminariojn, du ekskursojn kaj la zamenhofan feston.

216

Ekde sia esperantistiĝo Franciska estas SAT-ano, komence pro sia instruisto, kiu ne prezentis al ŝi alian asocion, poste pro persona konvinko.

Ŝi tradukis el la angla al E la libron *Ĉu ili diras la veron?* (2007, SAT) pri la kaptitejoj en Nordkoreio. Ŝi estas membro de la redakta skipo de la revuo de SAT: *Sennaciulo*, proksimume ekde 2009. Ŝi verkis multe da artikoloj por *Esperanto sub la Suda Kruco*, *Sennaciulo, La verda Triskelo*.

Franciska konsideras sin unu el tiuj bonŝanculoj, kies hejma lingvo estas E kaj kiu ĝuas la sanon kaj financajn rimedojn por ĉeesti diversajn E-kongreojn kaj renkonti esperantistojn individue sur iu ajn kontinento.

TURVEY, ALAN FREDERICK

Lia patrino, Edna May Turvey estis longdaŭra esperantistino. Ŝi memoris eĉ la renkontiĝojn en Manlio antaŭ ol la E-domo konstruiĝis en Redfern, Sidnejo.

Lia duonpatro, Frederick Thomas Turvey, komencis lerni E-n post telefona alvoko al E-domo en Sidnejo kie Edna deĵoris je tiu tempo, sed li estis laboronta en Koreio kiel misiisto post la tiea milito kaj ili ne renkontiĝis ĝis multe poste.

Edna mondvojaĝis per E, partoprenis kelkajn UK-jn kaj estis grava parto de la E-movado en Sidnejo. Dum laborperiodo en Novzelando Edna gravediĝis. Ŝi revenis al Aŭstralio, trovis farmbienon ĉe Lilyvale (sude de Sidnejo) por izoliĝi kaj loĝi, kaj Alan naskiĝis en Sidnejo la 30-an de novembro 1962.

Dum la infanaĝo de Alan esperantistoj ofte vizitis la hejmon ĉe bela natura loko apud la Reĝa Nacia Parko. La sola maniero por atingi la lokon estis per trajno, kiu haltis ĉe trajn-signalejo sen kajo aŭ ĉe stacio (kiu nun jam malaperis) je la alia fino de la trajntunelo, tra kiu oni devis tramarŝi. Oftaj vizitantoj estis onklo Frank Dash kaj onklino Doris Hartman (kiuj estis lernintaj E-n) kaj kuzinoj Jean kaj Carol.

En ĉirkaŭ 1966 Fred kaj Edna geedziĝis kaj havis filinon Ruth Turvey.

La familio translokiĝis al Sidnejo, ne for de la E-domo, kie Edna multe laboris. Ŝi helpis en multaj fakoj, precipe en la presado (per antikvaj presiloj), dissendado de la papera ĵurnalo Telopeo kaj ankaŭ helpante Tom Elliot pri la libroservo. Por atingi sur la ĵurnalo koloran floron de telopeo, oni presis tri foje: nigre, verde kaj ruĝe. Tiel en sia juneco Alan havis okazojn aŭdi E-n, sed ne lernis pli ol kelkajn vortojn.

Alan frekventis la ŝtatan lernejon en Darlington, poste Summer Hill, post ĝi mezgradan lernejon en Fort Street kaj la Universitaton de Sidnejo, kie li sukcese studis en la fakoj matematiko, komputilado kaj la japana lingvo. Li akiris la gradon de bakalaŭreco de scienco en 1983. Li eklaboris en la kampo de komputiloj kaj poste havis 3 kaj duonan jarojn en Japanio laborante kiel softvara inĝeniero.

Alan lernis E-n dum trajnvojaĝoj en Japanio post hazarda demando al la patrino pri ebla okupo por tiuj tedaj tempoj en la japanaj trajnoj (ĝis tiam li ĉiam lernis japanajn ideogramojn en la trajno). Kompreneble, post la lernado de E Alan pli ĝuis sian tempon en Japanio. Li ofte vojaĝis kun E-grupo de radioamatoroj, al kiuj enkondukis lin Tom Elliot, alia radioamatoro. Alan havis plenan rajton uzi voksignalon VK2MON. Poste li havis voksignalon VK2MOM parte kiel memoraĵon pri sia patrino, kiu faris radioaparatojn ĉe radiofirmao AWA (supozeble dum aŭ ĵus post la Dua Mondmilito).

Post la reveno al Aŭstralio Alan membriĝis en la E-Federacio de NSK kaj la Sidneja E-klubo (kiu havis apartajn aktivaĵojn). Terry Manley, kiu tiam estis ekesperantistiĝinta per vojaĝo ĉirkaŭ Aŭstralio, loĝis kun Alan en Sidnejo kaj instruis al li la ĉiutagan lingvaĵon. Alan trapasis la bazan kaj mezgradan E-ekzamenojn (preskaŭ samtempe lia patrino faris la klerecan!).

Li edziĝis en 1995 kun CHO Kyung-Mi kiun li renkontis en Koreio en 1993. CHO (Joanne) estis komencantino kiam ili renkontiĝis, sed rapide fariĝis kapabla esperantistino.

Alan fariĝis sekretario de AEA sub prezidento Kep Enderby, sed deĵoris nur unu jaron (1996) antaŭ la jaro de la UK en Adelajdo.

Li translokiĝis for de Sidejo al la Bluaj Montoj en tempo, kiam lia artrito estis severa kaj post iom da strebo kiel sendependa programisto okupiĝis pri siaj du infanoj. Denove li vizitis Japanion por revidi siajn esperantistajn amikojn. Pro la artrito li ĉesis la komputilan laboron kaj, post kelkaj jaroj, komencis novan karieron kiel klinika hipnoterapiisto.

En 2009, en disputplena periodo de esperantistoj en AEA kaj NSK, li fariĝis prezidanto de la E-Federacio de NSK (EF NSK)kiel neŭtrala ĉefo. Li prezidentis dum du jaroj post kiam li fariĝis kasisto. Li mempublikigis libron bazitan sur la NSK-retejo, kiun li prizorgis dum sia prezidanteco. Ĝi montras, ke tiu periodo estis tre aktiva kaj gaja. Li estis kasisto dum eble 2 pliaj jaroj, ĝis kiam la duhora distanco al la kunvenoj fariĝis netolerebla.

Li estas kunfondinto de la Centra-Marborda Klubo, unu el la plej aktivaj kluboj de EF NSK. Ĝi subtenis koncerton de famulo, esperantisto JOMO, havis E-instruadon (instruis la edzino de Alan: Joanne), multe aktivis tie Dmitrij Luŝnikov, prezidis Jonathan Cooper.

Alan denove fariĝis kasisto de EF NSK en 2016 pro manko de sinproponoj kaj uzis la oportunon por modernigi la kontoprizorgadon per nub-sistemoj.

Ĝis nun (2017) Alan renkontis esperantistojn vojaĝante en Usono, Germanio, Japanio, Koreio, Nederlando, Ĉeĥa Respubliko kaj Aŭstralio. Li partoprenis du UK-jn (Seulo, 1994 kaj Aŭstralio, 1997). Li ĝuas subteni la lokajn komencantojn kaj ankaŭ paroli E-n kun diversnaciaj vizitantoj kiel gastiganto en la Pasporta Servo de UEA.

Lia filo Eric ekstudis inĝenieradon en universitato, kaj filino Karina havos nur du pluajn jarojn en specialigita mezlernejo. Ambaŭ gefiloj ĉeestis somerlernejojn kaj kursojn de E kaj eble iam ĝuos E-n kiel kapablaj parolantoj.

Mallongigoj

AEA – Aŭstralia Esperanto-Asocio

E - Esperanto

UEA – Universala Esperanto-Asocio

UK – Universala Kongreso de UEA

n. - naskiĝis

m. - mortis

SA – Sud-Aŭstralio

KV – Kvinslando

OA – Okcidenta Aŭstralio

NSK – Nov-Sudkimrio

VK – Viktorio

TAS – Tasmanio

NT – Norda Teritorio

AĈT – Aŭstralia Ĉefteritorio

www.ingramcontent.com/pod-product-compliance
Lightning Source LLC
Chambersburg PA
CBHW060756150426
42811CB00058B/1427